コンサル一〇〇年史

株式会社フィールドマネージメント　代表取締役
並木裕太

Century of Management Consulting
CONTENTS

第二章

日本の経営コンサルティング業界

第三章

コンサルが動かした政府・企業の大型プロジェクト

第四章

経営コンサルタントの実務
――体験談で綴る、コンサルの知られざる現実

はじめに

「コンサル」とは何なのか？

なぜ「コンサル」は怪しまれる？

「コンサル」という仕事に対して、あなたはどんなイメージを持っているだろうか？

誰かの相談相手を務めたり、ちょっと気の利いたアドバイスをしたり……でも、それが本当に役に立つのかどうかはよくわからない。そして、なんとなく、怪しい――そんな印象を抱いている人が多いのではないだろうか。

私は二〇〇〇年にマッキンゼー&カンパニーという外資系のコンサルティング会社に入社して以来一五年近く、「経営コンサルタント」としてキャリアを重ねてきた。その経験から言えば、やはり「コンサル」に対する世間の目は「決して好意的ではない」というのが率直な実感だ。

「経営コンサルをやっています」などと自己紹介をすると、「……で、何をするお仕事ですか？」といぶかしげな表情で聞き返されることは目に見えているし、仕事の中身を相手にわかりやすく説明することも、これまたなかなか難しい。もどかしい思いをすることが実に多い職業なのだ。

つまり、「コンサル」と名乗る人々が怪しまれるのは、正しい職業観が一般に共有されていないからだと言える。

その原因の一つは、世間に数えきれないほどの種類の「○○コンサルタント」があふれていることだろう。

私たちのような「経営コンサルタント」もいれば、「マナーコンサルタント」、「キャリアコンサルタント」、「建設コンサルタント」、「資産運用コンサルタント」、「ブライダルコンサルタント」などなど。例を挙げればきりがない。

さらに、「経営コンサル」の中にも、詳しく見れば多様なジャンルが混在している。

「コンサル」とはいったい、どういう職業なのか？　そして、その中でも「経営コンサル」とは何をする仕事なのか？

まずはこの問いに答えを出し、私たち＝経営コンサルへの理解を深めてもらうところから、本書をスタートさせたいと思う。

十把一絡げに括られる「コンサル」

「コンサル」——これは実に厄介な言葉だ。コンサルティング（consulting＝相談する）という意味の通り、誰かの相談相手になり、助言を与えることを仕事にしている人はみな、まぎれもなく「コンサル（コンサルタント）」だと言える。

医師、弁護士、会計士、税理士などの士業と異なり、ごく一部の分野を除いて「○○コンサルタント」と名乗って活動することに公的な資格がいるわけではない。自分には誰かの相談相手を務めるだけの知識やノウハウがある——そう考えた人が〝自称〟しているケースがほとんどなのだ。

また、差別化のために独自のネーミングをする場合も多く見受けられ（たとえば「接客〝感動〟コンサルタント」のように）、そうした自由さ、制限のなさが「コンサル」の〝正体不明〟感を強める結果につながっているのかもしれない。

アメリカでも、個人でコンサルタント活動をしている人は「転職活動中？」「要するに無職なんだね？」といったふうに思われることが多いと聞く。やはり、いかにも士業らしい適度なインテリ感があるのに特に資格が必要なわけでもない「コンサル」は、〝都合のいい肩書〟だと認識されている側面があるのだろう。

少なくともこの日本では、非常に多種多様な分野で活動する人々が、生粋のプロフェッショナルから名ばかりのアドバイザーまで、十把一絡げに、「コンサル」という呼び名で一般に認識されているのが実態だ（そういう意味では、評論家に似ていなくもない）。

私は、種々の「〇〇の専門家」は、「〇〇コンサル」は、「〇〇の専門家」という言葉に置き換えられるのではないかと考えている。特定の分野について詳しい人々が、その知識をアドバイスという形で提供する。そのときに、「〇〇の専門家」というよりは「〇〇コンサルタント」と名乗ったほうがビジネスになりやすい。だから、新たな「〇〇コンサル」が次々に生まれ、無限に増殖していくのだ。

だが、そうしたなかにあって、「経営コンサルタント」は少し違ったニュアンスを含む職業だと言える。

先の例にならえば「経営の専門家」ということになるわけだが、そう名乗ること自体、限定された分野に特化し、その知見の深度で勝負するその他の「〇〇コンサル」に比べて明らかにハードルは高いはずだ。

「経営コンサル」が力を貸す相手は、おもに企業のトップや経営幹部たちである。百戦錬磨のビジネス経験を持つ彼らに助言を与え、納得させられるだけの知識・情報力やノウハウ・理論を持った「専門家」になることは容易ではない。

さらに、そのアドバイスが事業の成功、ときには企業の存続にさえ直結するという意味においても、非常に重い責任をともなう仕事なのである。

「経営コンサルタント」とひとくちに言っても、その活動様式は千差万別だ。社員三名のお菓子屋さんを月一万円でコンサルティングする個人事業者もいれば、日本を代表する大手企業の経営に組織的に携わるコンサルティング会社もある。

後者のように組織だってコンサルティングを行う事業体を「ファーム（firm）」と呼び、なかでも「会社全体の中長期的な経営戦略」や「経営資源を集中投下するべき事業の選定」、「主力事業の再建プロジェクト」など、戦略的なテーマの策定・実行を主たる業務とするものを「戦略系ファーム」と呼ぶ。

このようなファームで働くコンサルタントたちは、特定の業種や分野に限らない幅広い知見を要求されるうえ、業界全体を俯瞰する視点、顧客企業の潜在的課題を抽出する分析力、そして最適解を導き出す論理的思考や仮説構築力、さらにその意義を伝えるコミュニケーション能力など、多岐にわたる高度なスキルを求められることになる。

言うまでもなく、いろいろな分野でコンサルタントとして仕事をしている人々を批判するつもりはまったくないし、その知識や経験の深さ、各々のテーマに傾けている情熱に対するリスペクトを持っている。ただ、コンサルタントが提示するアドバイスの社会的・経済的な影響力の大きさ、求められる知見・能力の総合性などの点から考えれば、「経営コンサルティング」（特に大手企業の経営課題に対峙する主要ファームのコンサルタントたち）はその他の「○○コンサル」とは一線を画したところにある職業だと言って差し支えないだろう。

「経営コンサル」は、動かす金の規模が違う

実際、主要な経営コンサルティング・ファームを取り巻く経済的スケールは極めて大きい。これが何よりもわかりやすい、その他の「○○コンサル」との違いだろう。

メーカーなどの大手企業では、単一事業の売上だけで数百億～数千億円に上るというケースはざらにある。単純な例として、「売上の増加」という課題がコンサルティング・ファームに提示されたケースを考えてみよう。

こうしたクライアントの要求に応えるために、ファームは数億～数百億円規模の増収という巨大な果実を狙った戦略の策定（と実行）が成果として求められることになる。

クライアントに提供する果実の大きさと同様に、ファームが請求するコンサルティング・フィー

（料金）も非常に高額だ。外資系のトップの戦略系コンサルティング・ファームの場合、一つのプロジェクトを受注すると、平均的なフィーはおよそ月三〇〇〇〜五〇〇〇万円ほどになるイメージだ。

これは、そのプロジェクトに投入される人員が、担当役員二名、専任マネージャー一名、専任チームメンバー二名の構成となる場合の費用。もちろん、プロジェクトの規模が大きくなり、投入されるコンサルタントの人員や稼働日数が増えるにつれてフィーも高額になっていく。月あたり数億円というフィーが発生する案件も決して珍しくはない。

私が勤めていたマッキンゼーでは、請求するフィーの二〇〜一〇〇倍のインパクトをクライアントに提供することが暗黙の了解となっていた。一億円のフィーを請求するプロジェクトを企業に提案するとき、担当者はプレゼン内容のチェックを受ける社内会議で「その提案は少なくとも一〇〇億円の売上を生み出すのか？」と真顔で問われるわけだ。

さらに、コンサルタントが受け取る給与も高水準だ。新卒入社一〜三年の「アナリスト」と呼ばれる職位で年収五〇〇〜八〇〇万円、その上の「アソシエイト」で一〇〇〇〜一五〇〇万円、「マネージャー」になると一五〇〇〜二〇〇〇万円と上がっていき、さらにその上の地位に昇格すれば数千万円以上、役員クラスになれば「億」の単位も見えてくる。

日系の戦略系コンサルティング・ファームの報酬体系は外資系よりやや低いことが多いとはいえ、

それでもその他の一般企業と比べてはるかに高給だ。

東洋経済が推計する、日系戦略系コンサルファームの「四〇歳平均年収」(二〇一三年)は一一三万円で、総合商社に次いで全業種中二位。コンサルティング業界の給与水準は、あらゆる業種の中でもトップクラスと言って差し支えないレベルにあるのだ。

フィーの算出根拠や、コンサルタントの昇格の仕組み、給与の実態などについては本編の中で詳述するが、こうした金額の大きさに触れるだけでも「経営コンサルティング」の特異性が理解できるのではないだろうか。

数ある「〇〇コンサル」の中で、これだけのスケールでクライアントを成長させ、これだけ多額の報酬を受け取る仕組みを組織的に構築している業態は見当たらない。

「経営コンサル」の歴史を知る意義

本書では、こうした経営コンサルティングというビジネスがどのように誕生し、どのような経緯をたどって現在の形にまで発展してきたのか、その歴史を仔細に振り返っていく。

私はマッキンゼーというコンサルティング・ファームに約一〇年間在籍していたが、実際のところ、ファームの歴史についてはほとんど知らないまま過ごしていた。新入社員のときに、社歴を紹介する一〇分ほどのビデオを見せられた記憶はあるものの、その内容まではもはや覚えていない。

私に限らず、現役バリバリのコンサルタントたちも、自身の会社（ファーム）や経営コンサルティングという職業の歴史、そして現在の業界地図といったものについては、実は意外とわかっていないというのが正直なところだろう。

しかし、自戒を込めて言えば、現役コンサルタントたちは、目の前の仕事に忙殺されるばかりで、経営コンサルティングの本質を見失ってはいないだろうか？

何のために経営コンサルタントは存在し、クライアントに本当に提供するべき価値とは何なのか――そうしたアイデンティティ、職業の基盤を改めて確認するうえで、経営コンサルティングの起源や先人たちの情熱、そして成長の軌跡をたどり直す作業は重要な意味を持つに違いない。

また、これからの時代に求められる新しいコンサル像を探るためにも、「まず歴史を知ること」は避けて通ることのできないプロセスのはずである。

経営コンサルティングに直接関わる立場にない読者にとっては、ふだん、表にはなかなか見えてこない業界の実態に触れられる貴重な機会だと言える。今は経営コンサルティングがどこか別世界の話のように感じられているかもしれないが、本書を読めば、さまざまなシーンであなたと経営コンサルの仕事が接点を持っていたことに気づかされることになるだろう。

「コンサル」と聞いただけで眉をしかめる「コンサル」アレルギーの経営者たちや、業界の歴史にうとかった現役のコンサルタントたち、これからコンサルタントを目指そうと考えている若者たちはもちろんだが、「コンサルなんて俺には関係ない！」と無意識に距離を置いてきた多くのビジネスマンたちにも、ぜひ本書を手にとっていただければ幸いである。


本書は、「コンサル」という仕事になじみのない人や、「コンサル」の世界を志す若い読者たちにもわかりやすいように、可能な限り平易な言葉で解説することを心がけた。そのため、この業界で職務経験のある人にとっては少々まどろっこしく感じる表現も含まれていることをあらかじめ断っておきたい。

ただし、一〇〇年以上に及ぶ歴史の潮流や最新の業界トピックなど、現役のコンサルタントたちにとっても多くの発見が得られる内容が満載だと自負している。

すべての読者にとって、これまでの「コンサル観」を大きく変える一冊になることだろう。

第一章

経営コンサルティングの歴史

戦略系・会計事務所系・IT系

三種の経営コンサルティング

世界のビッグファーム

本章では、「戦略系」と呼ばれるコンサルティング・ファームを中心に、その歴史を振り返っていく。だが、いきなり「戦略系」と言われてもイメージを把握しにくいという読者も多いことだろう。そこでまずは、経営コンサルティング・ファームの「種類」についての説明から始めたい。

「経営コンサルとは企業（経営者）の相談相手である」といっても、コンサルティングを行う対象企業の業種や規模もさまざまなら、各企業が抱える課題の質もさまざまだ。

「他社との競争に勝ち、自社の成長を確かなものとするための中長期的な経営戦略を相談したい」という企業もあれば、「主力商品の効率的な販売シス

世界の主要な戦略系コンサルティング・ファームの本社（または本社事務所）所在地

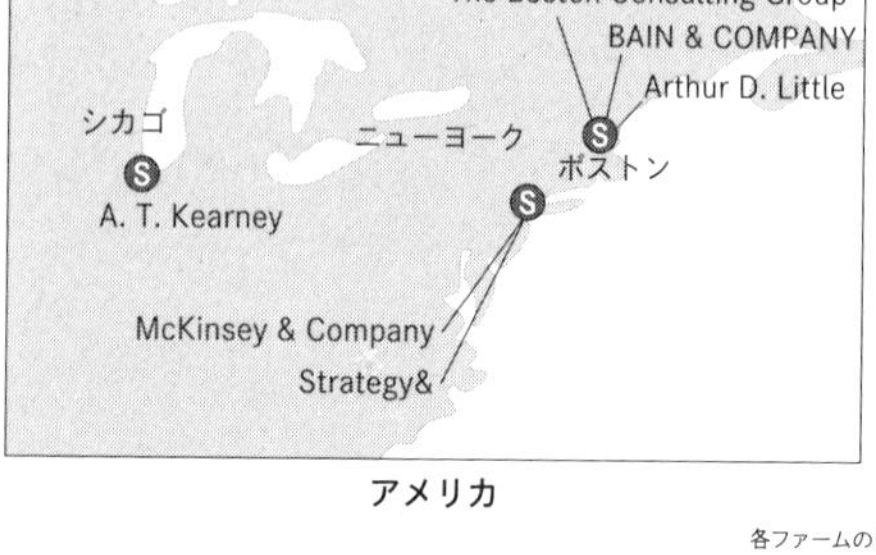

アメリカ

各ファームの公式サイト、Vault.com より作成

テムを構築したい」「人事制度など会社組織のあり方を見直したい」「生き残るためにコストカットをしたい」と考えている企業もある。

クライアントを取り巻く多様な課題を解決するコンサルティング・ファームの側も、それに対応して、いろいろな性格を持った組織が存在している。その分け方やジャンルの呼び方に明確な決まりはないが、

① **「戦略系」**
② **「会計事務所系（監査法人系）」**
③ **「IT系（システム系）」**

の三つに大別するのがわかりやすいのではないだろうか。

それぞれの特徴や歴史的な背景については後述するとして、ここでは歴史をたどるうえで最低限知っておくべき概要にのみ触れておきたい。

まず、企業全体に関わる経営課題を発見・解決したり、経営上重要な事業

世界の主要な会計事務所系・IT系コンサルティング・ファームの本社（または本社事務所）所在地

Ⓐ＝会計事務所系；Ⓘ＝IT系　※IBMはニューヨーク州アーモンク

ニューヨーク

各ファームの公式サイト、Vault.comより作成

が成功するための方策（＝戦略）を立案・遂行したりするファームが「戦略系」である。クライアントは大手企業が中心だ。大企業の命運を左右しかねない経営課題に取り組む「戦略系」は経営コンサルティング界のメインストリームと考えていいだろう。

たとえば二〇一〇年一月に倒産した日本航空（ＪＡＬ）の経営再建に力を貸したのが、戦略系コンサルティング・ファーム大手のボストン・コンサルティング・グループ（ＢＣＧ）だった。ＪＡＬは路線撤退や大型機の売却、人員削減などのリストラを進める一方、経営改革に強みを持つＢＣＧと契約し、安売り体質から脱却するための営業戦略の転換を進めることとなったのだ（時事通信社「ボストン・コンサルティングと契約＝日航、外部の目で営業改革」、２０１０年3月26日）。

代表的な戦略系ファームは、ＢＣＧのほか、マッキンゼー＆カンパニー、ベイン＆カンパニーなどが挙げられる。

そして二つ目が、大手会計事務所（監査法人）を母体とするコンサルティング・ファーム、「会計事務所系」だ。会計事務所の本来の業務内容は、企業の財務書類を関係法令に基づいてチェックし、信頼性を付与することにあ

代表的な戦略系コンサルティング・ファーム一覧

[会社名]	[設立年]	[設立地]
Arthur D. Little	1886	Boston, MA
Strategy&	1914	Chicago, IL
Booz Allen Hamilton	1914	Chicago, IL
McKinsey & Company	1926	Chicago, IL
A.T. Kearney	1926	Chicago, IL
The Boston Consulting Group	1963	Boston, MA
BAIN & COMPANY	1973	Boston, MA
Oliver Wyman	1984	New York, NY

各ファームの公式サイトより作成

る（これを「監査業務」という）。だが、自身が有する財務・金融に対する専門性を活用するビジネスとして、経営コンサルティングを業務の一つに加えるようになった歴史がある。

現在の主要なプレイヤーは、「プライスウォーターハウスクーパース（以下、ＰｗＣ）」「デロイト トウシュ トーマツ」「ＫＰＭＧ」「アーンスト＆ヤング」という四大会計事務所（ＢＩＧ４）の各系列に連なるファームである。

三つ目がＩＢＭなどのようにＩＴ関連に強みを持つコンサルティング・ファーム、「ＩＴ系（システム系）」だ。

これもやはり、本来の業務はコンピュータなどハードウェアの製造やＩＴシステムの設計・構築だったわけだが、企業活動にＩＴが不可欠なものとなるにつれて、新システムの導入という目的をともないつつ経営コンサルティングへと手を広げるようになった背景がある。

特に一九九〇年代以降、ＩＴ技術の飛躍的な進歩により企業がさまざまなイノベーションを迫られてきたこともあって、ＩＴ系ファームが担うコンサルティングの需要は急速な高まりを見せた。おもなグローバル・ファームはＩＢＭ、アクセンチュアなど。

代表的な会計事務所系コンサルティング・ファーム一覧

[会社名]	[設立年]	[設立地]
Deloitte	1845	London, UK
PwC (PricewaterhouseCoopers)	1849	London, UK
EY (Ernst & Young)	1849	England, UK
KPMG	1897	New York, NY
BDO Consulting	1903	不詳
Grant Thornton	1924	Chicago, IL

各ファームの公式サイトより作成

これら三つの系統に属するファームはもともとその名前の通りに、戦略系は戦略分野で、会計事務所系は会計・財務分野で、IT系はIT分野でコンサルティング活動を展開していた。しかし近年、それらすべてが戦略系ファームの主戦場だった「戦略」分野の舞台でぶつかり合う状況が生まれている。

言い換えれば、従来、戦略系ファームが参加してきたコンペに、会計事務所系やIT系のファームも積極的に参加するようになり、一つの戦略プロジェクトを奪い合うケースが増えているのだ。

そこで次節以降の「歴史」パートでは、戦略系ファームの潮流を主たる軸としながら、IT系と会計事務所系のファームがそこに合流する構図の中で経営コンサルティング業界の成り立ちをたどっていくことにしたい。

代表的なIT系コンサルティング・ファーム一覧

[会社名]	[設立年]	[設立地]
IBM Global Business Services	1911	Armonk, NY
Lockheed Martin Corporation	1912	San Francisco, CA
Capgemini	1967	Grenoble, France
SAP Services	1972	Weinheim, Germany
Oracle Consulting	1977	Santa Clara, CA
Gartner	1979	Stamford, CT
Cisco Systems	1984	Stanford, CA
Accenture	1989	不詳

各ファームの公式サイトより作成

経営コンサルティングは、フレデリック・テイラーから始まった!

経営コンサルティングという職業は、どのようにしてこの世に生まれたのか。まずは歴史の原点に遡ってみよう。

「最初の経営コンサルタント」については諸説あるところではあるが、フレデリック・テイラーこそは、そのひとりに数えて差し支えないだろう。というのも彼こそが、管理、すなわちマネジメントに初めて本格的な分析、仮説立案、検証といった科学的手法を取り入れ、成果を示した人物だったからだ。

テイラーは一八五六年、アメリカ・フィラデルフィアに生まれた。眼の病気を煩ってハーバード大学を中退し、同地で機械工見習いを経験したのち、さまざまな工場で工場現場のマネジメント改革に注力。その後ベスレヘム・スチール社にて各種の実践的研究を積み重ね、のちにテイラーの代名詞的偉

フレデリック・テイラー

Frederick Taylor

業として語られる「科学的管理法」の原型を形成する。

「シャベル作業」と科学的管理法のエッセンス

科学的管理法を研究するにあたり、テイラーはそれまでの自主性とインセンティブを柱としたマネジメントの反省を踏まえ、科学的管理法におけるエッセンスとして、マネージャーの責務を次の4つに措定した。

①各人の各作業について、従来の経験則に代わる科学的手法を設ける
②働き手の作業の実施をマネージャーが科学的な観点から計画的に行う
③新たに開発した科学的手法の原則を、現場の作業に確実に反映させる
④マネージャーと最前線の働き手が、仕事と責任をほぼ均等に分け合う

このような原則を示すにあたり、テイラーはさまざまな実践的研究を行っている。なかでも有名で、経営学の教科書でもお馴染みのシャベルすくい作業とベアリング用ボールの検品作業をご紹介しよう。

シャベルすくい作業というのは、鉱石や炭をシャベルですくい、貨車への積み下ろしなどを行うもので、実験場所となったベスレヘム・スチールの工

フレデリック・テイラーの言葉

It is only through enforced standardization of methods, enforced adoption of the best implements and working conditions, and enforced cooperation that this faster work can be assured. And the duty of enforcing the adoption of standards and enforcing this cooperation rests with management alone.

手法を標準化し、最高の作業道具と労働環境を採用し、他の作業者と協力することを強いることによって初めて、このように迅速な作業が可能になるのだ。標準作業の採用と協調を強いることこそ、マネジメントの本分だと言える。

——フレデリック・テイラー

※編集部訳

Frederick Winslow Taylor, *The Principles of Scientific Management*, 1911

場では当時、約六〇〇人がこの作業にあたっていた。

テイラーはまず、二〜三人の作業者を被験者として実験を行い、一回にすくう量を二一ポンドにすると一日の総量を最大化できることを突き止めた。

次にこの事実を受け、作業者・対象物によらず約二一ポンドをすくえるよう、八〜一〇種類のシャベルを用意。すくう動作についても研究に着手し、作業者たちが各自の身体能力を最大限に生かせるよう教育した。

さらにテイラーは組織改革にも取り組む。マネージャー層と現場との協力体制構築を目指し、機能ごとに部署を設置し、適材適所で人材を配置した。

以上の取り組みにより、実験開始三年目には作業者数を約三分の一以下に減らし、一トンあたりの平均コストを半減することに成功し、一人当たりの平均賃金も一・一五ドルから一・八八ドルに大幅にアップさせ、雇用者だけでなく働き手もメリットを享受できる状況を生み出した（下図参照）。


次の、**ベアリング用ボールの検品作業**というのは、自転車のベアリングで使用されている直径五〜一〇ミリの硬化鋼製のボールを検査し、欠陥品を取り除く作業だ。検査にあたっていたのは一二〇人以上の若い女性たち。

一人あたり一〇時間半に及ぶ彼女たちの勤務時間の短縮を最初の目標にし

「科学的管理法」導入後の実績

	旧来の手法	科学的管理法
作業者数	400〜600人	140人
一人あたりの作業量	16トン／日	59トン／日
平均賃金	1.15ドル	1.88ドル
一トンあたりの平均コスト	0.072ドル	0.033ドル

フレデリック・テイラー『［新訳］科学的管理法』より作成

たテイラーは、段階的な時間短縮によって八時間半でも同じ量の作業ができることを発見。その後、動作・時間研究にくわしいS・E・トンプソンとともに作業に対する適性を特定し、人材選定に着手。さらに、定期的な休憩や出来高に応じた報酬体系を導入するなどして、労使双方に大きなメリットを生んだ。

すなわち働き手の女性たちは、勤務時間が短縮しながらも賃金は八～一〇割増し、会社は、検査コストを低減させながら大幅な品質向上を得たのである。

「テイラー主義」の誕生と普及

その後も複数の工場で手腕を発揮し、劇的に生産高を引き上げていったテイラーは五五歳のとき、自身の研究の集大成として『科学的管理法の原理』(The principles of scientific management)を発表する。

これが一九一一年、すなわち今からおよそ一〇〇年前の出来事だった。この本はほどなく八カ国語で翻訳出版され、一九一四年にニューヨークで行われたテイラーの講演には一万六〇〇〇人もの聴衆が集まったという。

「テイラー主義」は国境を越えて広まり、各国の産業界に大きな影響を及ぼすことになった。

自転車のベアリング

「個人」から「ファーム」へ
戦略系ファームの誕生
教育環境の整備とマッキンゼーの誕生

テイラーが活躍した一九世紀後半、アメリカは〝石油王〟ロックフェラーや〝鉄鋼王〟カーネギーなど、大企業の時代を迎えつつあった。企業の大型化にともなって職位が階層化され、「管理職」と呼ばれるポストが生まれると、どうすれば組織を効率的に運営できるかという理論が求められるようになっていく。

こうした流れを受けて、一八八一年には、ペンシルベニア大学にアメリカ初の経営学部（ウォートン・スクール）が設立された。

余談だが、私はこのウォートン・スクールの一二五期生としてＭＢＡ（経営学修士）を取得した。生徒数は一学年あたり約八〇〇名。当時世界ランキング一位という高い評価を得ていた同校のＭＢＡプログラムを受講しようと、

1950年代のウォートン・スクール

各国から志ある人々が集っていた。

特に印象的だったのは入学式で、スポットライトを浴びた学長が「ここで二年間のプログラムを終えたきみたちが、世界に散り、それぞれの国や産業を変えていくんだ！」と、熱く語りかけてきたことをよく覚えている。

ペンシルベニア大学があるのは、テイラーの故郷でもあるフィラデルフィアだ。コンサルティング発祥の地とも言うべき場所での日々は、私の貴重な体験となった。

テイラーに触発された学者や「コンサルタント」が業界を形成

ウォートン・スクールの設立後、シカゴ大学やハーバード大学などの有力な大学にも相次いで経営学部が設けられるようになり、「経営学」は重要な研究分野として位置づけられるようになった。そうした時期に現れたテイラーの生産管理の概念は、新興の経営学者たちに大きな刺激を与えるものだった。経営に関する科学的分析や管理の手法の開発が進み、一九二一年には経営理論を体系化した二年間のＭＢＡプログラムがハーバード大学でつくられている。

1890 年代のフィラデルフィア

この間、企業合併が盛んに行われたアメリカでは、ゼネラル・エレクトリック（GE）やナショナル・ビスケット（現ナビスコ）、電話会社のAT&Tなどを筆頭に数多くの巨大企業が誕生した。生産設備や流通体制の構築、雇用や教育、最適な組織構成といったヒューマンリソースの管理など、大規模化にともなって生じる経営課題に企業は答えを見つけ出さなければならなかった。

同じ時期、アメリカではテイラーに触発された「コンサルタント」が次々と誕生し始めていた。彼らは大企業の登場による潤沢な需要を飲み込みながら規模を拡大させていく。

ビジネススクールでのMBA育成システムが確立されたことにより「経営学に通じた人材」が輩出されるようになったこと、さらに「企業の大規模化にともなうニーズ」が増大したこと、この二つの事象が両輪となって「経営コンサルティング」という業界の原型が形作られることになったのである。

名門コンサルティング・ファーム
マッキンゼー&カンパニーの誕生

1920年代のAT&T社

二〇世紀初頭、〝雨後の筍〟のように現れたコンサルティング会社の中で、異彩を放つ組織（ファーム）があった。そのファームを率いていたのは、ジェームズ・O・マッキンゼー。現在、世界的にも名門として知られる戦略系コンサルティング・ファーム、マッキンゼー&カンパニーを創設した人物である。

マッキンゼーは一八八九年、アメリカ・ミズーリ州の貧しい農家に生まれた。旺盛な勉学意欲の持ち主で、大学では教員の資格を取ったほか、哲学や法学の学士も取得。第一次世界大戦での兵役を終えたあとは、シカゴ大学で会計学を学び、教授職に就いていた。

そして一九二六年、その知見をビジネスに生かそうと、企業に対して経営効率化の手法を助言する会社をシカゴに設立する。

その会社は「コンサルタント」あるいは「コンサルティング」という言葉を用いず、「アカウンタンツ・アンド・マネジメント・エンジニアリング・ファーム」という看板を掲げていた。日本語に訳すなら「会計士・経営工学士事務所」といったニュアンスになるだろうか。

つまり、包括的な経営戦略を提案する現在のようなスタイルではなく、会

ジェームズ・O・マッキンゼー

James O. McKinsey

計や財務部門における専門的なアドバイザーを自任していたことがこのネーミングからはうかがえる。スタッフの中には生産工学を学んだエンジニアが二人いたが、経営学の教育を受けた者はひとりもいなかったという。

複数の学位を持つコンサルタントを有する本格的「ファーム」の礎を築く

この「アカウンタンツ・アンド・マネジメント・エンジニアリング・ファーム」を立ち上げたのは、アメリカ経済が活況を呈していた絶好のタイミングだったが、ほどなく大恐慌（一九二九年）に見舞われることになる。それでもマッキンゼーの会社は順調に成長を遂げた。財政難に陥った企業の買収や合併を手がけ、数多くの銀行からも調査や分析の依頼を受けた。

設立から三年後の一九二九年には、A・トム・カーニー（のちに戦略系コンサルティング・ファーム、A・T・カーニーを創設）が最初のパートナーとして経営に参画。一九三〇年には所属するコンサルタントが一五名にまで増え、ニューヨーク進出も果たした。一定数のコンサルタントを構成員とする組織、すなわち「コンサルティング・ファーム」としての成長を一歩ずつ

ニューヨーク証券取引所の株価大暴落を報じる
Brooklyn Daily Eagle 紙

オーストラリア民主主義博物館公式サイトより

果たしていったのである。

もっとも、この当時から「コンサル」という職業のイメージは決してよくはなかったらしい。テイラーが一躍有名になったことで、有象無象の〝自称〟コンサルタントたちが世間にあふれるようになっていたからだ。マッキンゼーはパートナーに複数の学位を取得することを求めるなど、背景不詳のコンサルタントたちとの明確な差別化を図った。

また、労働者の作業効率に目を向けたテイラーの考え方にただ追随するのではなく、経営者やホワイトカラー、いわゆる支配層をターゲットに定めて成長の道を探った点も特筆に値する。

こうした点も含め、マッキンゼーは、今に続く経営コンサルティングという職業の基盤を着実に整備していく役目を担った人物のひとりだったのである。

1920年代のMcKinseyシカゴオフィス

専門性を武器に規模を拡大「古株」ファームの台頭

アーサー・D・リトルとブーズ&カンパニー

マッキンゼーがアカウンタンツ・アンド・マネジメント・エンジニアリング・ファームを設立する以前に誕生した二つの戦略系ファームも見過ごすわけにはいかない。アーサー・D・リトルとブーズ&カンパニーだ（ブーズ&カンパニーは、二〇一四年三月三一日に会計事務所プライスウォーターハウスクーパースと経営統合。現在の法人名はStrategy&［日本における法人名は、プライスウォーターハウスクーパース・ストラテジー］となっている）。

世界最古のコンサルティング・ファーム、アーサー・D・リトルの誕生と現在

アーサー・D・リトル

Arthur D. Little

アーサー・D・リトルは、よく「世界最古のコンサルティング会社」と紹介される。設立は一八八六年。確かにこれは、テイラーが〝経営コンサルタント〟として独立するよりも前ということになる。現在の社名にもなっているアーサー・D・リトルという人物ともうひとり、化学者のロジャー・グリフィンがタッグを組んで「グリフィン&リトル」としてスタートを切った(創立後間もない一八九三年、グリフィンが実験室での爆発事故により死亡したのを受けて、アーサー・D・リトル[以下、ADLと表記]に改称)。

最初に会社が置かれたのは、マサチューセッツ工科大学のキャンパス内だった。というのも、リトルは同大学の化学博士でもあったからだ。彼は「酢酸塩の発見」という学問上の功績を残しており、歴史に名を残す経営コンサルタントとしては非常にユニークな経歴の持ち主だ。

設立当初のADLは〝Side-by-Side〟(常に顧客とともにあること)というコンセプトを掲げ、技術開発の委託研究を中心に活動していた。写真用フィルムや繊維に応用可能な樹脂の合成を成功させたが、こうした新しい技術を積極的に導入しようとしない企業に対して執筆や講演活動を重ね、アメリカの化学産業そのものを目覚めさせようと奔走していたという。

1889年当時のマサチューセッツ工科大学
ロジャーズ・ビルディング

確かな科学技術のノウハウを背景に
ファームの規模を着実に拡大

そして、ゼネラルモーターズ（ＧＭ）研究開発部門の集約化プロジェクト（一九一一年）、さらにカナダ太平洋鉄道からの依頼によるカナダの天然資源と潜在工業力に関する調査プロジェクト（一九一六年）などを皮切りに、経営コンサルティング・ファームとしての活動領域に徐々に踏み出していった。

その後は、食品・化粧品等に活用される「におい」の分類法を独自に開発したり、海水を真水に変える製品をつくって米海軍に提供するなど、画期的な技術を次々と発明。特に、豚の耳からゼラチンを取り出して人工シルクをつくる製法の開発（一九二一年）は革新的で、「豚の耳から絹の財布はつくれない（You can't make a silk purse out of a sow's ear）」という諺を文字通り覆すものだった。

さらに一方では、途上国を経済発展に導く国家的なプロジェクトを数多く手がけ、高い技術力と経営を融合したコンサルティング・ファームとして地歩を築いていく。一九六〇年代にはＮＡＳＡのアポロ計画にも携わったほか、エネルギーや運輸、通信等の分野にまでコンサルティングの幅を広げ、着実

アーサー・D・リトルの言葉

Research serves to make building stones out of stumbling blocks.

調査とは、つまずきから発展のための礎をつくるためにある。

——アーサー・D・リトル

※編集部訳

Massachusetts Institute of Technology, *Technology Review* (1932)

に業容を拡大させていった。

しかし一九八〇年代後半から一九九〇年代にかけて経済環境の悪化によって失速すると、二〇〇二年にはアメリカ本社が投資に失敗し、民事再生法の適用を受けることになってしまう。

その後はフランス系コンサルティング・ファームのアルトランに買収され、その傘下で活動を続けていたが、二〇一一年、MBO（経営陣買収）により再び独立。現在の本社はベルギーのブリュッセルに置かれている。

現在、ADLは、創業以来の伝統である技術への高い理解を武器に、技術力によって優位性を確保しようとする製造業へのコンサルティングに強みを持ち、技術経営（MOT＝Management of technology）、知的財産マネジメントを中心とした事業を展開している。

また、PEファンドや銀行などの金融関係も主要な顧客の一つである。投融資候補先の企業が技術力の高い製造業である場合、その技術に対する正当な評価を下し、ビジネスとしての可能性や市場の将来性を精査する力に秀でているからだ。専門的な見地によるデューデリジェンス業務において重宝される存在となっている点は、ADLの一つの強みと言えるだろう。

Arthur D. Little の「Our mission, our values」

We strive to be the top management consulting firm linking strategy, technology and innovation to master our clients' business complexity to deliver sustainable results.

Arthur D. Little 公式サイトより

政府公共機関に対するコンサルティングも手がけたブーズ&カンパニー

そしてもう一つの〝古株〟ファームが、ブーズ&カンパニーだ。マッキンゼーが「アカウンタンツ・アンド・マネジメント・エンジニアリング・ファーム」を立ち上げる一〇年ほど前の一九一四年、同じシカゴで産声をあげた。

創設者の名はエドウィン・ブーズ。ノースウェスタン大学で経済学や心理学を修めたブーズは、企業の経営、組織、人事を学ぶことから始め、二六歳という若さで経営コンサルティング業に乗り出した。彼は、ライバル企業より優位に立つための知識の提供や経営の指導、すなわち経営コンサルティングに対する社会的なニーズが高まっていることをいち早く見抜いていたのだ。

ところが一九一七年から二年間、ブーズは陸軍で兵役に服することとなり、事業の滑り出しが順調だったとは言い難い。最初に人を雇ったのも創業から一〇年以上が経った一九二五年、二人目を雇えたのが一九二九年のことだったという。

一九二〇年代から一九三〇年代にかけて、大企業の相次ぐ登場とともに、

Arthur D. Little のおもな出身者一覧（生年順）

[名前]	[生年]	[現職]
ロイヤル・リトル	1896	テキストロン社創業者
ドナルド・ウィルソン	1923	元レクシスネクシス社代表取締役社長
チャールズ・コーク	1935	コーク・インダストリー社代表取締役社長兼CEO
フィリップ・チャップマン	1935	宇宙飛行士・気象学者
グレン・フクシマ	1949	ビル・クリントン元米国大統領アドバイザー
サム・マリン	1963	マダガスカル・オイル社共同創業者
デイヴィッド・ブラウン	不詳	化学技術者協会CEO
クリスティーナ・ランプ=オナールド	不詳	ボストン・パワー社創業者
アンドレア・デューシ	不詳	ウィッシュ・デイズ社共同創業者
ヨハン・エクネル	不詳	セミコン社ビジネス領域プロダクト代表

各社・各氏公式サイトより作成

ブーズは大規模なプロジェクトを手がけるようになっていく。

当時の重要なクライアントの一つが、コンクリートを製造するUS Gypsum（ユーエス・ジプサム）だった。既存事業の改善や、新規事業の立ち上げを担うマネジメント層の育成などを通じて、「成長力に富んだ企業風土の醸成」をテーマとした組織改革を進めたのだ。

当時のUS GypsumのＣＥＯ、セウェル・アベリーは一九三一年、経営危機に陥っていたモンゴメリー・ワード（小売業）を再生させるべく同社のＣＥＯに就任する。ここでもアベリーはブーズにサポートを依頼。ブーズは事業再編やコストカット、ターゲットの見直しなどに力を注ぎ、モンゴメリー・ワードを成長軌道に乗せることに貢献した。

そして、同社の東海岸進出にともない、一九三四年、自らも最初の支社であるニューヨーク・オフィスを開設する。こうした経緯からみて、ブーズの初期の発展を支えたのが、まさに上記二社の（ひとりの経営者による）プロジェクトだったことがわかる。

特需を味方につけ
米海軍の組織改革に貢献

エドウィン・ブーズ

Edwin G. Booz

　一九三〇年頃には、ブーズにジェームズ・アレンとカール・ハミルトンがパートナーとして加わることになる。一九四三年には三人の共同経営者の名前を冠した「ブーズ・アレン・ハミルトン」に改称。その頃から、第二次世界大戦をきっかけとして、民間企業だけでなく政府機関や公共組織へのコンサルティング市場を開拓していくことになる。いわゆるパブリック・セクター向けのコンサルティングは、その後の大黒柱となっていった。

　特に海軍との関係は深い。一九四〇年に米海軍長官に就任したフランク・ノックスは、エドウィン・ブーズとジェームズ・アレンの二人と個人契約を結び、海軍の改革を依頼している。

　ノックスは、太平洋と大西洋で同時に展開可能な海軍をつくることが重要だと考えていた。だが当時の海兵隊員や戦艦では数が足りないだけでなく、第一次世界大戦の際に急ごしらえで設けられた指令本部では、時代遅れの電話や通信システムを使い続けているような有様だったのだ。

　単純に言えば「海軍を二倍にする」というノックスのプランは当初、四年間はかかると見られていた。ブーズとアレンは、恒久的な指令本部の設置や、

ジェームズ・アレン

James Allen

カール・ハミルトン

Carl Hamilton

お役所的・場当たり的な体質を断ち切って指揮命令系統を新たに構築することなどを提案。コンサルタントを海軍内の各部局に投入するなどして計画を実行に移し、見込み期間の半分にあたる約二年でミッションを完了させた。

こうして戦後も政府や軍との強いコネクションを維持してきたブーズ・アレン・ハミルトンだったが、二〇〇八年、民間企業やアメリカ以外の政府公共機関に対する戦略コンサルティング部門を別会社として切り離し、アメリカ政府に対するコンサルティング（防衛システムの構築）に特化したファームとなった。このときに切り離された別会社というのが、ブーズ&カンパニーということになる。

実はこの動きは、ブーズ&カンパニーが切り離されたというよりも、元のブーズ・アレン・ハミルトンが自らのコア事業（アメリカ政府の防衛関連事業）を社名とともに売却し、そして残ったのがブーズ&カンパニーであると表現したほうが正確だろう。

社名とコア事業を買い取ったのは、カーライル・グループというプライベート・エクイティファンド（PEファンド）だった（PEファンドについて

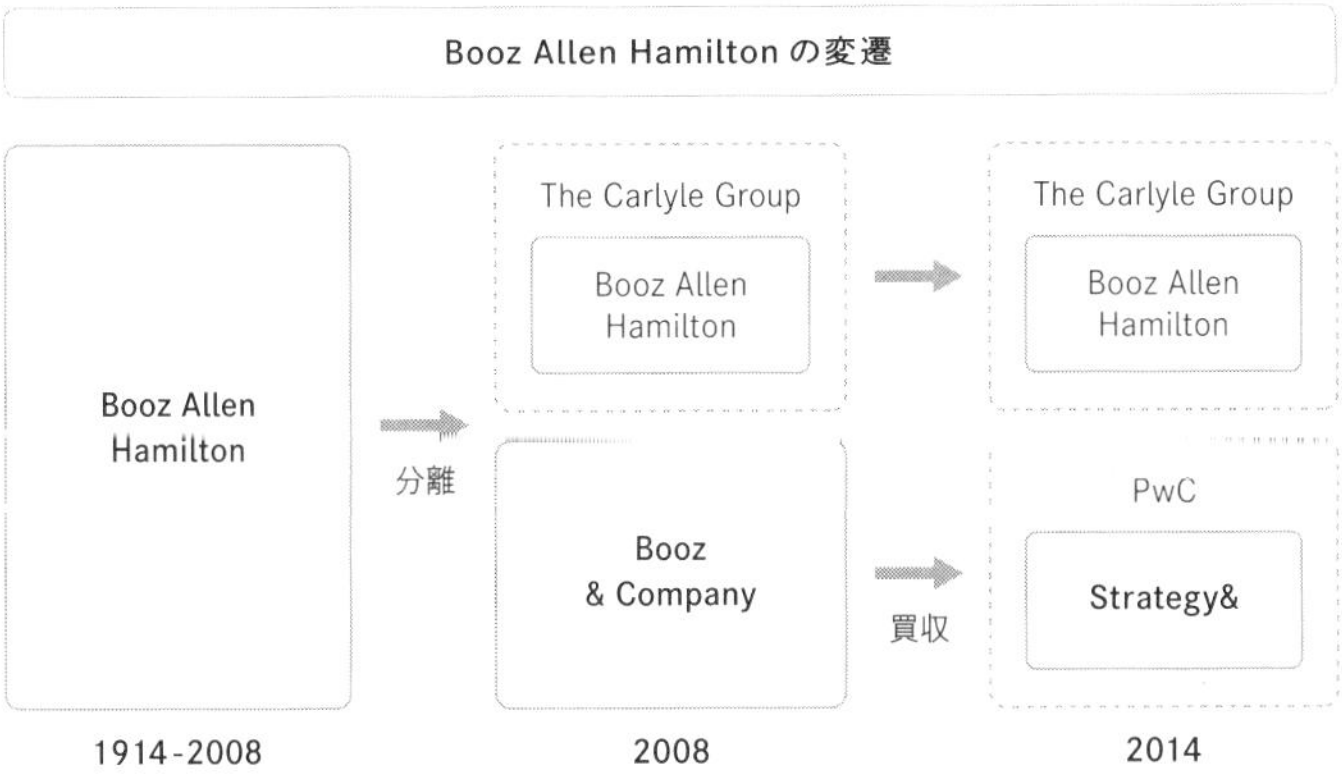

は後述。Ｐ73を参照)。

さらに二〇一四年三月末、前述の通り、今度はブーズ&カンパニーが大手会計事務所のＰｗＣに買収され、社名はストラテジーアンドとなった。

ここ数年、コンサルティング業界は買収・合併が盛んに行われる激変の時代を迎えている。このあたりの業界動向についても、のちほど詳しく説明することにしたい。

Strategy& の「Who we are」

We are a global team of practical strategists. We are collaborative by nature and committed to our clients' success.

strategy&

Strategy& 公式サイトより

Booz, Allen & Hamilton のおもな出身者一覧（生年順）

[名前]	[生年]	[現職]
クリストファー・ブランド	1938	元ロイヤル・シェイクスピア・カンパニー代表
ウィリアム・B・ルノアール	1939	元NASA 宇宙飛行士
レイモンド・J・レーン	1946	元ヒューレット・パッカード社代表取締役社長
アート・コリンズ	1947	元メドトロニック社代表取締役社長兼CEO
ジョナサン・S・ブッシュ	1969	アテナヘルス社代表取締役社長兼CEO
ジョナサン・ブラック	不詳	オックスフォード大学教授
チッパー・ブーラス	不詳	元イーベイ社経営戦略室室長
パトリック・ゴーマン	不詳	元バンク・オブ・アメリカ副社長
ゲリー・ホーカン	不詳	元ヤフー社経営戦略室副室長
エドワード・J・オヘア	不詳	元米連邦政府一般調達局(GSA)CIO

各社・各氏公式サイトより作成

「グレイヘア」から「ファクトベース」へ 経営コンサルティング産業の確立

バウワーによる新生マッキンゼーの躍進

マッキンゼーの発展を支えた男、マービン・バウワー登場

話をマッキンゼーの歴史に戻そう。

コンサルティング・ファームとして順調なスタートを切ったかに見えたマッキンゼー&カンパニーだったが、ニューヨークに支社を開設した五年後の一九三七年、創設者マッキンゼーが肺炎のため四八歳の若さで急逝してしまう。中心人物を突如として失い、大口のクライアントも離れていったファー

マービン・バウワー

Marvin Bower

ムは一転、窮地に立たされることになった。

ここで登場するのが、のちにFather of the management consulting industry（経営コンサルティング産業の父）と呼ばれることとなる人物、マービン・バウワーである。

バウワーは学生時代、法律家を目指していたが、希望の法律事務所に採用を断られたことをきっかけにビジネスの世界を志すようになった。一九三〇年、ハーバード大学ビジネススクールを卒業したのち、ジョーンズ・デイ法律事務所に勤務する生活が始まった。

大恐慌の影響で、法律事務所には、倒産した企業の後始末をつける仕事が次々に舞い込んできていた。債権者委員会の法務事務を数多く担当することになったバウワーは、経営破綻した企業のＣＥＯや社員たちから聞き取り調査を重ねていく。

その仕事を通して、経営者がいかに現場の情報から遮断されているか、そして、それによって企業の健全性がいかに損なわれているかという現実を目の当たりにすることになったのである。

客観的なアドバイスを与える第三者、すなわち経営コンサルタントの必要

McKinsey&Company

性を確信したバウワーは、一九三三年、理想の仕事を求めてマッキンゼーに入社する。バウワーにとってマッキンゼーは、まさにうってつけの職場だったのだろう。すぐに頭角を現し、入社からわずか二年後には、開設して間もないニューヨーク支社を任されるまでになった。

マッキンゼーの死後、三五歳にして、「新生マッキンゼー」を築く

マッキンゼーの死は、その矢先の出来事だった。大きな喪失感に苛まれながらも、一九三八年、三五歳のバウワーはマッキンゼーの残した会社を買い取ることを決断する。

当時の会社は会計事務所のスコービル・ウェリントンと合併して「マッキンゼー・ウェリントン＆カンパニー」という形になっていた。もともとこの合併に反対だったバウワーは、A・トム・カーニーら共同経営者に相談してウェリントンの追放を画策し、実行に移す。

その結果、一九三九年、マッキンゼー・ウェリントン＆カンパニーは「マッキンゼー＆カンパニー」と「カーニー＆カンパニー」（現在のA・T・カ

1944年当時のマービン・バウワーとマッキンゼーのパートナーたち

左端の人物がマービン・バウワー

ーニーの前身）の二つに分割されることになった。

当時まだ三〇代で若手のひとりにすぎなかったことを考えれば、バウワーがマッキンゼーの後継者となることはふつうなら考えにくい。だが、経営コンサルティングというビジネスの可能性に対するバウワーの信念は並々ならぬものだった。

これからの社会において経営コンサルティングがいかに必要とされるビジネスなのか、どうすればこの職業はもっと発展していくのか、バウワーは六〇代の重鎮パートナーたちに熱弁をふるって後継者としての自覚を示し、ついには多額の出資金を引き出すことに成功したのだ。

こうして「新生マッキンゼー」の中で中心的な役割を担うこととなったバウワーは、現在の巨大コンサルティング・ファームの実質的な基盤を築き上げていく。

創設者を失ったファームに明確なビジョンを提示するとともに強いリーダーシップを発揮して、その後長きにわたる成長軌道のベースをつくり上げていったのだ。

マービン・バウワーの言葉

People should be judged on the basis of their performance, not nationality, personality, education, or personal traits and skills.

人は、国籍や人格、教育レベルや個人的な特徴・技能によって評価されるべきではない。
ただパフォーマンスに基づいて判断されるべきなのだ。

——マービン・バウワー

※編集部訳

Marvin Bower, *The Will to Manage*, 1966

プロフェッショナル・ファームとコンサルタントの理想を再定義。「経営コンサルティング産業の父」と呼ばれる

バウワーはまず、「マネジメント・エンジニア（経営工学士）」の集団から「経営コンサルタント」の集団へとファームの脱皮を図る。そのためにはまず、経営コンサルタントという職業そのものを具体的に定義しなければならなかった。

当時、バウワーが描いたコンサルタントの理想像とは次のようなものだった。

▼マッキンゼーは「会社（company）」ではなく、「プロフェッショナル・ファーム（professional firm）」である。
▼あくまで企業の存続に関わる重要な問題に注力すべきである（瑣末な問題に関する相談は断る勇気を持て）。
▼企業の総合的な問題を発見し重要なアドバイスが意思決定に直結するよう、CEOと直接的に関与すべきである。

▼公平で独立したアドバイザーであり続けるために、経営コンサルティング以外の仕事に手を出すべきではない。

※『マービン・バウワー』（ダイヤモンド社）より再構成

またバウワーは、プロフェッショナル・ファームに関わる言葉の用法も次々と規定していった。

マッキンゼーに「客（customer）はいない、いるのは顧客（client）である」、組織と人材の関係性については、「仕事（business）と従業員（employee）ではなく、業務（practice）とメンバー（firm member）である」と表現した。

このような職業規範に対する高い意識は、経営コンサルティングの揺籃期にあっては革命的とも言えるものだった。ここで形成されたコンサルティング・ファームあるいはコンサルタントの思想は今も脈々と受け継がれている。

バウワーがマッキンゼーのみならず「経営コンサルティング産業の父」と呼ばれるゆえんがここにある。

McKinsey & Company の「Guiding Principles」①

Put the client's interest ahead of our own

This means we deliver more value than expected. It doesn't mean doing whatever the client asks.

Behave as professionals

Uphold absolute integrity. Show respect to local custom and culture, as long as we don't compromise our integrity.

Keep our client information confidential

We don't reveal sensitive information. We don't promote our own good work. We focus on making our clients successful.

McKinsey & Company 公式サイトより

実は私がマッキンゼーに勤務していたときも、コンサルタントという職業の「あるべき姿」については常々聞かされていたことだった。創設者のマッキンゼーは会計士の出身、バウワーは弁護士出身ということもあって、コンサルタントは単なるコンサルタントではなく、一種の「士業」と考えるべきだと教えられた。

「士業」とは、たとえば弁護士が「先生」と呼ばれるように、「報酬をもらう立場でありながらリスペクトされるプロフェッショナル」を意味する。マッキンゼーで働く以上、プロフェッショナルであるという自覚を持てと叩き込まれたのだ。

シワ一つないワイシャツ、仕立てのいいスーツ、大理石の廊下を小気味よく打ち鳴らす革靴。そうした外見的なイメージから、お互いを尊敬するジェントルマンであり厳しさと正しさに律せられた人間であるという内面的な規律に至るまで、現代に通じるコンサルタントの洗練された印象を形づくったのはバウワーの偉大な功績の一つと言えるだろう。

経営トップに接近。新人コンサルタントのマニュアル、企業診断ツールの作成

マービン・バウワーの定義したコンサルタント像

バウワーは、経営コンサルタントの理想像を追い求める一方、ファームのビジネスを成長させるために、時間の許す限り精力的に動き回った。当時は、経営トップが外部に意見を求めることはまだまだ一般的とは言えなかったため、その価値を認めさせるべく、とにかくCEOたちに接近していったのだ。企業の組織や財務問題に関する論文を執筆し、講演活動に励み、さらにはゴルフやランチを頻繁にともにするなどして、CEOたちにファームを売り込んだ。

他方、バウワーは「ゼネラル・サーベイ・アウトライン（GSO）」と呼ばれる企業診断ツールも完成させている。これはもともと、創業者マッキンゼーが発案したもので、財務から組織、競争力に至るまで企業全体を理解するための約三〇ページにも及ぶ手引書である。クライアントの実態を定量的に解明する調査に用いられる、いわばマニュアルのようなものだった。

当時のファームは会計士などコンサルティングに近い業界の「経験者」を採用するのが通例だったが、バウワーはこれを新人MBA主体に切り替えていった。GSOに基づいてヒアリングすれば、たとえ経験の浅い新人コンササ

McKinsey & Company の「Guiding Principles」②

Tell the truth as we see it

We stay independent and able to disagree, regardless of the popularity of our views or their effect on our fees. We have the courage to invent and champion unconventional solutions to problems. We do this to help build internal support, get to real issues, and reach practical recommendations.

Deliver the best of our firm to every client as cost effectively as we can

We expect our people to spend clients' and our firm's resources as if their own resources were at stake.

McKinsey & Company 公式サイトより

ルタントでもクライアントのレポートづくりをスムーズに行うことができる。つまり、これによって、「未経験者」を早期に戦力化することが可能となったのである。

GSOを用いた新人研修は、一九六二年まで続けられたという。

経験者しかできない「グレイヘア・コンサルティング」から、新人にも可能な「ファクトベース・コンサルティング」へ

実はバウワーが行った採用方針の変更は、経営コンサルティングのあり方を考えるうえでも非常に重要な意味を持っている。

経営コンサルティングには「グレイヘア・コンサルティング」と「ファクトベース・コンサルティング」という二つの大きな手法がある。

前者はgray hair、すなわち銀髪の老紳士が自身の長い人生経験を根拠にアドバイスを与える手法であり、若手のコンサルタントが代替する余地はない。

一方で後者はfact base、つまりデータなど定量化された事実に基づいて提案を行う手法である。どのような事実を収集、分析、提示するかが重要であって、コンサルタントの年齢や経験は問われない。

ファクトベース・コンサルティングを
得意とするコンサルタントのイメージ

グレイヘア・コンサルティングを
得意とするコンサルタントのイメージ

バウワーによるGSOの開発とそれにともなう新人MBAの採用・育成はまさに、ファクトベース・コンサルティングの誕生を告げるものであり、学者や会計士などの経験者が専門的な知識を提供するという従来のコンサルティング・ビジネスのあり方からの大きな方針転換を意味するものだった。

学業優秀な学卒者が最新の経営理論と合理的・分析的な思考法によってクライアントの経営課題に向き合うという、現在の戦略系ファームの基本的なスタンスは、このときに確立されたのである。

そして、世界へ

バウワーがマッキンゼーのトップ、マネージング・ディレクター（MD）の座にいた一七年間（一九五〇～一九六七）で、ファームの売上高は一〇倍の二一〇〇万ドルに達した。

この間、コンサルタントの服装に関する規定を定めたり、アメリカ全土へネットワークを拡大するなど、バウワーはリーダーとしての重大な決断を次々と下していった。

バウワー退任の翌年、シカゴ・オフィスのマネージャーだったリー・ウォ

McKinsey & Companyのグローバル進出（2000年まで）

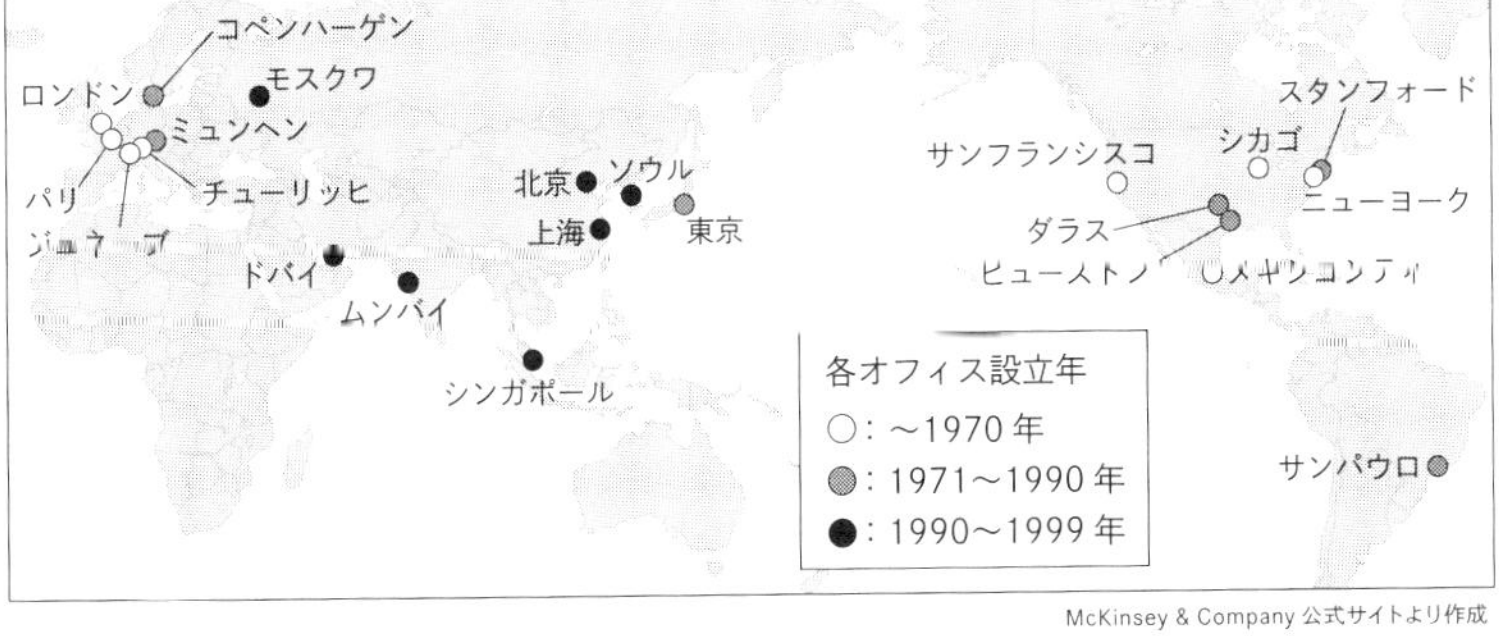

McKinsey & Company 公式サイトより作成

ルトンがMDに就任する。一九六〇年代後半のアメリカでは企業のM&A（合併と買収）ブームが高まりを見せており、企業の統合にともなって噴出する経営課題を解消するコンサルティングの需要もうなぎのぼりだった。好調なアメリカ経済を追い風にマッキンゼーはさらに急成長を遂げ、ヨーロッパや南米、オーストラリアなどに進出していくことになる。そして、一九七二年には、売上高が四五〇〇万ドルへと増大していった。

そうした流れのなかで、日本にもマッキンゼーの支社が設立されることになったのは一九七一年のことだった。

McKinsey & Company 各オフィス設立年

1926	シカゴ	1974	ダラス
1932	ニューヨーク	1975	サンパウロ
1944	サンフランシスコ	1975	ミュンヘン
1959	ロンドン	1975	ヒューストン
1961	ジュネーブ	1991	ソウル
1964	パリ	1991	ムンバイ
1966	チューリッヒ	1993	モスクワ
1970	メキシコシティ	1995	北京
1971	東京	1995	上海
1972	コペンハーゲン	1998	シンガポール
1973	スタンフォード	1999	ドバイ

McKinsey & Company公式サイトより作成

イノベーションが成長の原動力

世界屈指のグローバル・ファーム誕生

ボストン・コンサルティング・グループ

マッキンゼーの日本オフィスが設立される以前に、アメリカからいち早く進出してきたコンサルティング・ファームがある。それがボストン・コンサルティング・グループ（BCG）だ。現在、世界四五カ国八一拠点にオフィスを構え、マッキンゼーとともに業界を牽引する屈指のグローバル・ファームである。

BCGは一九六三年、ブルース・ヘンダーソンによってボストン・セーフ・デポジット・トラスト銀行のコンサルティング部門として創設された。ヘンダーソンはゼネラル・エレクトリックなどメーカー三社で働いたのち、

BCGの「SHAPING THE FUTURE. TOGETHER.」

The Boston Consulting Group is a global management consulting firm and the world's leading advisor on business strategy. We partner with clients from the private, public, and not-for-profit sectors in all regions to identify their highest-value opportunities, address their most critical challenges, and transform their enterprises.

Our customized approach combines deep insight into the dynamics of companies and markets with close collaboration at all levels of the client organization. This ensures that our clients achieve sustainable competitive advantage, build more capable organizations, and secure lasting results. Founded in 1963, BCG is a private company with more than 80 offices in 45 countries.

We seek to be agents of change—for our clients, our people, and society overall.

We are committed to:
· Creating competitive advantage through unique solutions
· Building capabilities and mobilizing organizations
· Driving sustainable impact
· Providing unparalleled opportunities for personal growth
· Succeeding together with passion and trust
As the Partner of choice to transform business and society.

BCG公式サイトより作成

前出のコンサルティング・ファームＡＤＬで三年間のキャリアを積み、四八歳のとき、ＢＣＧを立ち上げる。最初の月の売上は、わずか五〇〇ドルだったという。

ヘンダーソンはごく質素な身なりをしていたが、その内面は探究心に満ち、行く先々で議論の火花を散らすような人物だった。

「企業や市場を徹底的に分析し、両者の間に隠された定量的な関係性を見つけ出したい」「戦略は、直観ではなくロジックに依るべきである」と考えた彼は、コンサルタントにマッキンゼーを超える高給を提示すると同時に、採用のハードルを極めて高く設定して有能な人材をかき集めた。

創設直後のＢＣＧに参加した清水紀彦氏（現・一橋大学大学院国際企業戦略研究科客員教授）の述懐によれば、当時のＢＣＧのコンサルタントたちは、「面白いアイディアに出合うと目の色が変わるアイディア・マニアたちだった」という。常に議論を戦わせては、進行中のプロジェクトの内容や開発中のコンセプトを共有し合っていた。こうしたＢＣＧの風土はのちに、さまざまなイノベーションを生み出すことにつながっていく。

本章では、この〝狭き門〟をくぐり抜け、ＢＣＧ、そして経営コンサルテ

ブルース・ヘンダーソン

Bruce Henderson

ィングの歴史にその名を残すことになった三人のコンサルタントたちについて触れておこう。

BCGの名を世界に知らしめたジョン・クラークソンの経験曲線

一人目はジョン・クラークソンである。彼はBCGに入って間もなく、あるメーカーから依頼された調査を通じて、一つの原則を発見することになった。それが「経験曲線（Experience Curve）」と呼ばれるものである。「経験量（累積生産量）」と「コスト」の関係性をグラフ化し、そこに現れた法則性に着目したのである。

その法則というのは、「メーカーの経験量が倍になると、コストが一定の割合ずつ減少していく」というものだった。

たとえば、累積生産量が二倍になるとコストが二〇％下がる製品があるとする。ある段階からの累積生産量が二倍になればコストは八〇％になり、四倍になると六四％（八〇％の八〇％）に低下することになるわけだ。つまり、期初につくる一個と、累積生産量が多くなる期末につくる一個では、製造コ

ジョン・クラークソン

John Clarkeson

ストがまったく異なることになる。

一九八九年から二〇〇〇年までBCG日本法人の代表を務めた堀紘一氏の述懐によると、経験曲線が誕生することとなったのは、電子機器メーカーのテキサスインスツルメンツ(TI)のプロジェクトだったという。高級電卓の分野でヒューレット・パッカード(HP)とシェア争いを繰り広げていたTIは、BCGの提案を受けて販売価格を改定。期初のコストに見合うよう設定されていた価格から、期中平均コストに基づいた価格へと大幅な値下げを断行したのだ。

HPは「あんな価格では利益が出るはずがない。そのうちTIは倒産する」と冷ややかな視線を送っていたが、当然ながら安価なTIの製品はどんどん売れた。売れれば生産量が増えて単位当たりコストが低くなり、さらに価格を安くできる。結果的に、このプロジェクトは大成功を収めたのである。

これを、TIがアニュアル・レポート(年次報告書)の中で「売上高と利益が大きく伸びたのは、BCGの提唱する『経験曲線』に基づいたプロジェクトのおかげだ」と書いたことで、BCGと経験曲線の名が一気に広く知れ渡ることになったという。

BCGの経験曲線

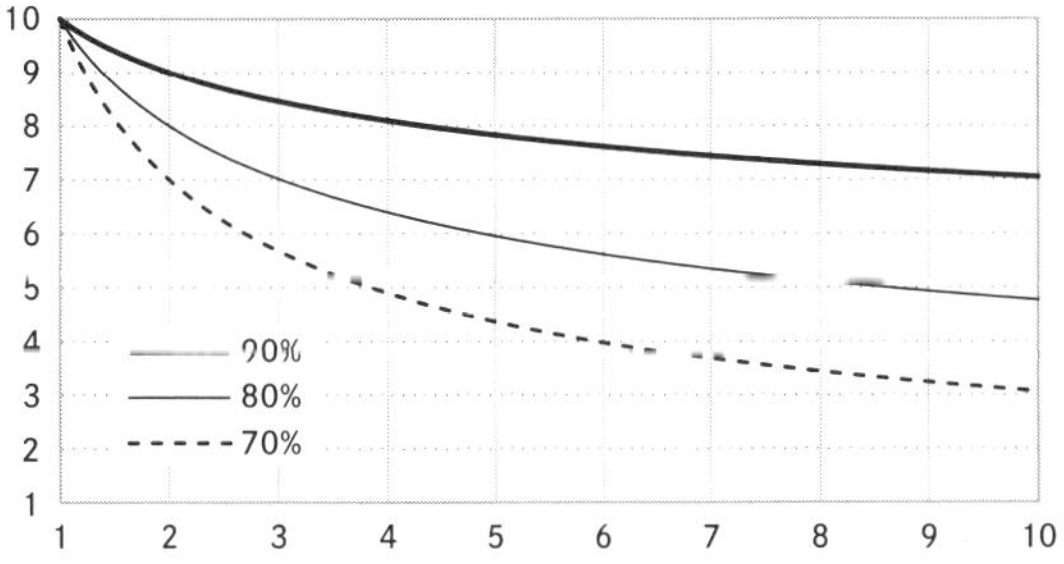

bcg.perspectives「The Experience Curve」より作成

当時、アメリカのメーカーは、安価で魅力的な製品を開発して攻勢を強める日本メーカーに脅威を感じ始めていた。このまま競争が激化していった場合、他社よりも安く売る「低価格化戦略」は一つの選択肢として当然考えなければならない。しかしそれは利益を圧迫することも意味するため、そうした経営判断を下すには勇気が必要だった。

そこにきて「生産・販売量を増やすことで低コスト化を図れば、低価格化戦略を採用しても競合企業の優位に立つことは可能だ」というクラークソンの主張は、多くの顧客を強く惹きつけるものだった。

興味深いのは、この「経験曲線」が、日本メーカーの行動原理を説明したものでもあったという点である。日本の企業は、高い利益率を確保しようとするアメリカの企業とは違って、利益を削ってでも徹底した低価格化を進めシェアを拡大していくことで成長の道を探ろうとしていた。その経営メソッドがクラークソンによって「経験曲線」という形で概念化され、アメリカの企業へと伝えられていったのだ。

こうしてBCGに大きな功績を残したクラークソンは、のちに同ファームのグローバルCEOを務めることになる（一九八六～一九九七）。

ジョン・クラークソンの言葉

Leadership will flow to those who can inspire others to put their best abilities at the service of the team.

リーダーシップは、チームのメンバーの士気を高め、持てる最高の力をチームのサービスに注がせるようなビジョンを持った人物においてこそ発揮されるだろう。

——ジョン・クラークソン

※編集部訳

John Clarkeson, *Jazz vs. Symphony*, 1990

BCG日本進出の立役者
ジェームズ・アベグレンの挑戦

伝説のコンサルタント、二人目はジェームズ・アベグレンである。アベグレンは、日本に経営コンサルティングを持ち込んだ伝道師的な人物だと言えるかもしれない。

彼はシカゴ大学に学んだのち、第二次世界大戦では第三海兵師団に入ってガダルカナル島や硫黄島の戦闘に参加。そして戦後、爆撃の効果を検証する「戦略爆撃調査団」のメンバーとして広島にも降り立っている。

アベグレンは日本の企業経営に高い関心を寄せ、「終身雇用」「年功序列」「企業内組合」などといった日本独自の経営方式を〝日本的経営〟と位置づけて研究を重ねた。ついには日本で働きたいとまで考えるようになったアベグレンはADLやマッキンゼーに入り、日本オフィスの設立を訴えるもかなわず、ヘンダーソンによってBCGに招かれることとなった。

こうして、BCGの設立からわずか三年しか経っていない一九六六年、アベグレンをトップに据えた東京オフィスが開設された。BCGにとっては、ボストン本社に次ぐ第二のオフィスだった（同時にミュンヘン支社も立ち上

ジェームズ・アベグレン
James Abegglen

げられた）。マッキンゼー（一九七一年）をはじめ、他のどのコンサルティング・ファームよりも先に日本進出を果たしたわけだが、その陰にはアベグレンの強い意向が働いていたことが推察される。

アベグレン率いるＢＣＧ東京オフィスはまず、日本の企業経営者たちにその存在を知らしめるため、ＢＣＧが発行する経営冊子『Perspectives』の翻訳版『展望』を経営陣に送り、また一流ホテルで経験曲線やＰＰＭ（後述）に関するセミナーを開催するなど、コンサルティング未開の地であった日本の市場を少しずつ開拓していった。

一九九七年に日本国籍を取得し、退任後もその生涯を日本で全うしたアベグレンは、日本の経営コンサルティング史を語るうえでも欠かすことのできない人物だと言えるだろう。

時代の要請に応えた
リチャード・ロックリッジのＰＰＭマトリックス

そして第三の男が、リチャード・ロックリッジである。

戦略系ファームの日本進出年と現在のオフィスロケーション

- A　ボストン・コンサルティング・グループ（1966）
- B　マッキンゼー＆カンパニー（1971）
- C　A. T. カーニー（1972）
- D　アーサー・D・リトル（1978）
- E　ベイン・アンド・カンパニー（1981）
- F　プライスウォーターハウスクーパース・ストラテジー（1983）
- G　オリバー・ワイマン（1988）

各ファームの公式サイトより作成

一九六九年、まだ入社一年目だったロックリッジはユニオン・カーバイドというクライアントの仕事を担当することになる。そのミッションは、同社が抱える数十もの事業を、競合企業と一覧で比較できるようにすることだった。

どのようにすれば、複雑な事業が入り組んだ組織を明快に比較することが可能となるのか？　難題を前にしたロックリッジの頭に閃いたのが、「PPM（Product-Portfolio Management）（成長・シェア）マトリックス」と呼ばれるものだった。

横軸に「相対マーケットシェア」を、縦軸に「市場成長率」をとった四象限のマトリックスで表現され、それぞれの枠には別表の通り「金のなる木（Cash Cow）」「スター（Star）」「負け犬（Dog）」「問題児（Problem Child）」という名前がつけられている。企業は、多角化した事業の一つ一つを、縦横の数値に基づいてプロットしていく。

たとえば、「相対シェアが高く、市場成長率が低い」事業は、「金のなる木」に該当する。シェアが高いということは累積生産量が他社より多いということであり、「経験曲線」の法則に当てはめれば、他社よりコスト優位性があるということになる。

リチャード・ロックリッジ

Richard Lochridge

BCGの PPM マトリックス

市場成長率 ＼ マーケットシェア	高い	低い
高い	スター Star	問題児 Question Mark
低い	金のなる木 Cash Cow	負け犬 Pet

bcg. perspectivesより作成

そして、市場成長率が低いということは、市場参入者が現れる可能性も低いということを意味する。つまりは、この事業は安定的に大きな収益を生む、まさに「金のなる木」だと位置づけられ、企業はその事業への投資を続けていけばいいと判断できるわけだ。

このように、多角化・複雑化した企業活動全体を俯瞰し、事業ごとの投資資金の加減を示唆するPPMマトリックスは、事実上初めての企業戦略ツールと言えるものだった。

このPPMマトリックスに、アメリカの大企業の経営者たちは強い関心を示した。まさに時代が求めていたものだったからだ。

一九七〇年代に入ると、それまで好調だったアメリカ経済は深刻な不況の時代を迎えることになる。特に一九七三年のオイルショックは、石油に依存していた企業の生産活動に大打撃を与え、当然、コンサルティング業界もその余波を受けずにはいられなかった。

アメリカのコンサルティング産業は一九七〇年まで二〇年連続で成長し、その市場規模は二〇億ドルにまで達していたが、その後の六年間、上向きになることはなかったという。急成長を続けていたマッキンゼーでさえクライ

BCGのグローバル進出

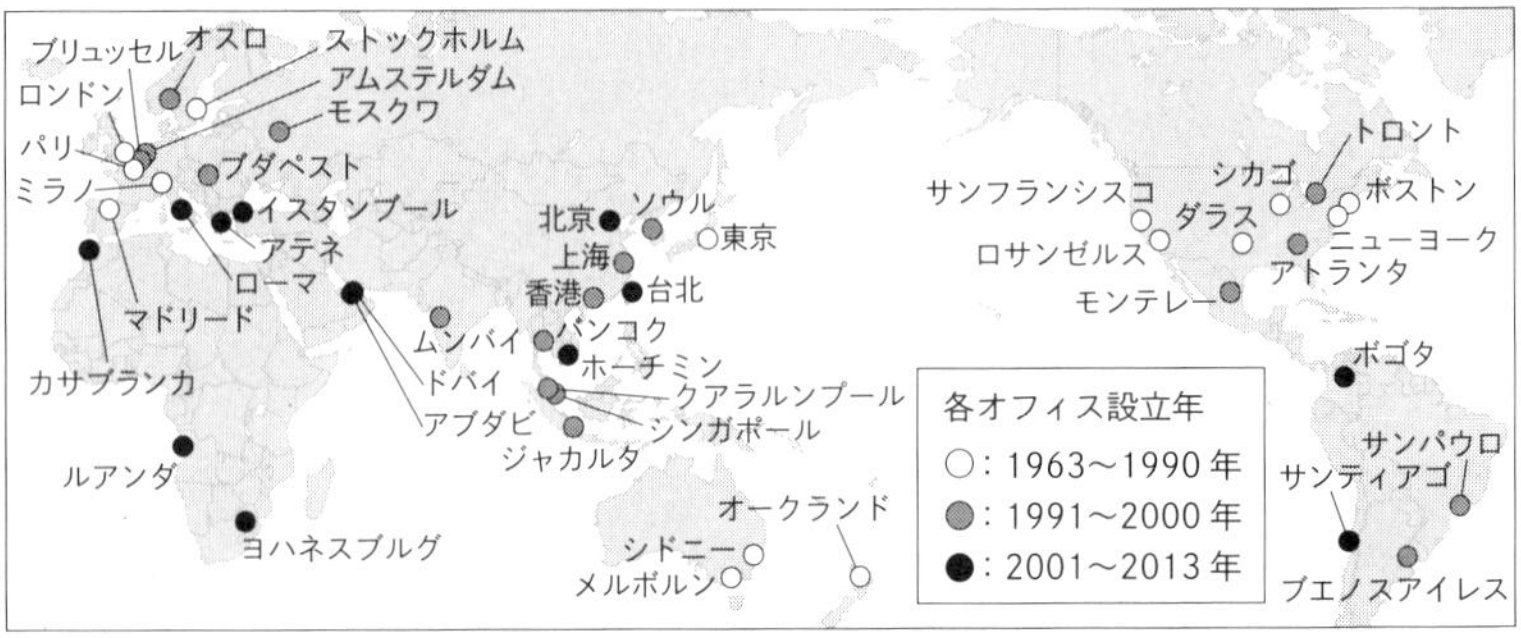

BCG公式サイトより作成

アントが減り、新しい支社の開設経費を支出したばかりだったこともあって、一時は財政難に陥ったほどだった。

こうしたなか、それまで多角化を推し進めてきた大企業は、事業を整理し、注力すべき分野を絞り込む「選択と集中」が急務となっていた。BCGがPPMを用いた事業ポートフォリオ再構築プロジェクトを売り出したのは、そうした時期だったのである。

視覚的にわかりやすく、企業側のニーズにもマッチしていたこのプロジェクトは大ヒットとなり、マッキンゼーなどライバルのファームが苦境に立たされているのを尻目に、BCGは飛躍的な成長を果たすことができたのだった。

BCG各オフィスの設立年

1963	ボストン	1990	メルボルン	1995	ジャカルタ	2001	北京
1966	東京	1990	オークランド	1995	シンガポール	2002	サンティアゴ
1970	ロンドン	1991	香港	1995	ヘルシンキ	2003	台北
1973	パリ	1992	クアラルンプール	1995	リスボン	2007	アブダビ
1974	サンフランシスコ	1993	アムステルダム	1996	ムンバイ	2007	ドバイ
1975	ミュンヘン	1993	トロント	1996	オスロ	2007	キエフ
1979	シカゴ	1993	上海	1997	ブダペスト	2010	テル アヴィヴ
1982	ロサンゼルス	1993	ブリュッセル	1997	サンパウロ	2010	イスタンブール
1984	ニューヨーク	1993	モンテレー	1997	ワルシャワ	2010	カサブランカ
1986	ミラノ	1994	ソウル	1998	コペンハーゲン	2011	ヨハネスブルグ
1988	マドリード	1994	バンコク	2001	ローマ	2013	ルアンダ
1989	チューリッヒ	1994	モスクワ	2001	アテネ	2013	ボゴタ
1989	ストックホルム	1995	ブエノスアイレス	2001	プラハ	2013	ホーチミン

BCG公式サイトより作成

革新的なコンサルティング・ビジネスモデルを提唱

ベイン&カンパニーの台頭

ビル・ベインの創業とミット・ロムニーの復帰

オイルショックが世界の経済を揺るがせた一九七三年、ボストンに誕生したのがベイン&カンパニーである。創業者はBCGの元ヴァイス・プレジデント、ビル・ベイン。PPMマトリックスを考案したロックリッジの、当時の上司だった人物にあたる。ベイン自身を含め総勢一〇名のBCGメンバーが団結して、新ファームは発足した。

BCGで取り組んできた短期的なプロジェクトに物足りなさを感じていたベインは、単にレポートで提言を行うだけのコンサルティングではなく、その「実行（implementation）」までをも含めた包括的なサポートを目指した。

後発のコンサルティング・ファームとして他社との差別化を図るため、ベ

ビル・ベイン

Bill Bain

BAIN & COMPANY

インは二つの方針を打ち出す。

一つは、もしクライアントが長期的な契約に合意するのであれば、一つの産業では一つのクライアントのためにしか働かないという「一業種一社主義」。

そしてもう一つが、コンサルティングの質はクライアントの「株価」によって評価されるべきだという、成果追求に対する厳正な姿勢だった。

これは当時、コンサルティングの影響を定量的に測ることはできないとしていた業界の常識とは対極にある主張だった。

こうした思想を象徴するかのように、ベイン＆カンパニーは、固定フィーではなく成功報酬型の料金体系を用意したり、クライアントの株式で支払いを受けたりする手法を導入した。

徹底した顧客第一主義、成果主義の理念は、一九八〇年代に「ベイン・インデックス」という独自のコンサルティング評価指数を生むなど、なお現在に至るまでファームの伝統として受け継がれている。

設立一年目は、ＢＣＧ時代から引き継いだ大手クライアント二社（電子機器メーカーのテキサスインスツルメンツと電動工具メーカーのブラック＆デ

BAIN & COMPANYの「What we do」

When someone asks what we do at Bain, it's tempting to point out our four-decade track record for helping to transform the world's great companies into sharper, smarter, better versions of themselves. It's true; our mission is to help management teams create such high levels of economic value that together we redefine our respective industries.

BAIN & COMPANY 公式サイトより

ッカー）が頼みの綱だったが、斬新なスタイルを打ち出した新興ファームが多くのクライアントを獲得するまで、そう時間はかからなかった。一九七〇年代後半からは、アメリカの経済状況の回復を追い風に、ヨーロッパ進出など順調に業績を拡大していった。

そして一九八一年、ベインは日本に支社を開設する。その二年後にはブーズ＆カンパニーも東京オフィスを設立したことで、アメリカ発の主要な戦略系コンサルティング・ファームが日本の地に出揃うことになった。

しかし一九八〇年代に入ると、ベインの成長はしだいに鈍化し、人員過剰の状態に陥ってしまう。他のコンサルティング・ファームがベイン流の実行重視型コンサルティングを採用するようになって競争が激化、ベインは一業種一社主義からの方針転換を余儀なくされた。多額の借金を背負い、一時は経営危機に陥った。

このとき、ファームの再建を託されたのがミット・ロムニーである。その名前に聞き覚えがある読者も多いことだろう。それもそのはず、ロムニーは二〇〇八年、二〇一二年と二度にわたってアメリカ大統領選挙に出馬し、バラク・オバマと大統領の椅子を奪い合った人物だ。彼はＢＣＧでビジネスキ

Bain & Company のグローバル進出

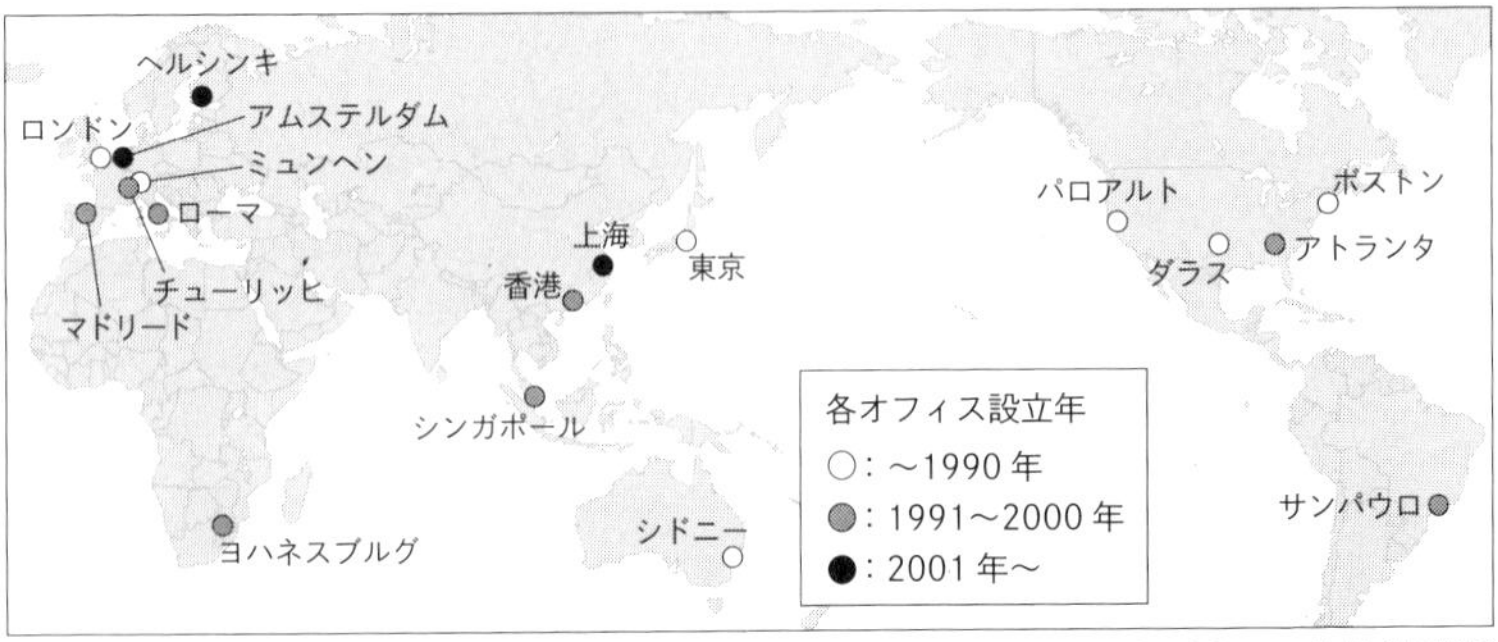

Bain & Company 公式サイトより作成

ャリアをスタートさせたコンサルタントで、一九七八年にベイン&カンパニーへ移籍、一九八四年にはPEファンド「ベインキャピタル」の共同設立者のひとりとなった。

ここで、PEファンドについて説明しておこう。これは、資金を募って運用を行うファンドの一種で、株式を公開・上場していない企業の株式に投資し、その企業の成長や再生の支援を行うことによって株式価値を高め、その後IPO（新規公開）や他社への売却を通じて利益を得る投資ファンドのことを指す。

敵対的・短期的な売買を行うファンドとは性質が異なり、多くは友好的に対象企業の株式を取得し、中長期的な投資活動を主体とする。また、取締役として企業再生に長けた人材を送り込むことも多い。

こうしたPEファンドが、株価の上昇を成長の指標とするベイン&カンパニーのシニアパートナーらによって設立された事実は、彼らの成果主義という特徴をよく表しているとも言える。問題を抱えた企業を立ち直らせ、その価値を高めるという意味においては、PEファンドも経営コンサルティングも仕事の本質はなんら変わるものではないのだ。

PEファンドの投資手法

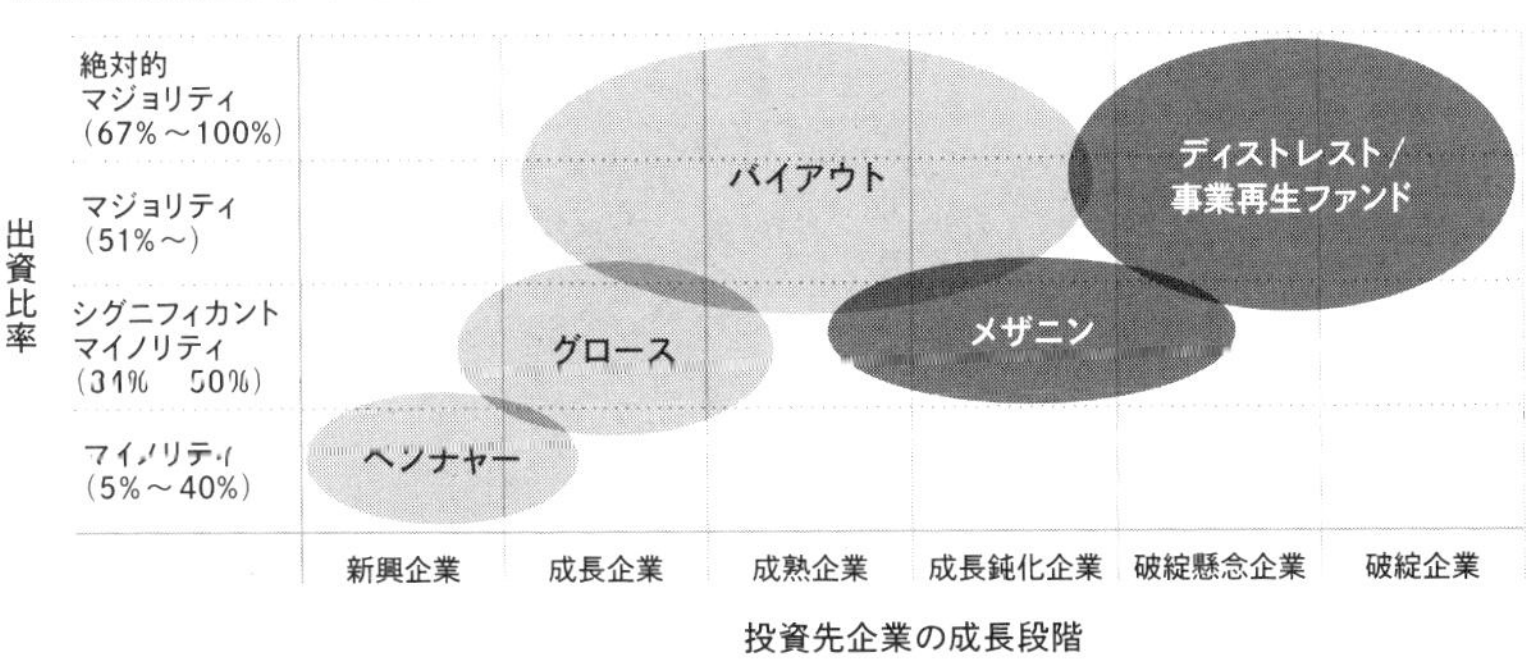

三井麻紀、大塚博行「日本におけるPEファンドの活用」より作成

ロムニーは、今や世界的に事業展開するPEファンドとなったベインキャピタルの創業に携わり、パートナー（共同経営者）を務めていた。だが、経営危機に陥った母体のファーム、ベイン&カンパニーを救うべく復帰、暫定的に指揮を執ることとなる。

世界各国のベインのオフィスを行脚して優秀なコンサルタントを呼び集めたほか、銀行に掛け合って債務削減への協力をとりつけることにも成功。さらに透明性の向上、パートナー制の改革などを経て、ロムニーはベイン&カンパニーを再び利益が挙げられるまでに再生させたのだった。

ミット・ロムニー

Mitt Romney

BAIN & COMPANYのおもな出身者一覧（生年順）

[名前]	[生年]	[現職]
ケネス・シェノルト	1951	アメリカン・エキスプレス社CEO
ケビン・ロリンズ	1952	元デル社CEO
マイケル・コロウィッチ	1952	ZDNet 社創業者、ナレッジヴィジョン社CEO
ゲイリー・クリッテンデン	1953	元シティ・グループ代表取締役社長
メグ・ホイットマン	1956	ヒューレット・パッカード社CEO、元イーベイ社CEO
ロジャー・H・ブラウン	1956	バークリー音楽学校校長
ジョン・ドナフ	1960	イーベイ社CEO
アンドリュー・フェルドマン	1966	英国保守党共同議長
ジェフリー・ジエンツ	1966	元米国国家経済会議委員長
ジェイン・ハードリカ	不詳	ジェットスター・グループCEO

BAIN & COMPANY公式サイトより作成

「孤高の名門」復活
マッキンゼーの逆襲
高度分析ツールをGEと共同開発

一方のマッキンゼーは、BCGをはじめとする競合ファームの猛追を受けながらも、業界トップの座をなんとか死守していた。復活へのきっかけを与えてくれたクライアント、それは大手電機メーカーのゼネラル・エレクトリック（GE）だった。

一九六八年、数多くの独立した事業を抱えるコングロマリット（複合企業）であるGEは、それまでの無計画な拡大路線を転換し、各分野への資本分配を見直すことが戦略上重要な経営課題になっていた。当時のCEOフレッド・ボーチは、高収益化のための戦略的計画の立案をマッキンゼーに依頼する。GEにとってBCGの四象限マトリックスは、現実世界に応用するには不十分なものだと見なされていたのだ。

GE・マッキンゼーマトリックス

市場の魅力度 ＼ 自社の強み（競争力）	低い	中間	高い
高い	現状維持	投資増強	投資増強
中間	利益回収	現状維持	投資増強
低い	利益回収	利益回収	現状維持

McKinsey & Company「Enduring Ideas: The GE-McKinsey nine-box matrix」より作成

三カ月間の調査を経て、複雑な企業構造を整理するためにマッキンゼーが考え出したのが、九象限の新たなマトリックスだった（「ＧＥ・マッキンゼーマトリックス」と呼ばれる）。

横軸に「自社の強み（競争力）」を、縦軸に「市場の魅力度」をとり、それぞれ高・中・低の三段階に分類する。こうして九つに分かれたマトリックスの中に、事業ごとの円グラフを配置。円の大きさは市場規模を表し、自社のシェアもそのグラフで把握できるようになっている。

たとえば、自社の強みが「高」、市場の魅力度も「高」の事業なら「投資増強」が解となり、自社の強み、市場の魅力度がともに「低」の事業なら「利益回収」、つまり投資を控え、利益回収に徹するべきという解が導き出されることになる。

これはＢＣＧが考案したＰＰＭマトリックスの応用版であり、四象限という単純性の限界を補うことが意図されたものだったと言えよう。ＰＰＭマトリックスでは「相対マーケットシェア」「市場成長率」という明確な数値が分析に用いられたのに対し、ＧＥ・マッキンゼーマトリックスでは、「自社の強み」「市場の魅力度」という抽象的な尺度を用いることで、事業や製品の特性に応じてより現実的に、柔軟に対応することが可能となったのだ。

GEの利益率の推移

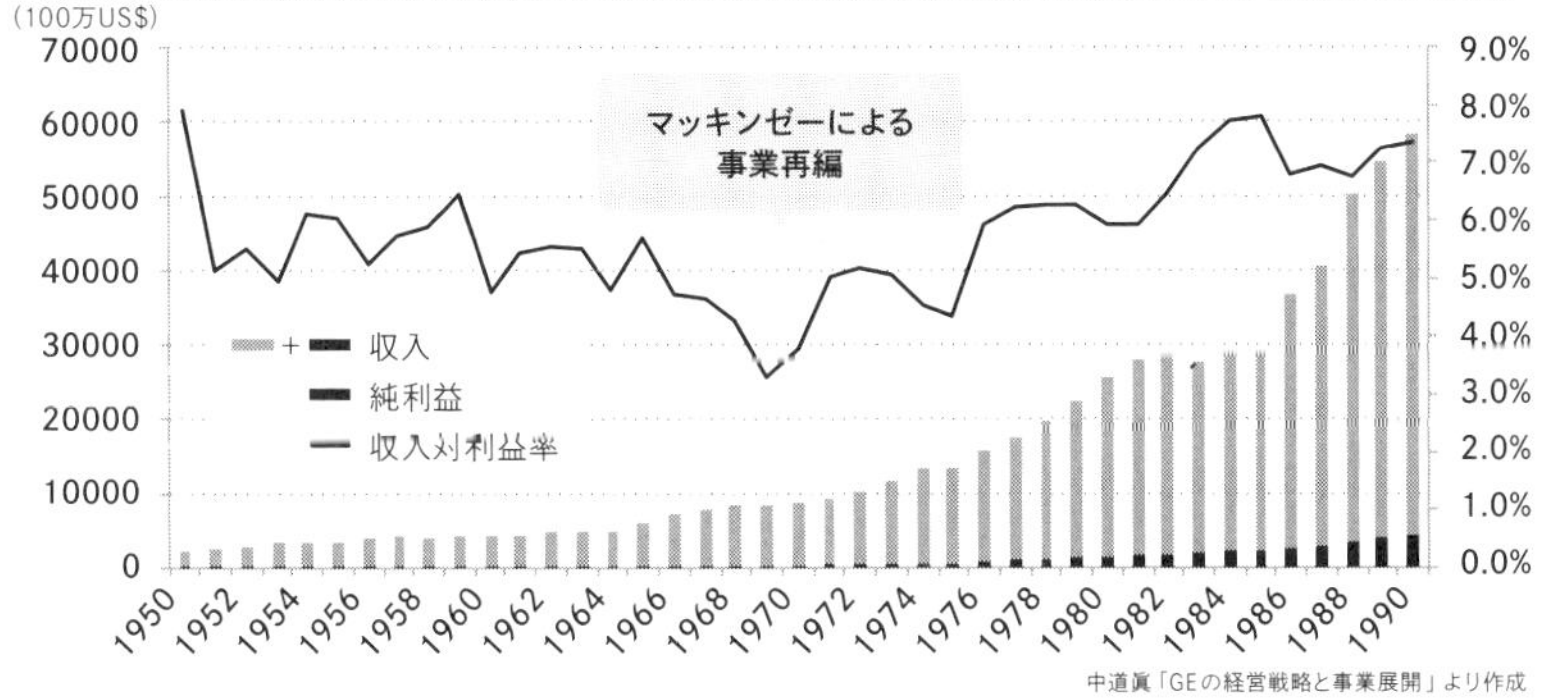

中道眞「GEの経営戦略と事業展開」より作成

しかし、表を見てもわかる通り、この九象限マトリックスを用いたアプローチはあまりに難解で、経営コンサルティング界の企業分析ツールとして末長く定着するまでには至らなかった。

ともあれマッキンゼーは、この手法で得られた分析結果に基づいて、GEの各事業部を戦略的事業単位（SBU = Strategic Business Unit）という新しい概念で再構築した。調査前には三六〇もあったGEの事業部門は、わずか五〇のSBUに再編、スリム化されることとなった。

GEの事業再編を通して確立されたこの手法は、その後、同様に多角化したビジネスのマネジメントに悩む企業でも採用され、マッキンゼーを逆襲の道へと導く一助となったのである。

マッキンゼーの内部改革を推し進めた ロン・ダニエルとフレッド・グラック

また、当時のマッキンゼー経営陣が推し進めた「戦略サービス強化」の方針も、事態の打開を後押しすることになる。

マッキンゼーによるSBUの定義

1. 他のSBUとは独立して、**独自の明確な事業使命を持っている**こと。
2. 市場において**独自の競争相手を持っている**こと。
3. 市場において**自ら一人前の競争者となりうる**こと。
4. 自ら製品開発、製造／販売についての経営資源を**自己完結的に管理**しており、他のSBUとは**独立に統合的かつ戦略的な計画を立てうる**こと。
5. 当該SBUの管理者は設定された計画の範囲内では、経営資源の運用に**自由な裁量権を持つ**こと。

坂本和一「アメリカ巨大企業GE社の組織変革」より作成

マッキンゼーをはじめ、これまで登場してきたファームは「戦略系」と総称されるわけだが、その事業メニューをもう少し細かく見ると、「戦略」のほか、「組織・人事」「オペレーション」「ファイナンス」「マーケティング」など多岐にわたる。

一九七六年にMD（マネージング・ディレクター）の座に就いたロン・ダニエルと、部下であるフレッド・グラック（のちにダニエルの次期MDに就任）のコンビは、その中でも原点である「戦略」こそ強化すべき分野だとして、マッキンゼーの改革を推し進めたのだ。

新しい戦略事業のリーダーに任命されたグラックは当時、次のように発言したという。

「私たちが解決の手助けをしたいのは、クライアントの抱える問題であって、私たちが解決法を知っている問題ではない。私たちは、問題を探して解決するようなことはしたくない。経験曲線に頼るようなこともしたくない。ああいうものは確かにときには効果があるが、ないときもあるんだ」

※『マッキンゼー』（ダイヤモンド社）より引用

この言葉からもわかるように、マッキンゼーは明らかにBCGを対抗勢力

戦略系コンサルティング・ファームの事業メニュー例

▸ オペレーション
製造／商品開発／購入・供給管理／サービス・オペレーション／SCM

▸ 企業財務
財務とパフォーマンス分析／M&A

▸ IT
ITアーキテクチャ／IT戦略＆組織設計／リーンIT／ITパートナー戦略／ITマーケティング＆セールス／ITオペレーション／ITインフラ構築

▸ マーケティング＆セールス
ブランディング／デジタル・マーケティング／インサイト分析／マーケティングの投資対効果測定／価格決定

▸ 戦略
事業戦略／企業戦略／グローバル戦略／成長戦略／イノベーション戦略

▸ 組織
人材開発／合併後の価値最大化／組織設計／組織変革

▸ リスク
信用リスク／倒産リスク対策／リスク管理＆リスク文化育成／リスク分析ツール導入／規制対応／取引リスクマネジメント

▸ 継続性＆資源生産性
バイオシステム構築／クリーン・テクノロジー／持続可能な都市開発／持続可能な企業開発／水資源と浪費対策

McKinsey & Company「Client Service - Functional Practices」より作成

として意識していた。一九七九年にはフォーチュン五〇〇（ビジネス誌『フォーチュン』が発表する、全米の総収入ランキング上位五〇〇社）のうち四五％が、ＢＣＧ式のマトリックスを戦略計画の策定に利用するといった状況が生まれており、マッキンゼーの中にはＢＣＧのマトリックスに対抗しうる画期的なコンセプトを開発すべきだとの声もあるほどだった。

だがグラックはそれを一蹴し、そうした分析ツールによる機械的な問題解決ではなく、あくまでクライアントの課題の本質を理解し、その解決のために本当に必要な戦略を用意することを目指したのだ。

二人が進めたマッキンゼーの内部改革とは、次のようなものだった。

①世界中から有望な若手コンサルタントを三〇人集め、二日間の戦略専門家会合を実施
②六人の〝スーパーチーム〟を結成
③全パートナーに一週間の社内セミナー合宿を実施
④社外向けの〝スタッフ・ペーパー〟を発表
※『経営戦略全史』（ディスカヴァー・トゥエンティワン）ほかより再構成

フレッド・グラック
Fred Gluck

ロン・ダニエル
Ron Daniel

①の戦略専門家会合で頭角を現したのが、東京から参加していた大前研一だった。グラックは大前を含む六人を選び出し〝スーパーチーム〟と名づけたグループを結成（②）。ファームの内外を見渡してマッキンゼーに足りないものは何かを明確化させ、戦略部門の体系化を進めさせた。

③のパートナー合宿は二年間にわたって続けられ、「戦略」志向をファーム全体で共有するうえで効果的な役割を果たした。

④にある〝スタッフ・ペーパー〟とは、マッキンゼーが監修する社外向けの論文集を指す。これもＢＣＧの『Perspectives』（経営幹部層に送付された小冊子）を意識してつくられたものだと言えるだろう。〝スタッフ・ペーパー〟の中でも、マッキンゼーは戦略コンセプトを前面に打ち出し、その姿勢を広くクライアントに浸透させようと試みた。

二人はこうした活動を通して戦略サービス強化路線を具体化させ、着実に収益化することに成功する。一九七九年には売上の半分が「戦略」分野からあがるようになった。

その一方、コンサルティング・ファームが抱えるコンサルタントたちの人

大前研一

Kenichi Ohmae

件費は高騰していた。金融ビジネスが存在感を増すにつれ、優秀な人材を引き抜こうとするウォール街との間で人材獲得競争が起こり、さらにファームの上層部もより多くの報酬を求めるようになっていたのだ。

必然的にマッキンゼーは成長し続けなければならず、コンサルティングの料金は極めて高く設定された。一九八九年の資料によると、ある大手金融機関のプロジェクトに対して提示した見積もり額は、ブーズが約六七万五〇〇〇ドルであったのに対し、マッキンゼーは一〇〇万ドル以上。それでも契約を勝ち取ったのはマッキンゼーのほうだったという。

この案件に限らず、他社よりはるかに高額なフィーを要求しながら契約をものにすることができたのも、業界をリードしてきた実績や、バウワーの教えに基づいて高いプロフェッショナリズムを体現してきた信頼感がマッキンゼーの強力なブランドとして機能するようになっていたことの証だと言えるだろう。

ファーム基本情報 — McKinsey & Company

[会社名]	McKinsey & Company
[設立年月日]	1926年
[事業内容]	経営コンサルティング
[売上高]	80億ドル（Forbes推定、2014年8月現在）
[従業員数]	17,000名
[本社所在地]	55 East 52nd Street, New York, NY

McKinsey & Company「About Us」、Forbes.comより作成

コンサル揺籃期の業界の形成に貢献
A・T・カーニーの台頭
オペレーション領域で強みを発揮

さて、ここで一度、マッキンゼー初期の時代にまで遡ってみよう。

一九三九年、創設者ジェームズ・O・マッキンゼーの遺志をマービン・バウワーが継いだのち、会社の分割によって「マッキンゼー&カンパニー」と「カーニー&カンパニー」が誕生したことはすでに触れたとおりだ。その後者を率いた男こそ、A・トム・カーニー。設立間もないマッキンゼーに、最初のパートナーとして参画した人物だった。

カーニーは一八九二年生まれ。食肉加工会社のスウィフト&カンパニーで市場調査のキャリアを始め、一九二九年にマッキンゼーに入社するまでは、ペンシルベニア州立大学でマーケティングの准教授を務めていた。

A・トム・カーニー

Andrew Thomas Kearney

マッキンゼーと袂を分かったのち、カーニー&カンパニー（一九四六年にA・T・カーニーに改称）はコンサルタントの果たすべき役割に対する解釈を一歩前進させた。ただアドバイスを与えて終わりではなく、クライアントが「結果」を得られるようになるまでサポートし続けることが重要だと定義したのだ。

さらにカーニーの視線は、グローバル規模でコンサルティングのニーズがあることに向けられていた。アメリカ政府の要請を受けて、戦争によって荒廃した中国の産業サプライチェーン（物流システム）の改善事業に協力したほか、同じくアメリカ政府の求めに応じて、ドイツやフランスでも産業復興プロジェクトに参加するなど、設立間もない頃から、製造業および流通の専門家として評判を確立させていった。

一九六四年にドイツ・デュッセルドルフに拠点を置いてヨーロッパに進出。一九七二年にはアジア最初の拠点として東京オフィスを開設する。

こうして、オペレーション分野（具体的な業務プロセスの遂行や作業効率の改善）に強みを持つコンサルティング・ファームとして世界的に知られる存在となっていった。

特に有名なのが、物流サービスの世界最大手フェデックスとの関係だ。

A. T. Kearneyの「Who we are」

A.T. Kearney is a leading global management consulting firm with offices in more than 40 countries. Since 1926, we have been trusted advisors to the world's foremost organizations. A.T. Kearney is a partner owned firm, committed to helping clients achieve immediate impact and growing advantage on their most mission-critical issues.

ATKearney

A. T. Kearney 公式サイトより

A・T・カーニーは、フェデックスの創業当時からアドバイザーを務めており、その成長に大きく貢献したと言われている。

一九九五年には、IT経営の重要性にいち早く着目し、情報サービス大手のエレクトロニック・データ・システムズ（EDS）の傘下入りという道を選択する（EDSが六億ドルで買収）。EDSはA・T・カーニーのクライアントからITアウトソーシングを受託することを期待し、A・T・カーニーはITコンサルティングの強化を図ることが統合の狙いだった。

しかしそうした事業シナジーは期待通りには生まれず、企業文化の違いもしだいに明白となっていく。結局、二〇〇六年、MBO（経営陣買収）によってA・T・カーニーは再び独立することとなった。

A. T. Kearneyのおもな出身者一覧（生年順）

[名前]	[生年]	[現職]
ウルリッヒ・グリロ	1959	BDI社会長
ウルリッヒ・シュピースホファー	1964	ABB社CEO
ベン・T・スミス	不詳	ワンダフルメディア社CEO
ロバート・ネイソン	不詳	テルストラ社グループ執行役員
マー・アーミル	不詳	クーポンズ・ドットコム社COO兼CFO
スティーブ・ブラッツピーズ	不詳	ウォルマート社副社長
エデュアルド・トボン	不詳	ダイナースクラブ・インターナショナル社代表取締役社長
アシュー・ゴール	不詳	ウィンワイヤー社CEO
ウーヴェ・クルーガー	不詳	アトキンズ社CEO
リンダ・ジェンキンソン	不詳	レ・コンシアージュ社会長

各社・各氏公式サイトより作成

ファーム基本情報 — A. T. Kearney

[会社名]	A. T. Kearney
[設立年]	1926年
[事業内容]	経営コンサルティング
[売上高]	10億ドル(2013年現在)
[従業員数]	3,500名(2014年現在)
[本社所在地]	227 W Monroe St, Chicago, IL, USA

A. T. Kearney「About Us」、Forbes.comより作成

大恐慌が生んだ三つの恩恵

規制が追い風になったコンサル業界

規制強化とライバルプレーヤーの撤退

これまで書いてきたように、時代の波に揉まれながらも拡大を続けてきた経営コンサルティング業界だが、この成長はそのビジネスモデルが社会のニーズに適応することによってのみ得られたものなのだろうか。

歴史を少し違った角度から振り返ってみると、コンサルティング業界の拡大を後押ししたもう一つのファクターが浮かび上がってくる。それは法律の改正など、その時々に生まれた「規制」による影響だ。

まず、コンサルティング・ファームの草創期にあたる一九三三年、アメリ

グラス・スティーガル法の概要

[正式名称]	1933年銀行法(Banking Act of 1933)
[制定年月日]	1933年6月16日
[背景]	1929年の株価大暴落に続く大不況を受けたニューディール政策
[目的]	銀行業と証券業の分離による預金者保護
[主な内容]	●銀行の証券業務の禁止(国債などを除く) ●証券会社が預金を受け入れることを禁止
[廃止]	1999年、グラム・リーチ・ブライリー法の制定により

野々口秀樹、武田洋子「米国における金融制度改革法の概要」、下田範幸「米国証券法の基礎知識」より作成

カで銀行法（通称グラス・スティーガル法＝ＧＳ法）が成立した。

この法律がつくられるきっかけとなったのは、一九二九年の大恐慌だ。当時の銀行は、自らの資金を積極的に株式市場に投資していたため、株価暴落のあおりを受けて五〇〇〇行もの銀行が倒産する事態に陥った。そこで、金融機関の経営を安定化させる目的で、銀行の投資活動が法律で制限されることになったのだ。

ＧＳ法によって、銀行は「商業銀行」と「投資銀行」に明確に分離されることになった。商業銀行は株式投資をすることが禁止され、お金を貸して、金利収入を得ることに特化。一方の投資銀行は、引受業務、仲介業務、Ｍ＆Ａ業務などの証券取引（投資）業務に特化することとなる。

このとき、商業銀行が「できなくなったこと」がもう一つある。それが、それまで銀行が行っていた経営アドバイス、すなわちコンサルティング業務だった。商業銀行は企業に融資し、その利子を収益とする。ということは、企業に「もっとお金を借りるべきだ」とアドバイスして自己の利益に誘導するようなことも十分起こりえるわけだ。これが中立性の観点から問題視されるようになり、銀行はコンサルティング業務から離れざるを得なくなった。

ヘンリー・スティーガル

Henry B. Steagall

カーター・グラス

Carter Glass

そして同年、新しい証券法も制定されている（一九三三年連邦証券法）。

きっかけはやはり、一九二九年の大恐慌である。ニューヨーク証券取引所を見舞った株価の大暴落は、投資家たちに企業の情報が正しく伝えられていなかったことが原因の一つだと考えられていた。また、偽りの企業情報を流して投資を促す詐欺も横行していた。

そこで制定された証券法は、「日光こそ最良の殺菌剤である（Sunlight is the best disinfectant）」という基本精神を持つ。日光、つまり正しい情報の公開が重要視され、投資家に提供される情報の正確性を確保する仕組みづくりが進められたのだ。

当時、企業に関する情報を収集・提供する作業を担っていたのは、Wall Street Lawyersと呼ばれる弁護士たちだった。彼らのクライアントは金融機関であり、ここでもクライアントにとって都合のいい情報を選別するバイアスが生じかねないという意味において、その独立性に疑問符が付けられることとなった。

さらにこの頃、アメリカ証券取引委員会は、会計事務所が監査先の企業に経営アドバイスを行うことも禁止した。

会計事務所がアドバイスを行っているにもかかわらず経営が改善しない企

連邦証券法の概要

[正式名称]	1933年連邦証券法(Securities Act of 1933)
[制定年月日]	1933年5月27日
[背景]	1929年の株価大暴落に続く大不況を受けたニューディール政策
[目的]	① 証券販売の公正化　② 投資家への情報開示
[主な内容]	●株式売却および売却申し込みを規制 ●一般向け証券販売における証券取引委員会(SEC)登録申請書と目論見書の提出を義務づけ ●一般向け証券売却とその申し込みに関しての詐欺に対する責任を明確化

野々口秀樹、武田洋子「米国における金融制度改革法の概要」、下田範幸「米国証券法の基礎知識」より作成

業があるとしよう。そのクライアントに対する監査はどうしても甘くなりがちになることは容易に想像できる。経営状態をよく見せかけようと財務書類に不正がなされた場合、会計事務所がそれを見過ごしてしまっては何の意味もない。会計事務所の監査先に対するコンサルティング業務もやはり、中立性に問題があると判断されたのだ。

このように、大恐慌という痛烈な教訓を得た当時のアメリカでは、「中立性」をキーワードに、さまざまなルールづくりが進められていった。

企業への経営アドバイスを業務の一つとしていた銀行、弁護士、会計士らは経営コンサルティング業務から撤退することが求められ、彼らが去った市場を図らずも独占することになったのが、独立性を担保された経営コンサルティング・ファームだった。

こうした社会的な規制強化の動きが、コンサルティング業界が成長を果たすうえでの大きな力となったことは無視できない事実だろう。

証券取引所法の概要

[正式名称]	1934年証券取引所法(The Securities Exchange Act of 1934)
[制定年月日]	1934年6月6日
[背景]	1929年の株価大暴落に続く大不況を受けたニューディール政策
[目的]	米国における証券流通市場の規制
[主な内容]	●証券取引委員会(SEC)の設立、権限の根拠づけ ●独立の会計士による公開会社の財務諸表監査を義務づけ ●SECへの定期的な情報開示を義務づけ

野々口秀樹、武田洋子「米国における金融制度改革法の概要」、下田範幸「米国証券法の基礎知識」より作成

変動する経営コンサルティング業界

ＩＴ系と会計事務所系の参戦

ＩＢＭの巨大化とコンサル禁止令

テイラーに始まり、マッキンゼー、Ａ・Ｔ・カーニー、ＢＣＧ、ベイン、ブーズなど、主要な戦略系ファームが誕生してきた経緯をここまで紹介してきた。まさに経営コンサルティング史の本流と言うべきストーリーだ。

最初に書いたように、この本流に途中から加わるのが「ＩＴ系（システム系）」と「会計事務所系（監査法人系）」という二つの支流である。これら二つの支流は複雑に交わり合いながら「戦略系」の本流へと流れ込み、それによって経営コンサルティング業界の様相は大きく変わることになる。

業界にこうした〝うねり〟をもたらした最大の要因は、企業を取り巻く情報技術の革新、いわゆる「IT化」だった。その初期の過程では、当然ながら、ハードウェアのつくり手が大きな役割を果たした。なかでも、業界をリードする存在となったのがIBMである。

前節で、大恐慌をきっかけとした種々の規制強化があったことに触れた。実はそれと似た現象が、のちにIT業界でも起こることとなり、コンピュータ市場を席巻していたIBMは、その標的となってしまった。

一九一一年に設立されたIBMは、チーズスライサーからタビュレーティングマシン（パンチカードシステム）まで、多様な産業用機械のメーカーとして発展。一九三〇年代に乗算・除算が可能な計算機や電動タイプライターなどを開発し、一九五〇年代には商用コンピュータを発表するなど技術革新の旗手として業容を拡大していった。

マシンを開発・製造し、販売する「ハードウェア・ベンダー」として成長する一方で、IBMは「サービス部門」を拡充していく。電算システムをただつくって売るだけではなく、導入したシステムがその企業で効率的に稼働するためのプログラミングやデータ処理といった「サービス」を顧客に提供し、システム代とは別に料金を課すようになっていったのだ。

IBMのパンチカードシステム

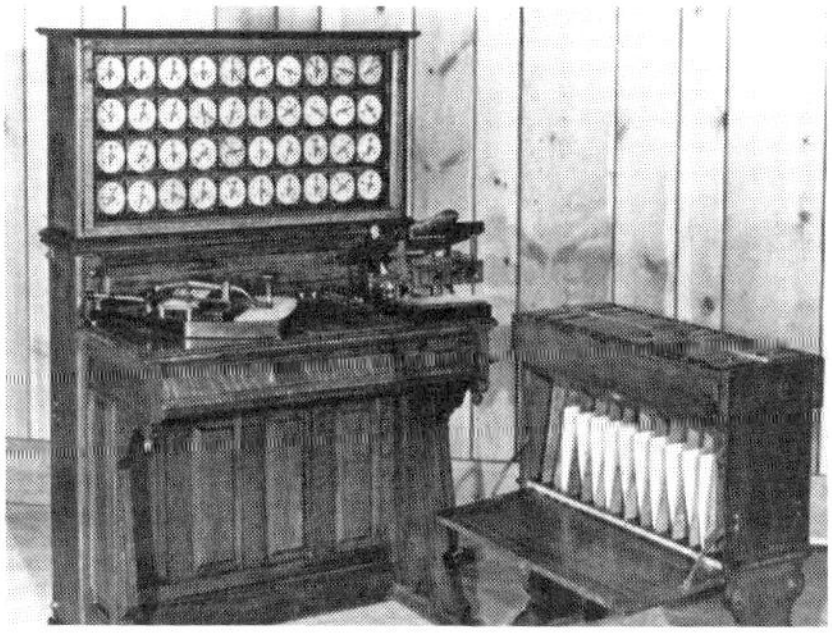

モノを売る〝業者〟という立場から、より顧客企業の内部事情に通じ、そのニーズに応じたサービス（ソリューション）を提供する〝ITコンサル〟的な立場へと進出していったことになる。

ところが一九五六年、IBMのこうした業務は、コンピュータ市場における優位性を利用してサービス市場も独占しようとしているとして、司法省から告発を受ける。結果、独占禁止法の適用を受け、IBMには「三五年間にわたるコンサルティング業務の禁止」という重い足枷がはめられることとなった。

こうした当局による規制が行われた事実は、裏を返せば、IT業界におけるコンサルティングというビジネスが、一つの市場として認知されるようになっていた証とも言える。IBMが去った市場では、のちにA・T・カーニーを買収することになるEDS（エレクトロニック・データ・システムズ）やCSC（コンピュータ・サイエンス・コーポレーション）など、ハードウエアを製造販売しない独立系の情報サービス会社（システムインテグレータ）が発展していった。

これは二〇世紀前半、大恐慌を契機とした法改正によって中立性を疑われ

1950年代のIBMの広告

た弁護士や会計士らがコンサルティング業務を禁じられ、その市場を独立性の高いコンサルティング・ファームが獲得していった構図とよく似ている。

企業への技術的なサポートの提供や、経営・業務の課題をＩＴによって解決するＩＴコンサルティングの市場自体は、企業におけるコンピュータ利用の広がりとともに急拡大していったが、ＩＢＭがそうであったように、ハードウェアの製造販売とソリューション事業を同一の企業が兼ねることは稀で、それぞれの領域が別個のプレイヤーによって占められる時代が長く続いた。

メーカーは本業であるコンピュータやシステムの製造販売と保守（メンテナンス）業務で十分な利益を確保できたため、モノでなくサービスを売るソリューション事業にあえてチャレンジする必然性がなかったとも言える。

The Ledgeway Group の調査によると、一九八八年時点のハードウェア・ベンダーの保守収入とソリューション事業者収入のトップ5は別表の通りとなっている。両方の分野で名前があるのはＤＥＣの一社のみ。棲み分けが図られていたことがよくわかる。

コンサルティング業務を禁じられたＩＢＭも、一九八〇年代まではハードウェアの製造販売、特にメインフレーム（企業の基幹業務などに用いられる

1988年の保守・サービス収入トップ5

ハード製造業者

Rank	事業者名	保守収入
1	IBM	73億ドル
2	DEC	32億ドル
3	ユニシス	19億ドル
4	HP	17億ドル
5	NCR	17億ドル

ソリューション事業者

Rank	事業者名	サービス収入
1	EDS	19億ドル
2	ADP	16億ドル
3	TRW	15億ドル
4	CSC	13億ドル
5	DEC	11億ドル

出典：The Ledgeway Group

大規模コンピュータ）分野に重点的な投資を続け、大きな利益を挙げることに成功していた。

そのＩＢＭが再びＩＴコンサルティングを重要視するようになったのは、一九九〇年代のことである。

ＩＴ化の流れに乗った会計事務所
会計システムのＩＴ化とコンサルティング部門の拡大

ＩＢＭなどベンダー系との棲み分けが図られていたといっても、ＩＴコンサルティング市場はシステムインテグレータ（ＳＩｅｒ）によって独占されていたわけではない。増大するＩＴコンサルティング需要の受け皿として、ＳＩｅｒと並んで存在感を高めていったのは、意外にも会計事務所だった。なぜ会計処理の担い手でしかなかったはずの会計事務所がＩＴコンサルティングの需要に応えることができたのか。

一つ目の理由としては、コンピュータの登場によって（つまり複雑な計算が瞬時に可能になって）、最初にシステム化が試みられたのは売上などのお金の管理、すなわち会計の分野だったことがある。

一九四七年、アーサー・アンダーセンが世界で初めてコンピュータシステムを企業会計に利用したと言われるように、会計のスペシャリストである会計事務所は、もっとも早い時期にコンピュータに触れ始めた職業だったのだ。

ＩＴ化の波は、追って一般企業へと及ぶことになるわけだが、企業がＩＴの導入を検討する際、会計監査業務を通じて日頃からつき合いのある会計事務所がもっとも頼れる相談相手となったことは想像に難くない。

もう一つ、会計事務所が本業の会計監査とは異なる「コンサルティング部門」をすでに抱えていたことも理由に挙げられる。当時ＢＩＧ８（下図参照）と呼ばれていた大手会計事務所は、第二次世界大戦後にそれぞれコンサルティング部門を設立しており、税金対策や法務部門のアドバイスをサービスの一つに加えるようになっていた。

会計事務所のコンサルティング部門はやがて、いち早くノウハウを蓄積していたＩＴ分野に手を広げ、ＳＩｅｒと競い合いながら大規模なシステム開発を手がけるようになっていく。その先駆けとなったのもアーサー・アンダーセンで、一九五四年にはＧＥの給与計算自動化プロジェクトを手がけてい

BIG8（八大会計事務所）

ピートマーウィック	トウシュ・ロス
クーパース&ライブランド	アーサー・アンダーセン
プライスウォーターハウス	アーンスト&ウィニー
デロイト・ハスキンズ&セルズ	アーサー・ヤング

たという。

一九七〇年代になるとＩＴの技術革新が加速度的に進展し、コンサルティング需要はさらに急速に高まっていく。企業側もグローバル化などによって業務の複雑化・大規模化に直面し、その解決策をＩＴに求めることが一般的になっていった。

こうしたなか、会計事務所のコンサルティング領域は、ＩＴを活用した業務統合や効率化が中心的なテーマとなり、さらにはＩＴ以外の戦略、人事組織といった分野へと徐々に広がっていくことになる。コンサルティング業務は会計事務所の中の一部門であったにもかかわらず、一九九〇年に入る頃には、本業の規模を凌ぐまでに成長していった。

会計事務所の中にありながら本業以上に大きくなるというアンバランスな状態が生まれたことで、コンサルティング部門が独立する事例も出てくるようになる。

一九八九年には、アーサー・アンダーセンのコンサルティング部門がアンダーセン・コンサルティングとして分社化された。アーサー・アンダーセンが会計監査業務を、アンダーセン・コンサルティングがコンサルティング業

accenture　ARTHUR ANDERSEN

務を行うという棲み分けが意図された分離独立だった。

しかし、アーサー・アンダーセンが分社時の合意に反して新たにコンサルティング部門を立ち上げたことで両社の関係は悪化。調停を経て対立関係は清算され、二〇〇一年、アンダーセン・コンサルティングは「アクセンチュア」という新たな社名で再出発を果たすことになる。アクセンチュアは株式を上場し積極的な資金調達を行って、巨大なITサービス事業者へとビジネスの転換を進めていった。

ITによる業務改革の流行を背景に
IBMの再参入と〝境界線の消失〟

一九九〇年代に入ると、ITコンサルティング市場に大きな影響を与えるムーブメントが起こる。それが、BPR（Business Process Reengineering）と呼ばれるものである。

BPRとは、平たく言えば、企業の業務内容や業務の流れ（プロセス）、組織構造を抜本的に見直すことによって、大幅な合理化を狙う活動のことだ。それを実現するためには、高度な情報システムの導入と活用は必須と言える

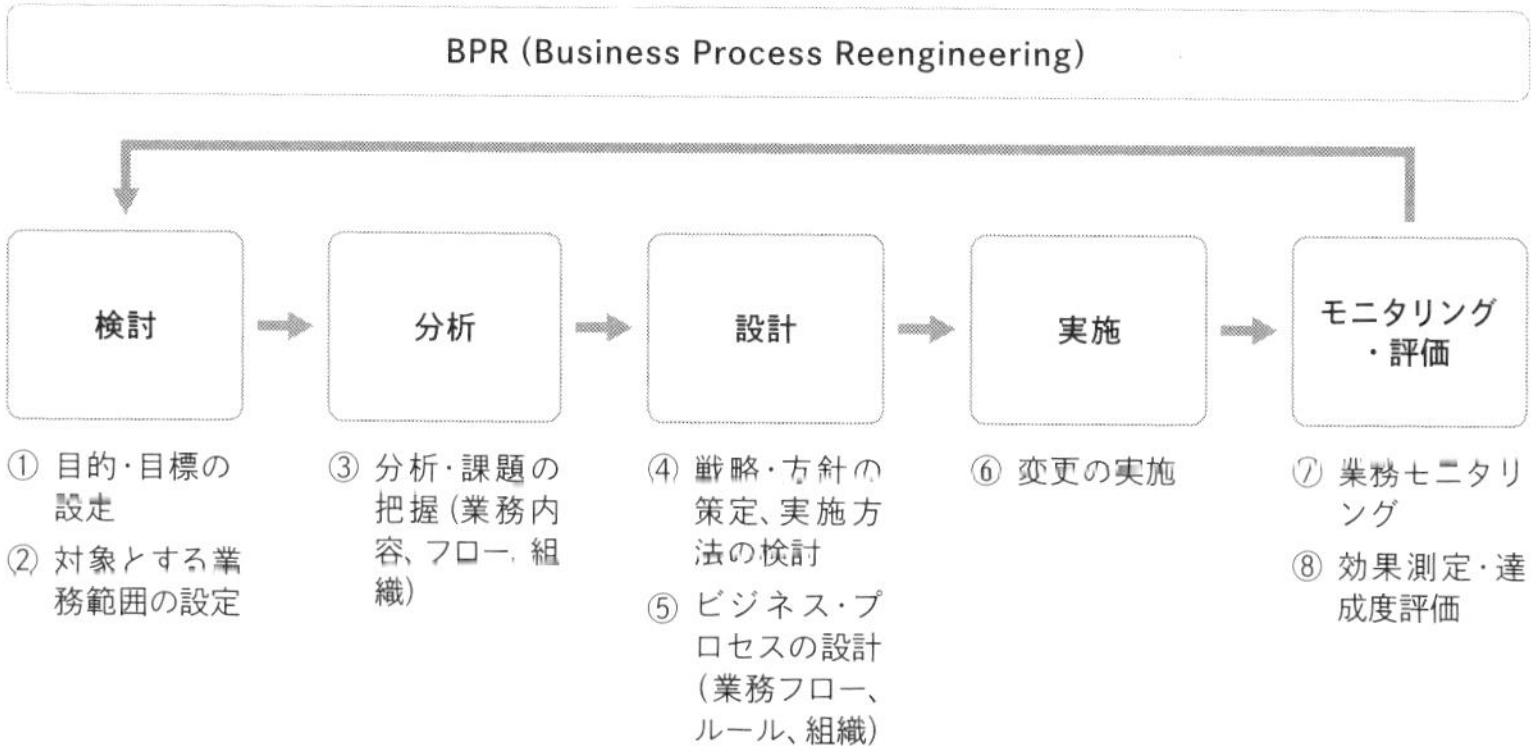

三菱UFJリサーチ＆コンサルティング「民間企業等における効率化方策等（業務改革（BPR））の国の行政組織への導入に関する調査研究」より作成

ものだった。

さらにBPRに続いて登場したのが、ERP(Enterprise Resource Planning)という概念である。在庫・生産・販売管理、人事・給与など業務ごとにバラバラだったシステムを「統合基幹業務システム」として一元管理できるソフトウェアが登場したのだ。

BPR、ERPはともに、全社的な改革をともなうものであると同時に、その導入には高度なIT知識を持つパートナーが不可欠だった。かくしてITコンサルティング業界は年率二〇%超のペースで急拡大し、コンサルティング領域を強化していたSIerや会計事務所系ファームにとって、まさに黄金時代とも言える成長期が訪れることとなる。

この頃、成長を続けるITコンサルティング市場に熱い視線を注いでいたのがIBMだった。実はIBMは、各メーカー間の競争激化にともなう低価格化や、小型PC市場への対応の遅れ、機器の信頼性向上による保守需要の低下などの複合的な要因によって、本業の利益率が急激に悪化。ハードウェア部門の売上が全体の六〇%以上を占めていた一九九一年には、二八億ドルにも上る同社初の赤字を計上するなど、事業構造の転換を迫られていた。

こうした事態を受けて、ＩＢＭはＩＴコンサルティングの重要性を改めて認識する。物理的な製造設備ではなく、自社スタッフが持っているスキルやノウハウといった人的リソースの持つ価値の高さに気づいたのである。

ＩＢＭはＩＴサービス専門の子会社を設立することを決め、一九九一年、インテグレーテッド・システムズ・ソリューションズ（ＩＳＳＣ）が生まれることとなった。ＩＳＳＣは、対象をＩＢＭ以外の製品にも拡大してコンサルティングを展開。一九九六年には独禁法規制の緩和にともなってＩＢＭ本体に復帰し、「ＩＢＭグローバル・サービシズ」部門に再編された。

同部門は、その後も年間三〇％の割合で急成長を続けて収益の柱となり、苦境に立たされていたＩＢＭの救世主となった。


戦略系ファームも、ＩＴコンサルティング市場の急拡大を指をくわえて眺めていたわけではなかった。

マッキンゼーは一九八〇年代末からＩＴ部門の強化に乗り出したほか、Ａ・Ｔ・カーニーがＥＤＳの傘下に入る（一九九五年）など、戦略系ファームのＩＴスキル獲得に向けた動きは活発化していった。

一方で、会計事務所系、ＩＴ系ファームも競争力の強化を図るため、戦略

1990～2000年代のITコンサルティング市場再編

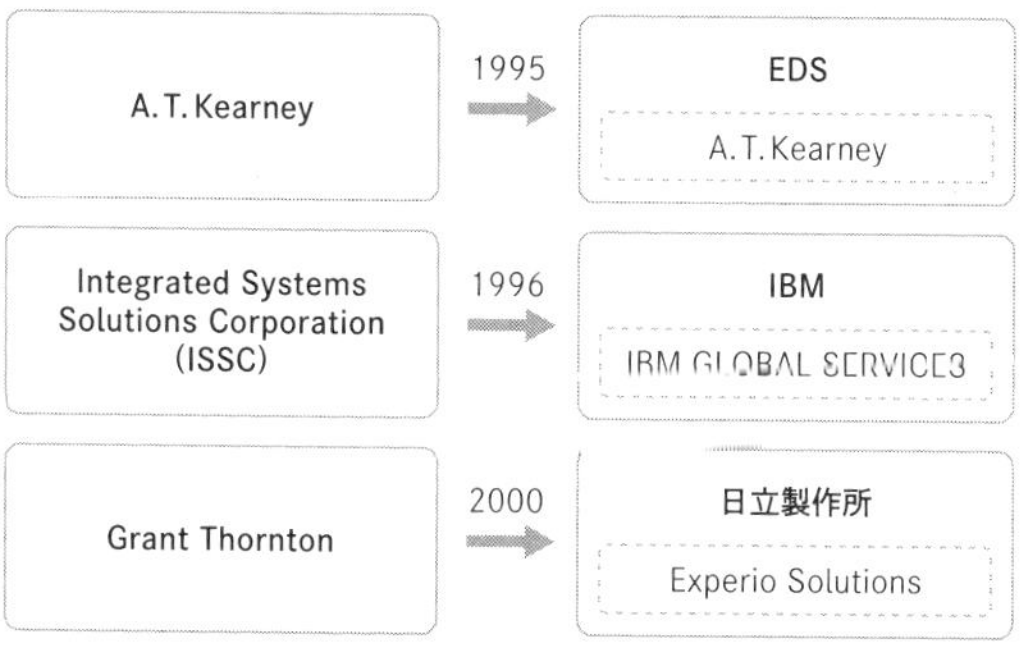

分野への進出を模索。二〇〇〇年には会計事務所アーンスト&ヤングのコンサルティング部門をフランスのＳＩｅｒキャップジェミニが買収するなど、会計事務所系とＩＴ系が手を結ぶ再編の動きも見られた。

ＢＰＲやＥＲＰが登場するまで、自らを〝士業〟の一種と位置づけて活動する戦略系と、ＩＴシステムの開発を中心に手がける会計事務所系・ＩＴ系は比較的明確な棲み分けがなされていた。だが、一九九〇年から二〇〇〇年にかけて、ＩＴコンサルティング市場の急拡大とともに事業領域の重複部分が大きくなり、互いの境界線は消失する格好となった。

会計事務所系ファームと、ハードウェア・ベンダーやＳＩｅｒを起源とするＩＴ系ファーム、そして戦略系ファームが、いわば「一つの土俵」で戦うこととなったのだ。

エンロン・スキャンダルと会計事務所系ファームの再編

ＩＴと経営が不可分のものとなり、各コンサルティング・ファームが潤沢な需要を成長の原動力に変えたのが一九九〇年代だった。しかし、コンサルティング市場の二一世紀は〝激震〟とともに幕を開けることになる。その発端となったのは、エンロン社による粉飾決算事件、いわゆるエンロン・スキャンダルだった。

エンロンは一九八五年、二社の天然ガスパイプライン会社が合併してできた会社で、当初は、パイプラインの敷設運営や、天然ガス・石油の卸売り事業などを行っていた。ところが、一九九四年頃からアメリカで電力自由化政策が始まると企業戦略を転換する。

インターネット上に「エンロンオンライン」という取引所を開設し、電力や原油、天然ガス、石炭などのエネルギー商品、さらには紙パルプ、鉄鋼、二酸化硫黄の排出権などさまざまな商品を自由に売買できる市場システムを構築。自らも売買に参加して、企業規模を急速に拡大させたのである。

設立から一五年後の二〇〇〇年には、売上高が一一一〇億ドル（当時の全米七位）の規模にまで成長し、超優良企業としての名声を確立していった。

だがその一方で、海外の大規模事業の失敗などで生じた損失を連結決算対象外の子会社に付け替える「簿外債務」という手口で、不正な会計処理に手を染めていた。そのことが明るみに出ると、エンロンの株価は大暴落して多数の投資家に損害を与え、二〇〇一年末、同社はついに破産宣告を出して倒産した。

実は、このエンロンの監査を担当していたのがアーサー・アンダーセンだった。財務報告の内容を監査すべき立場であるにもかかわらず、彼らは不正会計を見逃していたのだ。しかも書類破棄による証拠隠滅が疑われたうえ、二〇〇二年には同じくアーサー・アンダーセンが監査する通信大手のワールドコムがやはり粉飾決算で倒産。これらの事件を通じて信頼性を根底から失ったアーサー・アンダーセンは会計士免許を返上、実質的に廃業することとなってしまった。

このとき、問題となったのは、アーサー・アンダーセンがエンロンやワールドコムから、監査報酬とは別に多額のコンサルティング収入を得ていたことだった。エンロンのケースでは監査報酬二五〇〇万ドルに対し、コンサルティング報酬が二七〇〇万ドル。ワールドコムのケースでは、監査報酬四四〇万ドルに対してコンサルティング報酬は八〇〇万ドルだったという。

先に述べたように、一九三〇年代、大恐慌の教訓から、独立性・中立性をキーワードとした規制強化（GS法）によって、会計事務所は監査先への経

エンロン・スキャンダルを報じる「NEW YORK POST」紙

営コンサルティングを行うことができなくなったはずだった。しかし、その後に誕生したITコンサルティング市場はそうした規制の枠の外にあったため、会計事務所はあくまでITを通じて（監査を担当することと、ITに関するコンサルティングを行うことは、中立性を損なうことにはならないと解釈して）、経営や戦略に関わるコンサルティングを再び事業化していたのだ。

会計事務所にとってのコンサルティング業務は、いわばグレーゾーンの中で行われていたわけだが、一九九九年にGS法が廃止されたことで完全に「シロ」になっていた。

ところが、GS法廃止のわずか二年後にエンロン・スキャンダルが起こり、会計事務所が監査先企業へコンサルティングを行うことの利益相反問題が再びクローズアップされることとなってしまう。

企業の財務報告の信頼性を取り戻すことが急務となったアメリカでは、二〇〇二年、サーベンス・オクスリー法（通称SOX法）が成立。その中で、会計事務所が監査先にコンサルティングを行うことは「クロ」、つまり明確に禁じられたのだった。

SOX法にサインするジョージ・W・ブッシュ米大統領（当時）

コンサルティング業界から一時撤退へ
それぞれの会計事務所が選んだ道

アーサー・アンダーセンが消滅し、「ＢＩＧ５」から「ＢＩＧ４」になった大手会計事務所は、コンサルティング活動を厳しく制限するＳＯＸ法への速やかな対処を求められた。

プライスウォーターハウスクーパース（ＰｗＣ）はコンサルティング部門を分離独立させる道を選択する。米コンピュータ大手のヒューレット・パッカードへの売却も検討されたが破談となり、単独での株式上場へと方針を転換。公に発表もされていたが、急きょＩＢＭとの交渉が一気に進展し、同社によって買収されることとなった。

デロイト トウシュ トーマツ（ＤＴＴ）のコンサルティング部門は、デロイトコンサルティング（ＤＣ）の名で世界各国にメンバーファームが置かれていた。ＳＯＸ法を受けて、ＤＣはＤＴＴからの分離独立を検討するも、最終的にＤＴＴ傘下でコンサルティング事業を継続する結論を出し、ＤＴＴの監査業務の独立性に抵触しない範囲でコンサルティング・サービスを提供していくことになった（事実上、コンサルティング部門は解体されたと言える）。

ただ、日本のデロイト トーマツ コンサルティングは、ＳＥＣクライアントへのサービス継続を守るために独立の道を選択し、「ブラクストン」の名で再出発する。ほどなく社名を「アビームコンサルティング」へと改称して、同時に台湾のＤＣメンバーファームを買収。アジア発のグローバル・コンサルティング・ファームを目指すべく、独自の道を歩むこととなった。

ＫＰＭＧはエンロン・スキャンダルが起こる前の二〇〇〇年にコンサルティング部門をＫＰＭＧコンサルティングとして分社化しナスダックに上場、二〇〇二年にはベリングポイントと改称していた。解散したアーサー・アンダーセンのコンサルティング部門の受け皿となったのが、このベリングポイントだった。

アーンスト&ヤング（ＥＹ）は前述の通り、二〇〇〇年にはフランスのＳＩｅｒキャップジェミニにコンサルティング部門を売却していた。

こうして大手会計事務所系ファームは、エンロン・スキャンダルと前後す

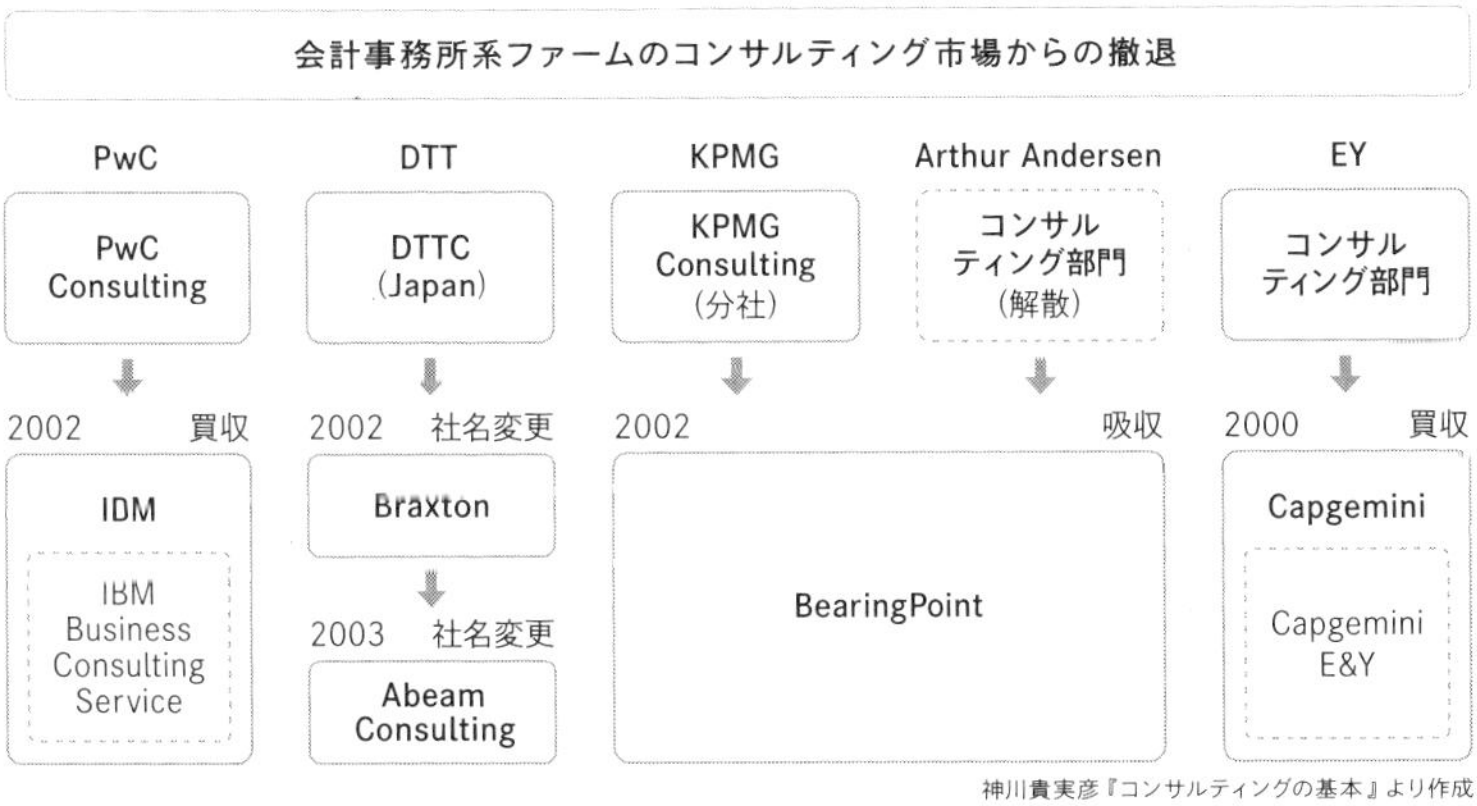

神川貴実彦『コンサルティングの基本』より作成

るこの時期に、コンサルティング市場からいったん姿を消すこととなったのだった。

エンロン・スキャンダルとマッキンゼー 揺らがない名門のコア・コンピタンスとは

エンロン・スキャンダルに深く関わっていたコンサルティング・ファームは、実はアーサー・アンダーセンだけではない。マッキンゼーもまた、事件の〝当事者〟とも言える立場にあったのだ。

『マッキンゼー　世界の経済・政治・軍事を動かす巨大コンサルティング・ファームの秘密』（The Firm: The Story of McKinsey and Its Secret Influence on American Business, 2013）を著したカナダ人ジャーナリスト、ダフ・マクドナルドはニューヨーク・オブザーバー紙（WEB版）に寄せたコラムの中で、次のように書いている。

「エンロンのCEO（のちに受刑者となった）ジェフ・スキリングは、元はマッキンゼーのコンサルタントだった。エンロンが破産に向けて突き進んで

Duff McDonald『THE FIRM』

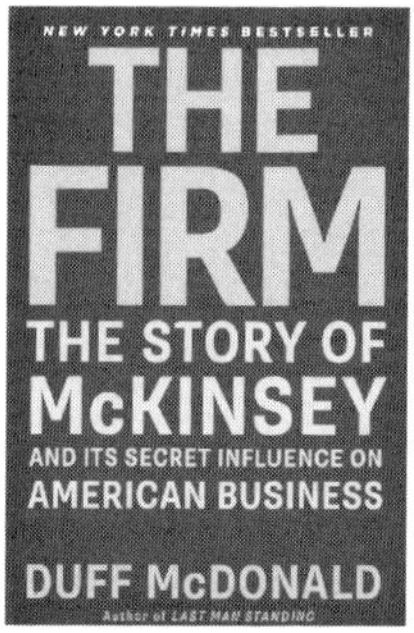

いた二〇〇〇年五月から二〇〇一年一二月にかけて、スキリングは昔からの仕事仲間であるマッキンゼーの二人のパートナー、ロン・ウルムとスザンヌ・ニモックスとの間で実に二〇回以上ものミーティングを行っていた。

そしてついに、暴力的なまでの破滅が訪れる。マッキンゼーの競合で、エンロンの監査を担当していたアーサー・アンダーセンが解散に追い込まれる事態となったのだ。しかし、ピーク時には年間一〇〇〇万ドル以上もの大金をエンロンから受け取っていた事実があるにもかかわらず、マッキンゼーが、民事訴訟であれ刑事事件であれ、被告人として名指しされることはなかった。それればかりか、マッキンゼーのコンサルタントが議会聴聞会での証言を求められることとさえなかった。

むしろエンロンの崩壊は、屈折した形でポジティブな影響をマッキンゼーに与えた。なにより、(企業の内部統制強化を求める) サーベンス・オクスリー法の制定が促されたのだ。銃の照準のど真ん中に置かれることになったのは、企業の経営幹部や取締役会だった。自らの法的責任が問われることのないように、役員たちは誰に『楯』となることを求めたか? そう、コンサルタントを雇ったのだ。

エンロンを舞台にしたマッキンゼーの失敗は、結果的には遠回りに自身のサービスの継続的な需要に貢献することになった。彼らは正しいのか、間違っているのか。その判断は読者に委ねたい」
（『NEWYORK OBSERVER』ＷＥＢ版　２０１３年9月10日付の記事より引用・著者抄訳）

この記事からは、マッキンゼーがエンロンの経営にいかに深く関与していたかがよくわかる。マッキンゼーのベテランコンサルタントからエンロンＣＥＯに転身したジェフ・スキリングは、マッキンゼーがエンロンに対して行っていたコンサルティングを「神の業（God's work）」と高く評価していたほか、マッキンゼーが発行するビジネス論文誌『マッキンゼークォータリー』も、エンロンを熱狂的に礼賛する記事を掲載していた。（The Economist(Online) "The future of the Firm", 2013.9.21）

しかし、マッキンゼーはエンロンの崩壊を止めることはできなかった。それどころか、ＳＯＸ法によってマッキンゼーをはじめとする戦略系コンサルティング・ファームに需要が生まれたという見方は実に興味深い。

また、アーサー・アンダーセンもマッキンゼーも、結果的には両社とも罪に問われることがなかったという点にも注目すべきだろう。これはつまり、

ジェフ・スキリング

Jeffrey Skilling

両社が提供していたコンサルティング・サービスそのものには違法性がなかったということを意味する。にもかかわらず、アーサー・アンダーセンのみが批判の矢面に立たされたのは、その独立性にこそ問題があったのだという強いメッセージになっている。

ダフ・マクドナルドは、コラムの終わりにこう書いている。

「擁護のために言えば、マッキンゼーは単なるアドバイザーであって意思決定者ではない。決定はクライアント次第である。だから、マッキンゼーが正しい方向に導くアドバイスをしようが、悪い方向に向かわせるようなアドバイスをしようが、あるいは一度悪い方向へ行かせてから期待したレベルに持ち直させるようなアドバイスをしようが、実際のところは何も不合理なことではないのかもしれない。

私は著書の中で、マッキンゼーへの批判をいたるところにちりばめた。だが、その一方で、読者はそこに多大なる畏怖が込められていることも感じるはずだ。マッキンゼーがいかに柔軟で耐久性のあるビジネスモデルを構築してきたことか。そしてそれを一世紀近くも守り通してきたことに対する大いなる畏怖を」(同上)

変容する経営コンサルティング業界

買収合戦による淘汰の果てに

戦略系トップ3とビッグ4の今とこれから

コンサルティング業界に訪れた二つの深い谷
ドットコムバブル崩壊とリーマン・ショック

二〇〇〇年春、アメリカ経済はもう一つの激震に見舞われていた。革新性と成長性への過熱した期待感が過剰投資を呼び、実体以上に株価を高騰させていたIT関連ベンチャーが次々と倒産。いわゆるドットコムバブル（インターネットバブル）があえなく崩壊したのだ。その余波は、コンサルティング市場をも容赦なく直撃した。

実はドットコムバブルが崩壊する直前まで、コンサルティング業界はかつてないほどの活況を呈していた。一九九八年には主要ファーム五〇社の売上高合計が前年比二七%アップ。業界全体では二二%の伸びを示し、市場規模は史上最大の八九〇億ドルに達したという。これはＩＴ化の進展に伴うｅ‐コマース（電子商取引）やＭ＆Ａ、さらにユーロ通貨の導入に関連するコンサルティング需要が大幅に増加したことによってもたらされたものだった。(The Economist(Online)"MANAGEMENT CONSULTANTS", 1999.6.24)

しかしバブル崩壊後の二〇〇一年には、その勢いは明らかに失われていた。この頃、マッキンゼーがアメリカとイギリスでコンサルタントの新規採用を停止したほか、Ａ・Ｔ・カーニー、ブーズ・アレン・ハミルトンも採用をストップするに至ったことが事態の深刻さを象徴している。それまで転職先として人気だったインターネット関連企業が姿を消し、あえて冒険してまでファームの外に出ようとするコンサルタントが減少したのである。

本来、人材の新陳代謝が活発なはずのコンサルティング・ファームは、退職者の減少にともなって人員過剰の状態となり、利益率の低下につながるという悪循環に陥ることとなった。(The Economist(Online)"Winners' curse", 2001.7.30)

各ファームは積極的なリストラを断行し、ＢＣＧでは二〇〇二年二月、全従業員の一二%を解雇することを発表した。しかしコンサルティング需要の

2000年前後のNASDAQ総合指数（日次、終値）

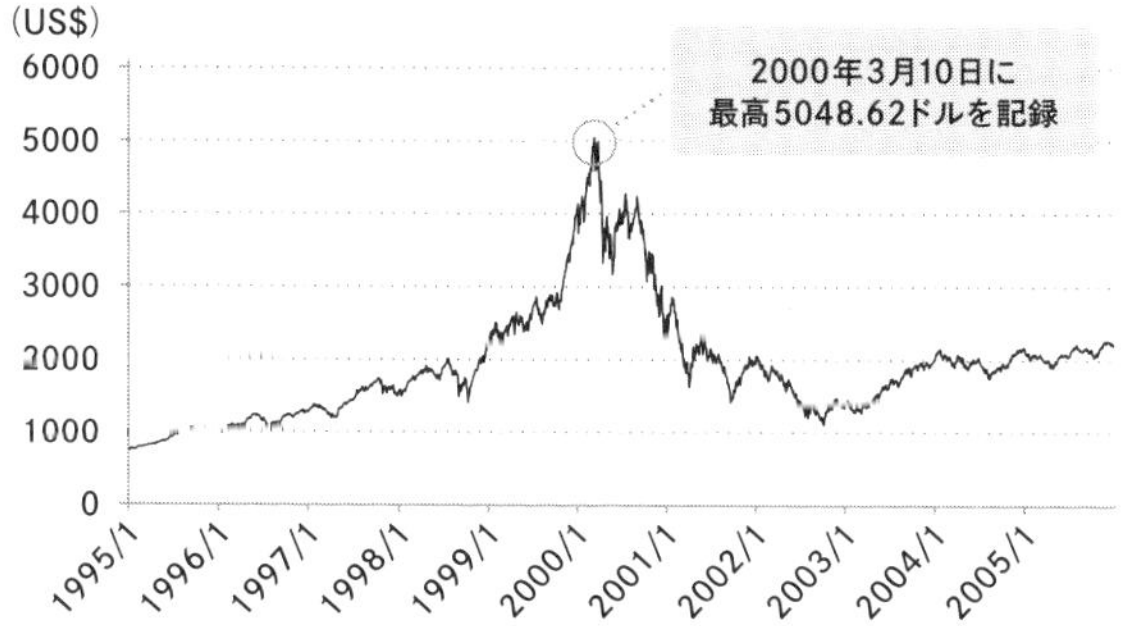

Yahoo!ファイナンスより作成

減少傾向は止まらず、リストラを経てなお人員過剰は解消されなかった。

(The Economist(Online) "The end of self-pity", 2002.5.4)

コンサルティング業界を取り巻く厳しい経済環境が好転の兆しを見せるのは二〇〇五年のことである。人員整理にメドがついたことに加えて、この頃から公共機関向けのコンサルティング需要が大きく伸びるようになったのだ。当時、調査会社のケネディ・インフォメーションが試算したところによると、世界のコンサルティング市場のうち、実に三〇％以上を公共機関向けサービスが占めるようになっていたという。さらに同社の分析では、二〇〇五年以降の三年間で公共機関向けサービスの予想成長率は年率六～九％と、民間企業向けの一～四％という予想を大きく上回っていた。(The Economist (Online) "From big business to big government", 2005.9.8)

さらに二〇〇五年の終わり頃、独自の方法で復活を果たしたのがベイン＆カンパニーだった。彼らが注目したのは、ＰＥファンドに対するコンサルティングの強化である。ファンドが買収先を選択する際の査定業務をサポートしたり、買収後の企業再生を担う人材を提供したりするサービスにビジネスチャンスを見出したのである。

創業以来、結果主義という理念を貫いてきたベインは、単なる戦略の提案だけでなく、具体的な売上をつくりだせるコンサルタントの育成に成功していた。買収先の企業価値を高めることが至上命題であるPEファンドは、ベインのコンサルタントたちが活躍できるうってつけの舞台だったと言える。

ドットコムバブルの深い谷からよじ登り始めたコンサルティング業界は、二〇〇八年九月のリーマン・ショックに端を発する世界的な金融危機により再び試練の時を迎える。

コンサルティング産業の一大顧客だった金融業界がマヒ状態に陥っただけでも大きな痛手だったが、それに加えて金融政策の引き締めがさらなる苦境を強いた。銀行による貸し渋りが誘発された結果、資金を確保しづらくなったPEファンドの企業買収がスローダウンし、企業のM&A自体も減少。システムの統合など、企業の合併にともなうコンサルティングの機会が失われることになってしまった。

ケネディ・インフォメーションのレポートによれば、二〇〇九年のコンサルティング市場は前年比で九・一%縮小し、これは一九八二年以降で最大の

リーマン・ブラザーズ倒産翌日の株価大暴落を報じる
Wall Street Journal 紙

THE WALL STREET JOURNAL.

TUESDAY, SEPTEMBER 16, 2008 - VOL. CCLII NO. 65 — $2.00

AIG, Lehman Shock Hits World Markets

Focus Moves to Fate of Giant Insurer After U.S. Allows Investment Bank to Fail; Barclays in Talks to Buy Core Lehman Unit

The convulsions in the U.S. financial system sent markets ... two of Wall Street's biggest firms looked set to exit the scene and insurance titan American International Group Inc. turned to the Federal Reserve and the state of New York for assistance.

By Susanne Craig, Jon Hilsenrath and Deborah Solomon

The U.S. stock market suffered its worst daily point plunge since the first day of trading after the Sept. 11, 2001, terrorist attacks. Financial markets were rattled by the rushed sale Sunday of Merrill Lynch & Co. and the bankruptcy-court filing of Lehman Brothers Holdings Inc. which scrambled Monday to sell its most prized businesses before too many employees and custome-

ing. For much of the day, the major U.S. market indexes were down ..., which, while a good-sized decline, was smaller than many had thought would be the case. But in the final hour of trading, a wave of selling hit, driven by concerns about the fate of ... erage ended down 504.48 points on Monday, off 4.4%, at its daily low of 10917.51, down 18% on the year. Of the Dow industrials' 30 components, all but one—Coca-Cola Co.—fell, led by a 60.8% plunge in AIG.

In Europe, London's FTSE 100 index dropped 3.9%. Several Asian markets, including Japan and China, were closed Monday due to holiday. By Tuesday, Tokyo shares were down 5.1% in early trading, and Hong Kong's Hang Seng index was down 6.1%.

Monday's action was the latest fallout in a widening financial crisis that began a year ago

AIG Faces Cash Crisis As Stock Dives 61%

By Matthew Karnitschnig, Liam Pleven And Serena Ng

American International Group Inc. was facing a severe cash crunch last night as ratings agencies cut the firm's credit ratings, forcing the giant insurer to raise $14.5 billion to cover its obligations.

With AIG now tottering, a crisis that began with falling home prices and went on to engulf Wall

DJIA ▼504.48

下げ幅だったという。

またしても深い谷間から再出発することになったコンサルティング業界に希望の光が射し始めるのは二〇一一年頃である。二〇〇九年には「コストカット」の案件が全体の八七%にも達していたが、二〇一一年には四七%にまで減少し、「成長戦略」をテーマとするプロジェクトの比率が高まるようになっていった。

会計事務所系ファームの再参入と混戦の様相を呈する第二次再編

リーマン・ショックによって経済が低迷していた時期にコンサルティング業務の強化へと乗り出したのが、一度は市場からの撤退を余儀なくされた会計事務所系ファームだった。彼らは二〇〇九年頃から「アドバイザリーサービス」という名で再びコンサルティング市場参入の動きを本格化させていく。

BIG4に勤める関係者の話によれば、会計事務所系ファームはエンロン・スキャンダル以後、「コンサルティング」という言葉を使うことを極端に避けるようになったという。

倒産発表日のリーマン・ブラザーズ本社ビル

「契約書上でもコンサルティングという言葉は何年も見ていない。使うのは専ら〝アドバイザリー〟という表現」との証言から読み取れるのは、監査人としての独立性保持を定めるSOX法への意識の強さである。会計事務所系ファームが提供するのはあくまでアドバイスであって、経営戦略にまつわる最終決定に直接的には関与していないことを明確にする意図があるものと考えられる。

さて、二〇〇九年頃から会計事務所系ファームの第二次再編とも言える動きが起こることになるわけだが、その全容は極めて複雑だ。アウトラインを整理してみよう（別表を参照）。

まず、コンサルティング部門をIBMに売却していたPwCが、二〇〇九年にコンサルティング会社「PwCアドバイザリー」を新たに設立する。

その一方で同年、KPMGから分社化されナスダックに上場していたベリングポイントが破産を申請。その再建策の一環として、アメリカ本社の企業向けコンサルティング部門をPwCに売却、ほどなく前述のPwCアドバイザリーがこれを吸収合併した。

さらに公共機関向けコンサルティング部門も売りに出され、こちらはデロ

会計事務所系ファームの第二次再編

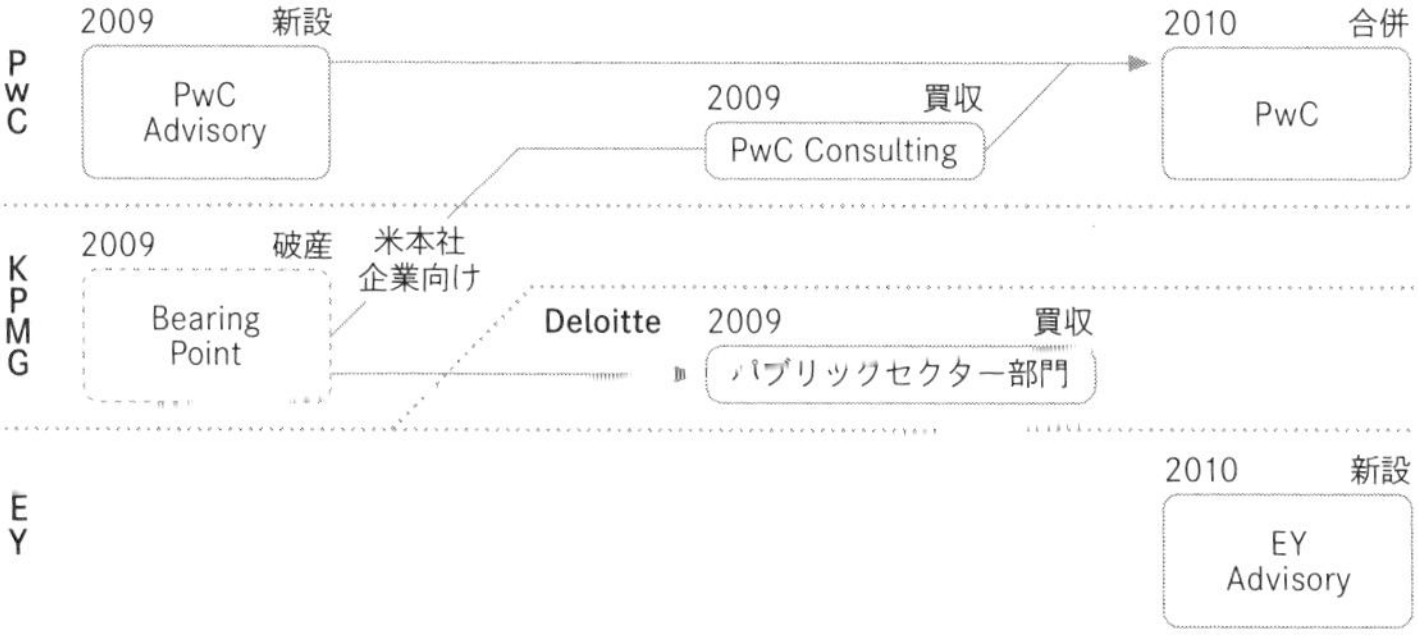

神川貴実彦『コンサルティングの基本』より作成

イトに買収されることになった（ちなみにベリングポイントは、ヨーロッパ法人の経営陣によるＭＢＯを経て、現在はオランダ・アムステルダムを拠点にコンサルティング事業を継続している）。

買い手としてＰｗＣとデロイトが名乗り出たことからも、会計事務所系ファームのコンサルティング業務強化に対する姿勢がはっきりと見てとれる。

またこのとき、ベリングポイント日本法人も親会社から分離独立し、ＰｗＣの傘下入りという道を選んでいる。当時のベリングポイント日本法人社長だった内田士郎氏（現・ＳＡＰジャパン代表取締役会長）のインタビューが興味深いので、やや本論からは外れるがここで紹介しておきたい。

「米本社が米国連邦破産法一一条（チャプターイレブン）を申請する前から、ＭＢＯ（経営陣による企業買収）といった方法で、ベリングポイント・グループからの独立を模索していた。米法人に経営不安があったからだ。しかも米法人は上場している。経営上どうしても株主のことを考えなければならず、顧客企業へ提供するサービスに集中できない環境だと考えていた。

当社のようなコンサルティング会社には、パートナーが自社に出資するパートナー制度のほうが合う。統合後は、ベリングポイントのパートナーがPwCグループのパートナーとしてPwCグループに出資する。

MBOをした場合、国際的なネットワークから外れてしまうという問題がある。当社の顧客の多くはグローバルに拠点を持つ日本企業。二〇カ国以上で当社のコンサルタントが働いている。こうした観点からもMBOだけでなく、国際ネットワークを持つ企業との統合が必要だと考えていた。

米本社がチャプターイレブンを申請したことで、顧客から「チャプターイレブンを申請した親会社を持つ企業との契約は説明がつかない」と言われたこともあった。特に公共分野の契約などは難しくなった。PwCグループ傘下に入ることで、こうした問題も解決できる。

実はベリングポイント日本法人は、グループ各国の中でもっとも成長している。三年連続、増収増益だった。MBOができなかったのは、日本法人の株価が高くなりすぎていたことや、グループの業績への日本法人の貢献が大きく、米法人が難色を示していたことが背景にある。ところがチャプターイレブンの申請により、米法人が日本法人を手放してくれた」

(「日経BPネット」2009年4月13日公開の記事より引用)

ベリングポイントのアメリカ本社は、好業績の日本法人を手放したくなかったが、破産申請するに至ってようやく売却を決めたというのだ。良好な資産である日本法人を売却し、そこで得た現金を債権者に返却することが必要と考えたうえでの判断だったのだろう。

コンサルティング・ファームの上場は何が問題か？

また内田氏がインタビューの中で触れている、コンサルティング・ファームの上場が生むデメリットもしっかりと認識しておく必要がある。

株式を上場した場合、コンサルティング・ファームは自動的に「株主利益の追求」という命題を抱えることになる。それは本来、もっとも大切にしなければならないクライアントの利益と必ずしも一致しない。いったい誰のためのコンサルティングなのか――。コンサルティング・ファームの上場は、コンサルティングというプロフェッションの本質を揺るがしかねない問題を常にともなうのである。

さらに、株式市場を介して特定の企業が大株主となった場合も同様だ。その大株主と競合関係にある企業へのコンサルティングは、道義的に許されないことになってしまうだろう。厳密な秘匿性を担保しつつ業界の知見を複数の企業に提供するというビジネスモデルが、これでは成り立たない。ほとんどのコンサルティング・ファームが上場という道を選ばないのは、そうした背景があるからなのだ。

会計事務所系ファームのコンサル業再参入はSOX法に抵触しないのか?

さて、会計事務所系ファーム再編の動向に話を戻そう。

コンサルティング部門を一度は分離独立させていた(これがベリングポイントになった)KPMGも、二〇〇九年に「KPMG BPA」を設立し、コンサルティング業務を再び本格化。キャップジェミニにコンサルティング部門を売却していたEYもやはり、二〇一〇年に新会社「アーンスト・アンド・ヤング・アドバイザリー」を設立している(二〇一三年、グループの「EY」ブランド統一方針にともない「EYアドバイザリー」に改称)。

こうした会計事務所系ファームのコンサルティング活動には当然、SOX

法の規制が適用される。この規制をどうクリアしているのかについては、疑問を持たれる読者もいるかもしれない。

第一に、会計事務所には「監査」の顧客以外の顧客もいる。その代表例が「税務」で、監査を行ってはいないが、いわゆる税理士としてのサービスを提供している顧客が存在するのだ。税務の顧客にアドバイザリー（経営コンサルティング）を行うことは、SOX法に照らして何の問題もない。

また、たとえ監査の顧客であったとしても、SOX法が禁じているのは「監査人としての独立性が阻害される可能性のある業務」であるため、監査人としての独立性が担保される範囲内でアドバイザリーを行うことは、これも問題ないことになる。

たとえば、経営の根幹に関わるような大規模なERPシステムの導入や、企業のキャッシュに直結するタックスアドバイザリー（税金対策）を監査顧客に対して行うことはできない。監査人としての中立性を担保することが難しいと考えられるからだ。しかし、リスクマネジメント、国際会計基準への移行など、経営状況やキャッシュフローに直接的に影響するとは考えにくい限定的な分野であればアドバイスを提供できるケースが多い。

SOX法（Sarbanes-Oxley Act of 2002）の概要

[正式名称]	上場企業会計改革および投資家保護法
[制定年月日]	2002年7月30日
[背景]	エンロン事件（2001）、ワールドコム事件（2002）など企業の不正会計の頻発
[目的]	投資家保護のための財務報告プロセスの厳格化と規制の法制化
[主な内容]	●企業の年次報告書の適正開示について経営者に宣誓を義務づけ ●内部統制報告書の作成の義務づけ

LegalArchiver.Org「The Sarbanes-Oxley Act 2002」より作成

ただそこには、会計事務所、監査顧客（監査役会）双方の承認が必要となる極めて厳格な事前審査システムが用意されており、それをクリアしなければアドバイザリーサービスの提案書を監査顧客に提出することすらも許されない。

言い換えれば、ＳＯＸ法によって制限されるのは、会計事務所系ファームが行うアドバイザリーの一部にすぎないのだ。

しかしエンロン・スキャンダルを知る当事者たちにとっては、ＳＯＸ法への抵触を危惧する意識は根強くある。前出の関係者が漏らした次のような言葉がそれを物語っている。

「法律上一部だけできないというものに対して、いろいろな人が神経を尖らせています。実際は監査人としての独立性に影響しないアドバイザリーを提案するときでも、あのクライアントはオーディットクライアント（監査顧客）だから結局ダメだよね、というリスク回避のほうに意思決定することは多い。〝微妙だからやめよう〟という心理が働きますからね」

やりにくさを抱えながらも会計事務所系ファームは、「監査」「税務」と並ぶ主要な収益の柱の一つとして「アドバイザリー」を再び確立することを選択した。それはひとえに、コンサルティング市場の持つポテンシャルが魅力的だったからにほかならないだろう。

淘汰される戦略コンサルとBIG4の〝買収合戦〟

コンサルティング市場への攻勢を強める会計事務所系ファームの勢いは、〝買収合戦〟という形で明確に表れている。今、業界の地図は大きく書き換えられようとしていると言っても過言ではないだろう。

コンサルティング・ファームのM&Aなどを手がけるEquiteq社が公表した「Global Consulting Mergers and Acquisitions Report 2013」によると、経営コンサルティング業界では、二〇一二年に世界中で五七五件もの企業買収が行われたという。もっとも活発な買い手がBIG4で、同レポートによればEYが九社、KPMGが一〇社、デロイトが一七社、PwCが七社を買収した。

会計事務所系ファームを中心とした業界再編を象徴する一つの事例が、デ

経営コンサルティング・ファームによる買収企業数推移

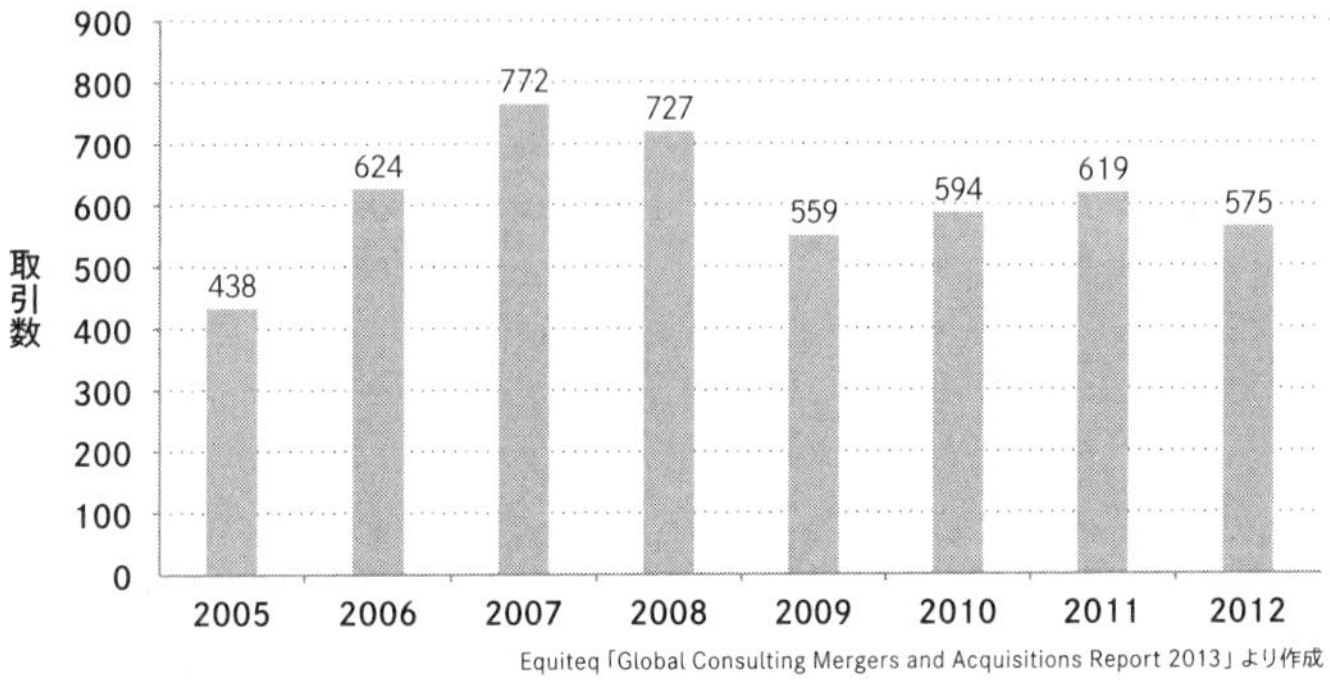

Equiteq「Global Consulting Mergers and Acquisitions Report 2013」より作成

ロイトによるモニター・グループの買収である。

一九八三年設立のモニターは、世界の二六都市にオフィスを展開する有力な戦略系コンサルティング・ファームだった。しかし二〇〇八年以降の経済不況の煽りを受け、業績が悪化。「Monitor's end」と題された『The Economist』の記事（WEB版、２０１２年11月14日公開）は、モニターの凋落を次のように分析している。

「経済が急降下した二〇〇八年以降、純粋な戦略系コンサルティング・ファームに金を払う企業はほとんどなかった。その一方で、戦略だけでなくオペレーションの領域にまで入り込んでいたトップ層のファームは、経営のスリム化を手助けする存在として雇われ続けていた。そうした役割を担うことができ、かつ規模も大きなファームは荒波を乗り切ることができたのだ。

しかし、モニターは違った。不安定な経済状況のなかで企業は世界進出の計画を実行に移すには至らず、純粋な戦略コンサルティングの需要が回復するには数年間という時間が必要だったからだ」

厳しい経済状況がコンサルティング・ファームをふるいにかけた結果、中

BIG4 による買収企業数推移

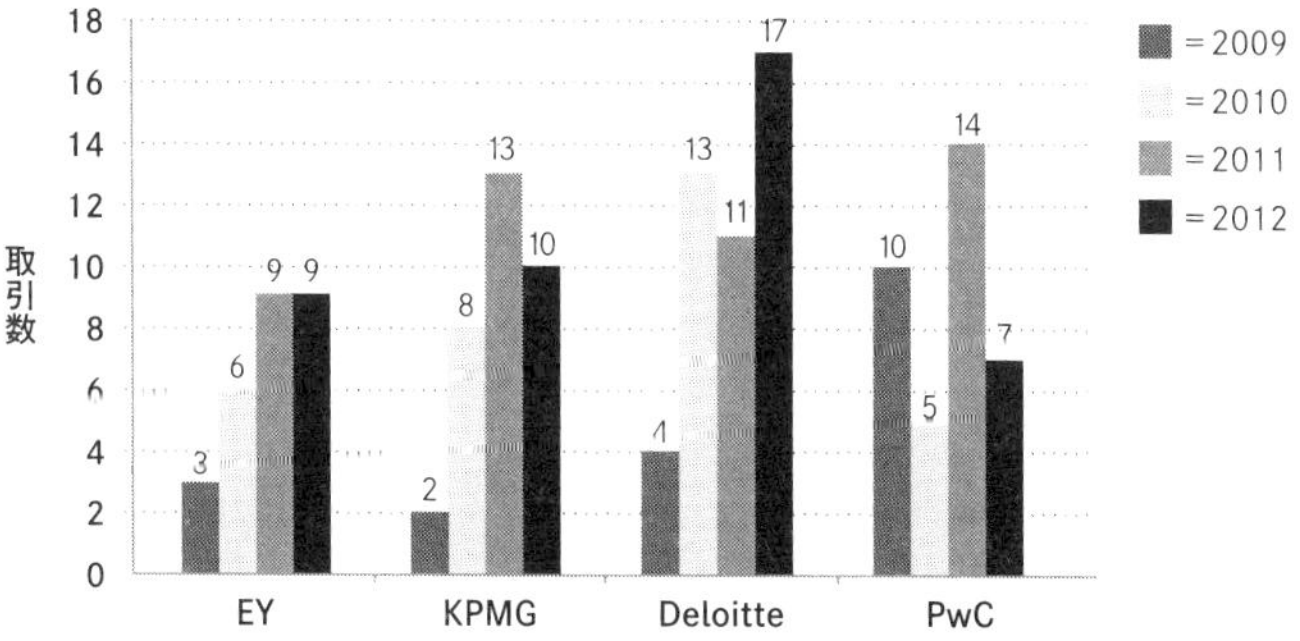

Equiteq「Global Consulting Mergers and Acquisitions Report 2013」より作成

規模かつ純粋な戦略系ファームであるモニターは生き残ることができなかったのだ。二〇一二年一一月に破産を申請、翌二〇一三年一月にデロイトに買収されることになった。

さらに二〇一四年、ＰｗＣがブーズ&カンパニーとの統合を完了するなど、会計事務所系ファームのコンサルティング強化路線は今も続いていると見られるが、その業績も着実に拡大しているようだ。

これについては、『THE WALL STREET JOURNAL』の記事が詳しい。（WEB版、「Ernst & Young Revenue Grows 5.8%」２０１３年８月８日公開）

ＥＹの二〇一三年六月期決算を見ると、グローバル収入が前年比五・八%増加しているが、そのうちアドバイザリーサービス部門が前年比一八%も増加したことが業績の向上に大きく寄与したという。ＥＹだけでなく、ＰｗＣは全体で四%、デロイトも三・五%の成長を遂げている。

いずれの会計事務所にも共通して言えるのは、新興市場でのコンサルティング収入を大きく伸ばしている点だ。同記事によれば、ＥＹのコンサルティング収入はトルコでプラス一九%、インドでプラス一七%、中東でプラス一三%、アフリカでプラス一一%と大幅に増加したという。

BIG4の総収入推移

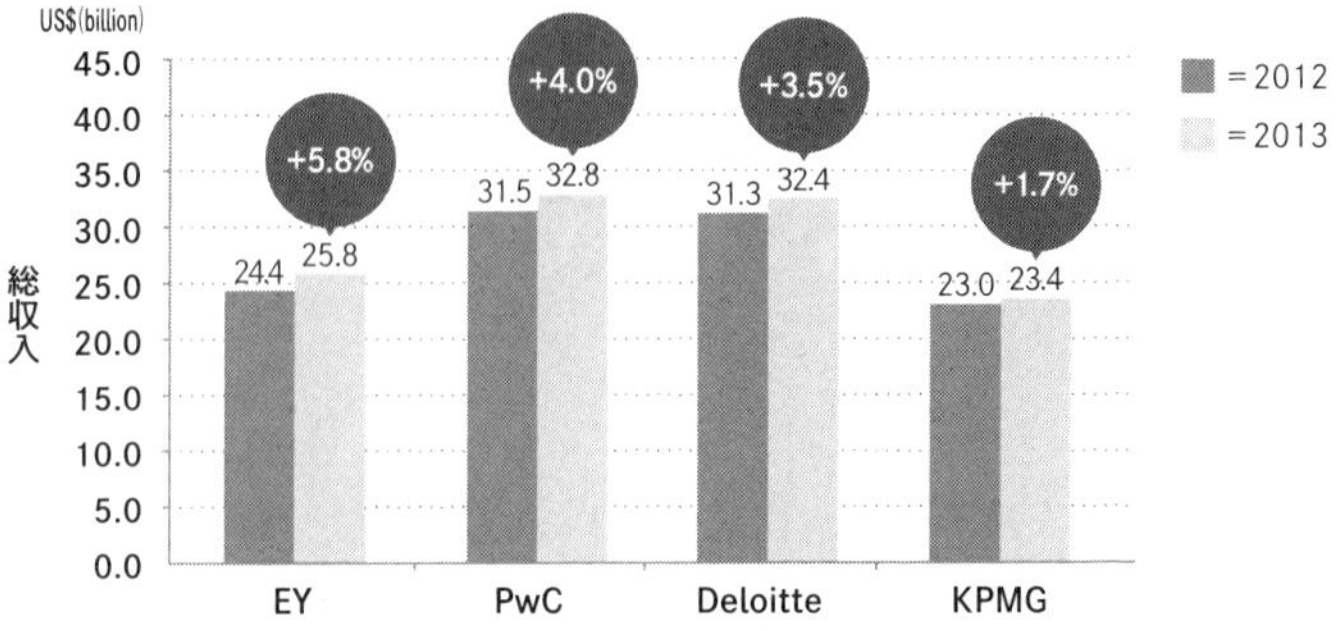

各ファームのAnnual Reportより作成

戦略系ファームとの合併で規模を追求し、新興市場へも積極的に参入する。BIG4がいかに貪欲にコンサルティング市場における存在感を高めているかがわかるだろう。

競争を激化させる戦略系トップ3とBIG4

攻勢を強める会計事務所系ファームに、モニターやブーズなど有力な戦略系ファームが飲み込まれてしまう時代――。コンサルティング業界はこのままBIG4のものとなってしまうのだろうか。

実はそうとも言い切れない。中堅の戦略系ファームが苦境に立たされている一方で、トップ3のマッキンゼー、BCG、ベインは順調な成長を遂げているからだ。『The Economist』の記事を引用したい。

「三大戦略コンサルティング・ファームは、世界的な経済の停滞をよそにこ数年二ケタ成長を遂げている。二〇一一年のデータだが、各ファームの収入は前年比でベインが一七・三%、BCGが一四・五%、マッキンゼーが一二・四%伸びた。そして三社とも、新しいオフィスをオープンさせている」

戦略系ファームの総収入推移

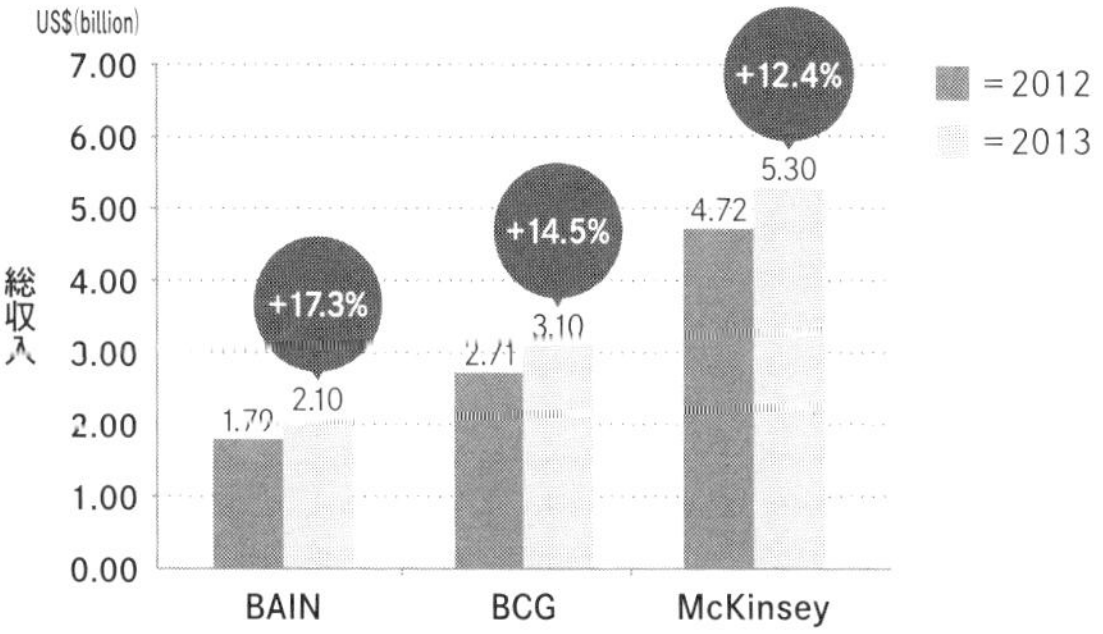

Forbes.comより作成

（『The Economist』ＷＥＢ版、「To the brainy, the spoils」２０１３年5月11日公開）

つまり、現状を単純化して言えば、トップ３の戦略系ファームと、中堅ファームを買収しながら規模を拡大する会計事務所系ファームがしのぎを削っているという構図が浮かび上がることになる。

さらに、クライアントに求められるコンサルティングのあり方が近年変わってきたことも、両者の競争激化の要因の一つに挙げられるだろう。

今、コンサルティングの現場では、パワーポイントの資料を提出して終わりという旧来の姿は通用せず、戦略の「実行」にもファームが関与することがかつてないほどに重視されるようになってきている。戦略の構築や提案を主戦場としてきた戦略系ファームにとって、これは新たなチャレンジだと言える。

一方で、規模の面で優位性のある会計事務所系ファームは、マンパワーを要する「実行」の能力に長けている。コンサルティングのスタイルがこうした変化を遂げてきた結果、両者の垣根は取り払われ、一つの土俵に立たざるを得ない状況が生まれつつあるのだ。

ただし、互いの認識の間には大きなズレがあるようだ。先に引用した記事には、デロイトとPwCの戦略コンサルティング部門のトップのコメントが掲載されている。彼らは「マッキンゼー、BCG、ベインと競合しているか？」との問いに、それぞれ「日常的に競合している」「今は間違いなく張り合っているし、将来的にはさらにそうなる」と答えている。

しかし、ベインのトップであるボブ・ベチェックは「四大ファームとの競争は確かに過去数年あるにはあったが、それはほんの数％だ」と話しており、高成長を続けるトップの戦略系ファームが強気の姿勢を崩す気配はない。

自信の背景にあるのは、確かなニーズにほかならない。二〇一三年、アメリカのコンサルティング・ファームのクライアント二五〇社を対象に行われた調査（下表参照）では、今後一二カ月間、「コンサルティングにかける費用を減らす予定がない」と答えた企業が八二％に上り、その半分近い四二％の企業は「より多くのコンサルタントを雇うことを検討している」という結果が出ている。

ヘルスケアやエネルギー分野のコンサルティング市場は高成長を見せ、さらに近年では、タブレットなどのモビリティーデバイスやソーシャルネットワーキングといったデジタル技術分野の需要も高まっている。

アメリカの主要クライアント調査結果

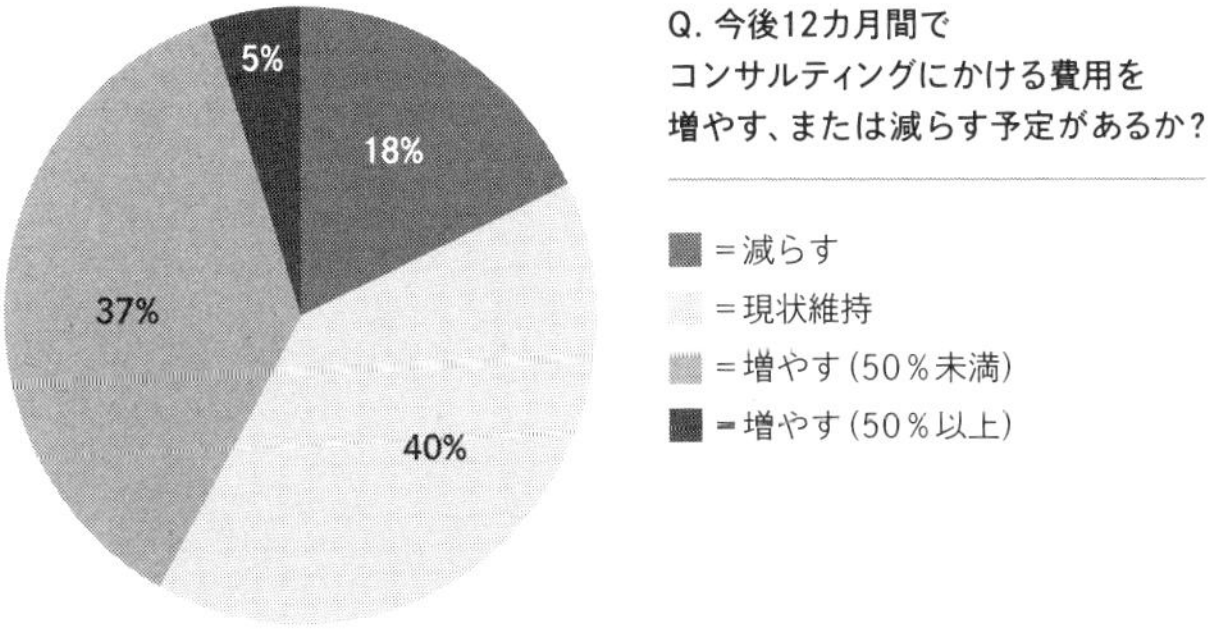

Source Information Servicesによるレポート（2013）を元に作成

誕生から一〇〇年の歳月を経てなお、企業の成長の陰で必要とされ続けるコンサルティング・ビジネス。その長い歴史のなかでは、コンサルティング・ファーム自身もまた、栄枯盛衰の時を刻んできた。これからも市場を揺るがす波に淘汰されながら、本当に強いファームだけが発展を続けていくことだろう。

名門を揺るがした〝事件〟とドミニク・バートンの挑戦

コンサルティング一〇〇年史において、そのビジネスモデルの構築とプロフェッショナルとしての規範の確立に大きく貢献し、今もなお業界のトップランナーであるマッキンゼーの「今」を紹介して、第一章を閉じることにしよう。

マッキンゼーにとってターニングポイントとなる〝事件〟が明るみに出たのは、二〇〇九年一〇月一六日のことだった。この日、マッキンゼーのパートナーであるアニル・クマールが史上最大のインサイダー取引に荷担したとして逮捕された。

クマールはクライアントの秘密を、ビジネススクールの同級生で、ヘッジファンド「ガリオン・グループ」の創始者ラジ・ラジャラトナムに売り、ラジはその情報を利用して三〇億ドルもの利益を手にしていたのだ。一九二六年の創業以来、一人として証券法違反で告発された者はいないというマッキンゼー史上、これは極めて深刻なスキャンダルだった。

さらに追い打ちをかけるような記事が、二〇一〇年三月の『ウォール・ストリート・ジャーナル』に掲載された。その記事は、一連のインサイダー取引事件でラジャット・グプタが捜査の対象になっていることを報じていた。ラジャット・グプタとは、一九九四年から二〇〇三年にかけてマッキンゼーのMD（マネージング・ディレクター）を務めた人物で、報道があった当時はゴールドマン・サックスの取締役に就いていた。

現役パートナーに続き、ファームの元トップまで訴追されるのか――。マッキンゼーに所属する誰もが抱えたであろう危惧は、残念ながら現実のものとなった。グプタは疑惑を否定し続けていたが、二〇一二年四月、ついにインサイダー取引で有罪判決を下されたのである。

グプタは、ゴールドマン・サックスが有名投資家のウォーレン・バフェッ

連邦地方裁判所をあとにするラジャット・グプタ

トから五〇億ドルの投資を受けることを取締役会で知り、その情報をラジャラトナムにいち早く電話で伝えていたという。さらにP&Gの取締役に名を連ねていたときも、業績が販売予測よりも下回ることを決算発表前にラジャラトナムに流していたとされる。

守秘義務を負い、職務に対する高い規範意識を求められるコンサルタントが――しかもマッキンゼーのトップを務めたほどの人物が――インサイダー取引で告発されるという事態に、マッキンゼーのパートナーやコンサルタントたちが深く動揺したことは言うまでもない。

クマールが逮捕される三カ月前に就任したばかりだった現MDのドミニク・バートンは、ファームの内部改革に踏み切ることを決断する。マービン・バウワーによってもたらされ、受け継がれてきた価値観だけではもはや足りない。これまでのような互いの信頼をベースとした文化から脱却し、最新のテクノロジーや行動科学を用いた「ルール」が必要だとバートンは考えた。

バートンが放った第一の矢は、個人の投資に関するルールづくりだった。ファームメンバーはもちろん、その家族も含めてクライアントの株を取引することを禁じたうえ、職位にかかわらずすべてのコンサルタントに対し、投

ドミニク・バートン

Dominic Barton

資などデリケートなテーマに関するオンラインの研修を受けることを要求した。

さらに二〇一二年には、規律を可視化する取り組みの一環として、ファーム内で行われた不正を実名とともに公表する試みをスタートさせている。不正に対するチェック機構はそれ以前からあったが、誰をどのように処罰しているのかが表立って語られることはなかった。バートンはそこにもメスを入れ、不正が行われることを防げなかったディレクターの情報を開示することに決めたのだ。

こうした取り組みは、ライバルのファームから「先駆的な試みだ」と評価された一方で、マッキンゼーのヨーロッパのパートナーたちを中心に、「アメリカの基準を押しつけている」「我々がテストをパスしなければならないなんて子供じみている」などと強く反対された。しかしバートンの意志は固く、コンサルタントの倫理について改めて考えさせるルールの策定を着実に実行に移していった。

ちなみにバートンについては、こんなエピソードがある。

彼は東京にやってくるたびに何度も、私と一緒に私のクライアントのもとを一緒に訪問してくれた。そのときに彼が語ったマッキンゼーの存在意義や提供する価値の話は、まさにバウワーのＤＮＡを引き継ぐリーダーという印象で、胸が高鳴ったものだ。

なによりも中立で、なによりもクライアントの持続的な成長のために、マッキンゼーは存在するのだと。そして、世界最高峰の人材でそれを提供するのだと。

クライアントの社長に対して、チャーミングに、そのクライアントが提供するサービスやプロダクトがいかに素晴らしいかということを、いちユーザーとして、毎回、新たなエピソードを混ぜながら語っていたのを昨日のことのように覚えている。

二〇〇三年一月二二日にバウワーがこの世を去ったとき、奇しくもＭＤの座にいたのはグプタだった。バウワー死去の報を受け、グプタは次のようなメッセージをファームの全従業員に送ったという。

“Many of us will continue to make choices for the rest of our professional careers based in large part on the question we often ask ourselves: What would

Marvin have done?"
（私たちの多くは、プロフェッショナルとしての残されたキャリアのなかで、次のような問いを自らに繰り返し投げかけながら選択し続けていくことだろう。「マービンなら、どうしただろうか？」と）

それから一〇年も経たないうちに、バウワーが築いたコンサルティングの崇高な理念は、グプタその人によって泥を塗られることとなった。

そして今、バートンはこれからのマッキンゼーが健全な発展を遂げるための新たな改革の途上にいる。彼の取り組みは、マッキンゼーのみならずコンサルティング業界全体にとって先駆的な役割を果たすに違いない。バウワーが果たした役割がそうであったように。

第二章

日本の経営コンサルティング業界

欧米発の経営コンサルティングは
どのようにして日本に浸透していったのか？
外資系ファームの進出と国内系ファームの誕生

本章では、日本における経営コンサルティングの歴史と業界の概況について見ていきたい。

第一章で詳説してきたように、経営コンサルティングはアメリカで生まれ、欧米の市場の中で「士業」的なビジネスとして洗練されてきた。日本の経営コンサルティング業界も、そうした外資系のコンサルティング・ファームが日本に進出してきたことで形成されてきたと言っていいだろう。

最初に日本にオフィスを開設したのは、ＢＣＧの一九六六年。その後一九七一年にマッキンゼー、一九七二年にA・T・カーニーと続き、一九七八年にADL、一九八一年にベイン、そして一九八三年にブーズが進出。こうして日本に主要な戦略系コンサルティング・ファームが出揃うことになった。

こうした動きは、欧米の企業が世界戦略の一環として日本のマーケットに価値を感じ、本格的に乗り込んできたことに呼応したものだったと言える。当時、経営者がコンサルタントに助言を求めるなどという風土がなかった日本での市場開拓は困難を極めたと想像されるが、その後、日本企業による世界展開が活発化するにつれ、経験値の高い外資系コンサルティング・ファームは経営陣の信頼すべきパートナーとして存在感を高めていくことになった。

外資系ファームが日本での活動を本格化させる一方で、日本発の、いわば「国内系ファーム」もさまざまな形態をとりながら誕生していった。いわゆる「**総研系**」と呼ばれる企業群や、中小企業を対象として独自のビジネスモデルを構築したコンサルティング会社、また日本で誕生したIT系ファームなどである。

その他、リクルートや大手広告代理店などから派生した、「**人事・組織**」「**ブランディング**」など特定の分野に強みを持つファームも数多く存在する。

戦略系ファームの日本進出年と現在のオフィスロケーション（再掲）

A　ボストン・コンサルティング・グループ（1966）
B　マッキンゼー&カンパニー（1971）
C　A. T. カーニー（1972）
D　アーサー・D・リトル（1978）
E　ベイン・アンド・カンパニー（1981）
F　プライスウォーターハウスクーパース・ストラテジー（1983）
G　オリバー・ワイマン（1988）

各ファームの公式サイトより作成

外資系にせよ、国内系にせよ、コンサルティングがビジネスとして成立するためには、「コンサルタントを起用することが自社を成功に導く」という発想を日本の企業経営者たちに浸透させることが第一の命題となる。

過去、日本において第三者的な視点から経営に関するアドバイスを行ってきたのは、いわゆる「顧問」や「相談役」という立場の人々だった。京セラの創業者で、のちに日本航空の経営再建を担うことになった稲盛和夫氏などは、その代表的な存在だと言えるだろう。

自ら会社を経営した経験を持ち、そこで培ったノウハウを現役の経営者たちに伝授する彼らは、いわば日本式のグレイヘア・コンサルティングの担い手であったのだ。

前述の通り、おもな外資系ファームの日本拠点は一九八〇年代には出揃ったものの、ファクトベースを謳うコンサルティングがすんなりと企業に受け入れられたわけではなかった。いまだ未開の地であった日本市場に道を切り拓いたのは二人のレジェンド、**マッキンゼーの大前研一**と、**BCGの堀紘一**だった。

国内で設立されたおもなコンサルティング・ファーム

カッコ内は設立年

▸ 経営コンサルティング
船井総合研究所(1970)
コーポレイトディレクション(1986)
ドリームインキューベータ(2000)

▸ M&A アドバイザリー
GCAサヴィアン(2004)

▸ 人事コンサルティング
リクルートマネジメントソリューションズ(1989)
リンクアンドモチベーション(2000)

▸ IT・総合コンサルティング
アビームコンサルティング(1981)
デロイト トーマツ コンサルティング(1993)

▸ ブランドコンサルティング
博報堂コンサルティング(1999)

▸ シンクタンク
野村総合研究所(1965)
日本総合研究所(1969)
三菱総合研究所(1970)

各ファームの公式サイトより作成

彼らは日本的なグレイヘア・コンサルティングの時代から、新たなグローバル・スタンダードのファクトベース・コンサルティングの時代へと日本企業を導く橋渡し役として、歴史に大きな足跡を刻んだと言える。

二人の果たした役割とはどのようなものだったのか。コンサル草創期の日本の状況について、次節の名和高司氏へのインタビューをもって解説に代えさせていただくことにしよう。

特別インタビュー

コンサル日本草創期の立役者・名和高司が語る

二人のレジェンドと日本のコンサル業界

現在、一橋大学大学院国際企業戦略研究科の特任教授を務める名和高司氏は、東京大学法学部を卒業後、三菱商事を経て一九九一年、マッキンゼーに入社した。大前研一（一九九四年にマッキンゼーを退社）のもとでコンサルタントとしてのキャリアをスタートさせ、その後ディレクターに就任するなど、約二〇年間マッキンゼーに在籍。その一方で三菱商事の先輩にあたるBCGの堀紘一とも接点を持ち、マッキンゼーを退職した二〇一〇年にはBCGのシニアアドバイザーに就任するという異色の経歴を持っている。

大前、堀両氏の人物像、そして名和氏が目にしてきた日本のコンサル業界

名和高司

Takashi Nawa

の変化を聞いた。

――名和さんがコンサル業界の扉を叩くところから、お聞かせいただけますか？

名和　大学の同級生に藤井清孝という男がいましてね。のちにＳＡＰジャパンやルイ・ヴィトンジャパンなどのトップを務めることになるわけですけれども、彼は日本におけるマッキンゼーの学卒第一号とも言える世代なんです。当時、藤井がマッキンゼーという会社に就職するらしいと聞いたときは、仲間うちでは「マッキンレーという洋酒の会社」だとか「マッケンジーという洋服屋」だとか言われていました。それくらいマッキンゼーがまだ知られていない時代だったんです。

私は三菱商事に就職してニューヨーク勤務となり、入社九年目の一九八八年、社内留学制度を利用してハーバード・ビジネス・スクールに入学します。同じ時期、マッキンゼーから南場智子（ＤｅＮＡ創業者）さんも来ていましたね。そこでコンサルティング・ファームが非常に人気のある、リスペクトされた職種だということを知って、マッキンゼーのリクルーターと食事をしたりしました。

ベーカー・スカラー（成績上位五％に与えられる称号。名和氏は堀紘一氏に次いで日本人として二人目の受賞）をとるような学生たちは、ほとんどマッキンゼーに行くんです。もっとも、日本では、ＢＣＧに行く場合がほとんどですが。あれだけのＩＱを持っている人たちが行くんだから、きっとすごい組織なんだろうと感じていました。

そして帰国後、新しい道を考え始めたときに会いに行ったのが、当時ＢＣＧの日本オフィス代表だった堀紘一さんだったんです。やはり三菱商事の先輩という縁もありましたからね。堀さんは親分肌で「お前は俺の弟分みたいなものだな」と言って、かわいがってくれました。

ＢＣＧのお世話になろうと決めかけていたときに、マッキンゼーの方から「一度、大前研一に会ってから決めたらどうだ」と言われて、怖いもの見たさで大前さんに会うことにしました。

実は、それまでもマッキンゼーの関係者には面会をしていたんですが、人間的な魅力をあまり感じていなかった。大前さんにそのことを言うと、「俺の子どもみたいなものなんだから、そんな悪く言うなよ」とたしなめられま

ベーカー・スカラーの歴代のおもな受賞者

[受賞年]	[氏名]	[現職]
1971	マイケル・ポーター	ハーバード・ビジネス・スクール教授
1975	ミット・ロムニー	政治家、2012年アメリカ合衆国大統領選挙候補者
1975	ハミルトン・E・ジェームズ	ブラックストーン・グループ代表取締役社長兼COO
1979	クレイトン・クリステンセン	ハーバード・ビジネス・スクール教授
1980	堀紘一	ドリームインキュベータ(DI)代表取締役会長
1982	ジェームズ・ダイモン	JPモルガン・チェース会長兼CEO
1988	リッチ・レッサー	ボストンコンサルティンググループ代表取締役社長兼CEO
1989	ルイス・ユビナス	元フォード財団代表
1990	名和高司	一橋大学大学院国際企業戦略研究科教授
1992	御立尚資	ボストン・コンサルティング・グループ日本代表
2006	岩瀬大輔	ライフネット生命保険代表取締役社長兼COO

各社・各氏公式サイトより作成

したね。

いろいろ話をしているうちに、最後には「一緒にマッキンゼーを変えよう」「よろしくお願いします」と握手を交わしたりして、今度は堀さんの方に断りに行かなければならなくなってしまいました。

そのときも堀さんは面白いことを言っていました。『巨人の星』を例に出して、「マッキンゼーでは、〝大リーグボール養成ギブス〟をはめさせられるんだぞ。すぐにでも剛速球を投げられると思うやつはマッキンゼーには行かないんだ」と。優柔不断な私はそれを聞いてまた悩んでしまったんですが、最後はマッキンゼーに入ることに決めました。

――そして大前さんがマッキンゼーを退職するまでの約四年間、一緒に仕事をすることになります。

名和　当時はまさに大前さんの時代というか、コンサルティングという業種が日本で市民権を得た時代でした。大前さんの頂点を見ることができたという意味では、非常に勉強になりましたね。

堀さんの喩え話にもあったように、マッキンゼーにはマッキンゼー流の確立された手法があるわけです。最初はそれが非常に堅苦しく感じられたものですが、そんなとき、「最初の二年間はステップをちゃんと学びなさい。そして最後に自分の好きなダンスを踊るんだ」ということを大前さんに言われたのを覚えています。

さんざん弱点を指摘されて体育会系的な面もありましたが、その頃にかなり鍛えてもらいました。五年目の一九九六年にパートナーになってからは、自分らしいやり方で仕事ができるようになっていきました。

堀さんはコンペティターになってしまったわけですが、いろんなエピソードをクライアントを通じてよく耳にしました。一度、私が堀さんのクライアントからプロジェクトをとってきたことがあったんですが、堀さんは「浮気するのは許さない」とばかりに、そのクライアントのオフィスに乗り込んでいったそうです。

大前さんが頭のキレの良さで勝負するのに対して、堀さんは人間味があって人をその気にさせるのがうまい心理学者のような人。スタイルは全然違いますが、一つのクライアントに対して徹底的に尽くす点では共通していたと

堀紘一

Koich Hori

思います。だからこそ二人とも、経営者と直接話ができるトップカウンセラーになれたのでしょう。最近ではどのファームでも、トップカウンセラーを務められるような人物がずいぶん減ってしまったように思います。

忘れられないのは、ある通信会社が「なぜ当社から新たなビジネスが生まれないのか」というテーマでトップを交えて議論していた会議の場で、大前さんがどこからか鏡を持ってきて、経営者の眼前に突きつけた光景です。「原因はこれです」と、はっきり言ってのけた。

こんな技、そうそうできるものではありませんが、大前さんとその経営者はそれから懇意になって一緒に旅行に行ったりしていましたし、企業も大きく変わっていきました。おもねらない姿勢が評価され、信頼を受けたのだと思います。

――コンサルタントとして働くなかで、企業側の変化を感じることはありましたか？

名和　それはありましたね。大前さんが登場した頃というのは、コンサルテ

大前研一

Kenichi Ohmae

ィングの切り口や考え方が新鮮で、日本の企業にとっては学ぶことも多かったと思います。ただし時間が経つにつれて、そうした手法が企業の中にだいぶ浸透していったのも事実です。

ある企業では、社内資料を見せてもらうと、「これ、マッキンゼーがつくったんですか」と聞きたくなるほど、そっくりのテンプレートで作成されていたりする。日本の企業は優秀で学習能力も高いですから、コンサルを使わなくても八五点くらいの答えを自分でつくれるようになったんです。個人的には、純日本的な風土の企業がコンサルの手法に毒されすぎてしまうのもよくないとは思うのですが。

もちろん、時代時代の経済環境によってもコンサルの果たす役割は変わっていきました。一九九〇年代は新規事業も多く、コンサルティング・ファームも一緒にビジネスをするような感覚で企業に並走しながら、いろいろな仮説を立てて成長を図っていこうというケースがよくありました。

九〇年代の末には、ネットベンチャーに投資してその成長を支援するという「アクセラレータ@マッキンゼー」という組織ができました。私は遅きに失すると設立に反対でしたが、結局日本の「@マッキンゼー」のヘッドになりました。その頃のメンバーの中には、その後オイシックスを創業した高島宏平君がいます。また、DeNAの南場智子さんや、エムスリーの谷村格さんなど、自らネット事業に飛び込む@マッキンゼーメンバーも、あとを絶ちませんでした。ただ、案の定ネットバブルはすぐにはじけ、「@マッキンゼー」も早々に畳むことになりました。

そして、二〇〇〇年代に入ると日本の経済成長が鈍化して、企業を立て直すプロジェクトがだいぶ増えるようになった。私も、「破壊と創造」や「全社トランスフォーメーション」といった再生機構然としたテーマにどっぷりつかっていきました。

ですから私がマッキンゼーにいた頃というのは、成長のフェーズと、変革のニーズ、その両方に対してコンサルが役割を果たした時代だったと言えます。

――コンサルティング・ファーム自身の側にも変化はありましたか？

名和　マッキンゼーとBCGの比較で言えば、それぞれの方向性は対照的だったように思います。

1990～2010年代の日経平均株価の推移

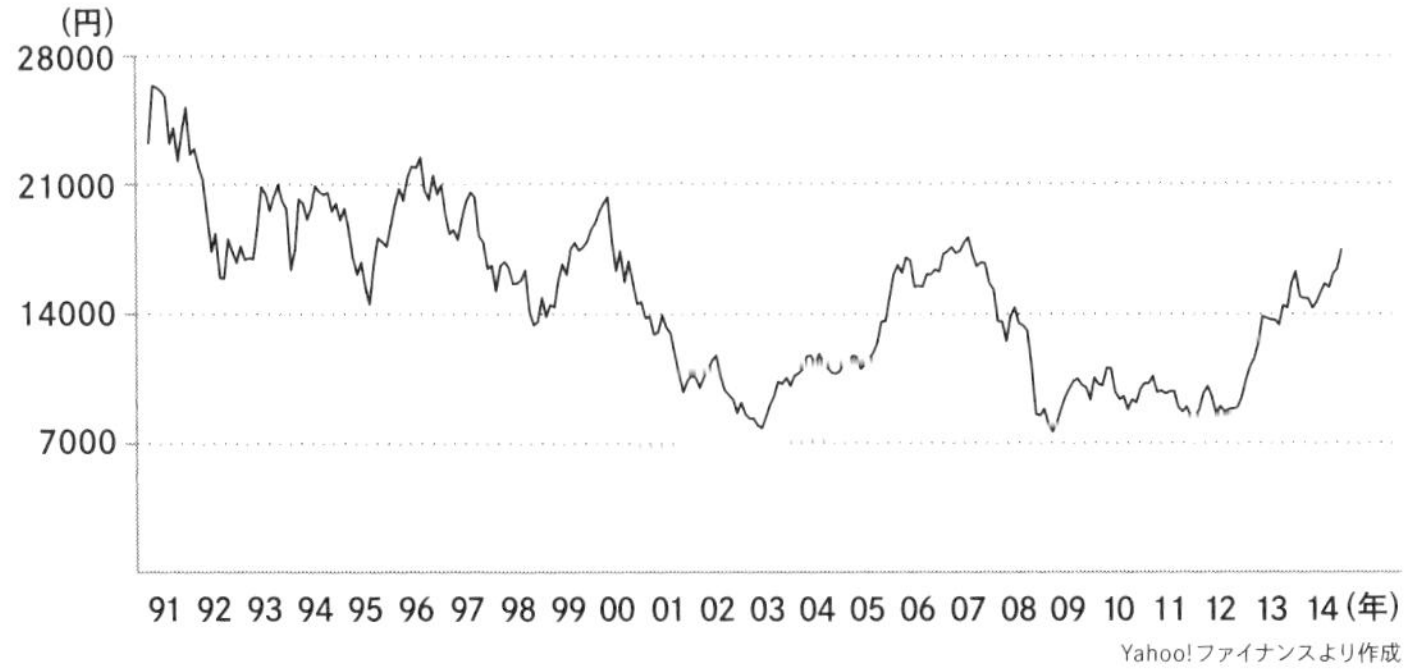

Yahoo!ファイナンスより作成

大前さんの時代のマッキンゼー東京オフィスは「日本化」が進んだのですが、大前さんがいなくなってからはその揺り戻しが起きました。アメリカ流、グローバル流のやり方に日本もならうべきだということで、外国人コンサルタントの割合がぐっと増えたりしました。

Don't reinvent the wheel なんてことをよく言われましたね。つまり車をイチから開発するのではなく、ベストプラクティスは海外の事例に必ずあるから、そこから学ぶべきポイントを抽出すればいいんだ、と。

日本的な企業体質に適した形になりつつあったのに、また外資系コンサルに戻ってしまったような印象を受けました。

ＢＣＧはまさにその逆で、ローカルなニーズに合わせてローカルな人たちがやっている。ＢＣＧが日本企業にしっかりと食い込んでいるのは、そういう柔軟性があるからだと思います。

その結果として、企業が逆境にあるとき、大きな変革を迫られているときはマッキンゼーが呼ばれるけれども、日常的にパートナーとして歩むのはＢＣＧ、という構図がよく見られるようになりました。あるクライアントからは、「マッキンゼーは劇薬で、ＢＣＧはサプリメント。そんな役割分担だ」

BCG 東京オフィス

東京オフィスがあるニューオータニガーデンコート

マッキンゼー東京オフィス

東京オフィスがあるアークヒルズ仙石山森タワー

という話を聞いたこともあります。

こうした違いは、実は最近始まったことではありません。一九九〇年代、ある産業財企業の経営者は、大前さんを呼んでいろいろな提案を受ける機会をたまに設けていました。でもその経営者は社員たちに向かって「今の大前さんの話には気をつけろよ。あれは一〇年先のことだと思え」と言うわけです。一〇年先を大前さんに語ってもらいつつも、そこまで伴走する役割を担うのはBCGだったんですね。

両ファームのこうした立ち位置の違いは、日本特有のものだと思います。欧米ではもっと同じ土俵というか、BCGもマッキンゼー的な領域で戦っているはずです。

――日本企業との相性の問題という言い方もできるのではないでしょうか？

名和 マッキンゼーのパッケージ（プレゼン資料）には、すべてのチャートにキーメッセージが付けられていて、結論も明確に書いてあります。

ところが、私がマッキンゼーを退社したのちBCGのアドバイザーになって最初に驚いたのは、ＢＣＧのチャートにはメッセージが書いてないし、結論もはっきりとは書かれていないということでした。

彼らはプレゼンテーションで説明を加えながら、「これはどういう意味か」ということをクライアントに言わせるんです。そうやって進めていくうちに、「つまり結論はこういうことなんじゃないか」と向こうが言い始める。本当はこちらが用意した答えでも相手が発見した気持ちにさせる、そのテクニックは非常に巧みだと感じましたね。

マッキンゼーは高い所からガツンと結論を言ってインパクトを与える。ＢＣＧは相手に考えさせる。同じ業界とは思えないほど流儀は違います。でも、日本の企業を相手にする場合、受け入れられやすいのはやはりＢＣＧのほうだと思います。

――欧米に比べて日本ではコンサルティング業界の規模が成長していないという側面もありますね。

名和　先日、東レが約五〇年かけて開発してきた炭素繊維でボーイングと一兆円の巨額契約に至ったという報道がありましたが、粘り強さ、しぶとさこそ日本企業の強みだと思います。

大前さんはかつて、「Do more better（もう少しよく）ではダメだ」と言っておられましたが、極めて長い時間軸の成長を図るのが日本的なスタイルであって、短期間で結果を求めるコンサルティングはそうしたスタイルにはなじみにくいんです。

もちろん、会社が危機に陥って、マッキンゼーの力を借りて大きな変容を遂げるべき時期もあるとは思いますが、平常時に戻ったときにはマッキンゼーのサービスはトゥーマッチになってしまう。よく「クライアントが喉が渇いたと聞いただけで、マッキンゼーは消火ホースで水をぶっかけてくる」と言われますが、このジョークは結構的を射ています。

逆に今、急成長しているユニクロやソフトバンクには、柳井（正）さん、孫（正義）さんのような〝スピードの鬼〟が君臨しています。失敗してもいいからやってみろ、ということができるのは創業者でありオーナーであるからこそ。スピーディーとは言っても慎重な分析を重ねるコンサルを雇うことは、あまり考えないでしょう。

一方、トヨタに代表されるように、自力で日々の変革を推進できる日本企

大前研一の言葉

将来とは突然やってくるものではなく、
過去の延長線上、今日の延長線上にある。
だから予兆は必ずある。
予兆の段階から観察し、そこに働いているいろいろな力を見て、
結果的にどうなるかを見抜くのだ。

——大前研一

大前研一『考える技術』より

業に対しても、会社組織の一部としてビルトインされるような形の欧米型コンサルはなじまない。あるとすれば、BCGのように、サプリメントとして「飲んでおくと安心ですよ」という位置づけで寄り添っていくのがサステナブルなモデルなのではないでしょうか。

――日本のコンサルティング業界について、今後の展望をお聞かせください。

名和　少し厳しい言い方をすれば、この三〇年ほどの間にその手法を企業に吸収されたことで、日本におけるコンサルティングは一つの役割を終えたのかもしれません。

残された道として、一つは経営者と直接コミュニケーションできるトップカウンセラーになることが挙げられます。

生え抜きの人材が社長に就くケースが多いのは日本企業の特徴です。日本電産の創業者であり数々の企業買収と再建を手がけてきた永守（重信）さんのようなプロ経営者は欧米には数多くいますが、日本ではまだまだ稀な存在。他の業界について知識の乏しい経営者に対して、業界横断的な知見を提供できるパートナーとしてコンサルはバリューを発揮できるはずです。

もう一つは、成長したい、変わりたいという変身願望のある企業に対して、高級なトレーニングパッケージを提供するようなビジネスモデルです。至れり尽くせりのセレブ向けトレーニングジムが出てきていますが、イメージ的にはそれに近い。

変わらなければいけない、何をすればいいかもなんとなくはわかっている。そんな企業や経営者に対して、変革の実現をサポートする腕利きのトレーナーのような存在として、ビジネスを展開していくことになるのではないでしょうか。

グローバル市場の縮図と化す国内市場
「戦略」市場を握る外資系ファーム
国内系ファームが育たない理由とは？

二人のレジェンドが牽引し、市場が形成されてきた日本のコンサルティング業界は二一世紀の今、どのようなパワーバランスの上に成り立っているのだろうか。

まず「戦略」分野について見てみよう。

この市場は端的に言って、外資系ファームの独壇場となっている。マッキンゼー、BCG、ベインによる〝三強〟の構造は、世界的な業界の傾向と同じと考えていいだろう。次いで控えるのが、A・T・カーニーやADLなどの中堅どころだ。

私がマッキンゼーで仕事をしていたときの経験で言えば、国内系のコンサルティング・ファームとコンペで競合することは皆無に近く、八～九割は外資の戦略系ファーム、残りの一～二割もやはり外資の会計事務所系ファームなどが競合相手だった。

それではなぜ、国内系のコンサルティング・ファームは外資系を脅かす存在になれずにいるのだろうか。

そもそも、「戦略コンサルティング」をメイン事業に据える国内系ファーム自体がほとんど存在しない。名前を挙げるなら、ＢＣＧから独立した堀紘一が率いるドリームインキュベータ（東証一部）や、同じくＢＣＧのコンサルタント一〇名が独立、創業したコーポレイト・ディレクションあたりだろうか。

戦略コンサルティングの需要を抱えているクライアントは、基本的にはグローバル展開を行っている、あるいは計画している大手企業であるため、知見がドメスティックな範囲に限られる（少なくともそう考えられがちな）国内系ファームより、自身がグローバルに展開し、海外事業に関するプロジェクトの実績を豊富に有する外資系ファームのほうが有利な立場にあることは明らかだ。国内系ファームが「戦略」の領域で育ちにくいのは、そうした要因があるからだと推察される。

外資系ファーム出身者が独立し、新たにコンサルティング会社を立ち上げる例がないわけではない。前述のドリームインキュベータやコーポレイト・ディレクションをはじめ、BCGから派生した国内系コンサルティング・ファームはいくつか存在するし、かくいう私自身もマッキンゼーを辞めてフィールドマネージメントを立ち上げた。

しかし、これらは極めてレアなケースでしかないのが現実だ。私が起業するまで、日本においてマッキンゼーから独立してコンサルティング・ファームを設立した例は一件もなかったはずだ。

大手企業の「戦略」案件は非常に高単価で、効率性・収益性の高いビジネス領域だと言える。しかしそこに国内系ファームの姿はなく、むしろBCGなどは一時期、国内系ファームがシェアを握る中堅企業へのコンサルティング市場を狙う動きを見せていたとも言われる。とはいえそれも長続きはせず、やはり効率のいい大手企業の「戦略」に絞って注力する体制に戻っているよ

国内のビジネスコンサルティング市場規模の推移

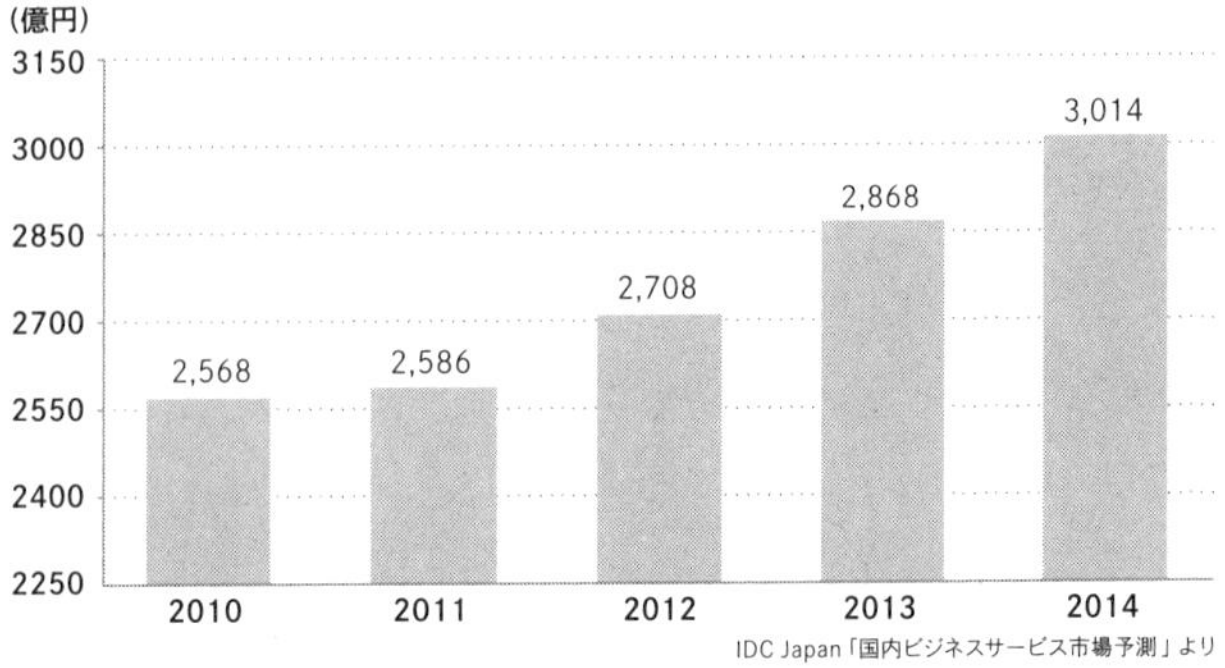

IDC Japan「国内ビジネスサービス市場予測」より

うだが。

国内のビジネスコンサルティングの市場規模は、堅調に推移していると見られている。調査会社ＩＤＣジャパンによると、二〇一三年の市場規模は前年比五・九％増の二八六八億円、二〇一四年は同五・一％増の三〇一四億円と予測されるという（右ページ下図参照）。その後も右肩上がりの成長が続く見通しとなっている。

背景にあるのは、リーマンショック以降落ち込んでいた企業業績の回復だ。企業は新規事業やグローバル展開などの「攻めの経営」に転じており、ビッグデータの活用に関する案件などコンサルティングのニーズが高いようである。

2011年以降の日経平均株価推移

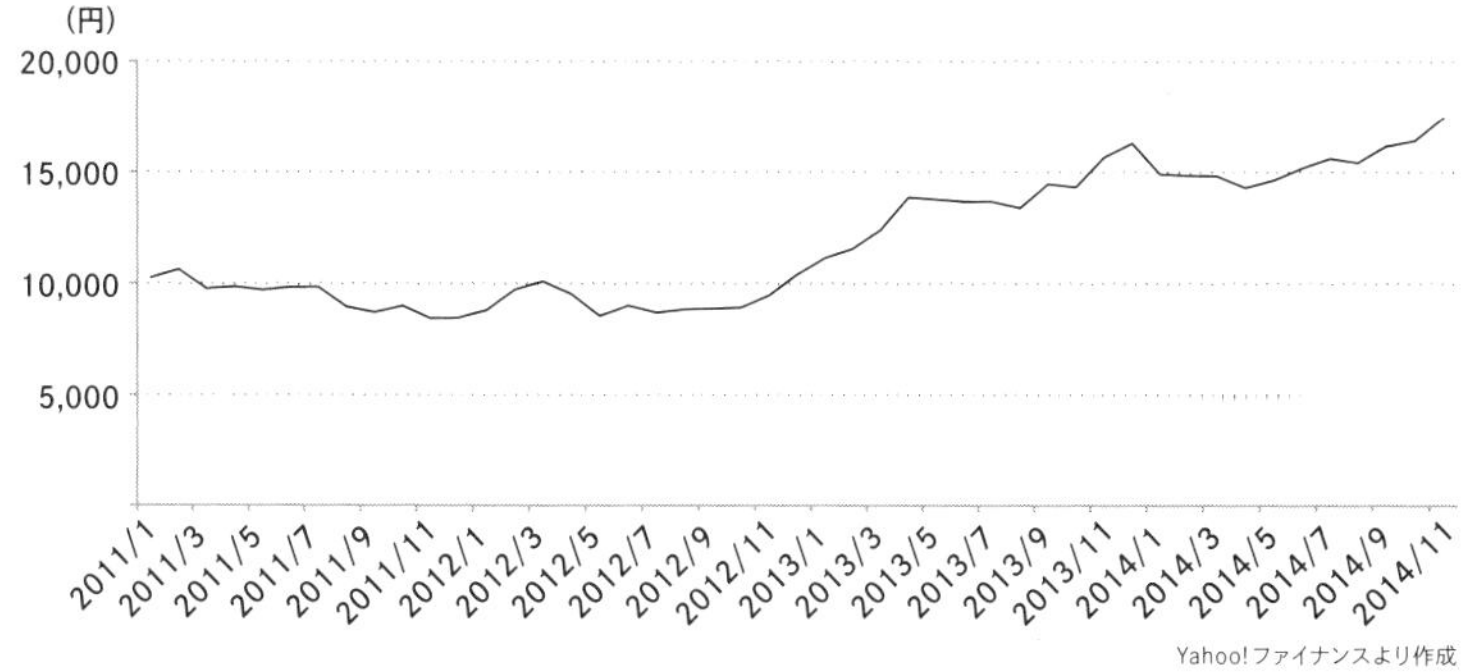

Yahoo!ファイナンスより作成

国内系ファーム①

シンクタンク機能に強みを持つ総研系ファーム

野村総合研究所／三菱総合研究所／船井総合研究所

ここからは具体的な企業名を挙げながら、それぞれのコンサルティングの特色や強みなどについて解説していきたい。

国内系ファームの最大勢力というべきジャンルが「総研系」である。テレビの経済番組で、コメンテーターとして「○○総研」の肩書を持つ人が登場するのを目にしたことがある読者も多いのではないだろうか。

総研とは一般に、「総合研究所」の略称である。代表的な例が野村総合研究所。一九六五年に、野村證券の調査部が分離独立して発足した。みずほ総合研究所（みずほフィナンシャルグループ系列）や三菱総合研究所（三菱グループ系列）の名前を見てもわかる通り、金融機関を母体とするところが多い。ちなみに日本総合研究所は、三井住友フィナンシャルグループの系列に属している。

これらの総研系はほとんどの場合、コンサルティング業務だけを行っているわけではない。政策の立案や提言を行う研究機関、いわゆるシンクタンクとしての役割を担っているほか、多くはシステム構築（ＩＴコンサルティング）の機能も併せ持っている。

ただ、名前に総合研究所（総研）と入っていれば同じグループの企業だと言えるかというと、そういうわけでもない。たとえば船井総合研究所は、他の総研とは全く異なるアプローチから誕生した国内系のコンサルティング・ファームである（詳細は後述）。

また、富士通総研のようなメーカー発のものもあれば、全日空から派生したＡＮＡ総合研究所のように企業内の一部署が法人化して誕生したものもあり、それぞれのルーツや事業内容、規模は非常にバラエティに富んでいる。

総研系コンサルティング・ファームのおもな事業内容

シンクタンク機能

経済調査
おもに親会社の依頼を受けて行う、マクロ的な経済動向の調査

官公庁向けのリサーチ
政策立案・政策決定のために必要なデータや根拠の調査、政策の波及効果の調査と算定など

コンサルティング機能

経済調査
ITを活用した企業の事業戦略作成、業務プロセス改革など

官公庁向けのリサーチ
経営戦略立案、マーケティング、新規事業戦略、業務改善、組織人事など

神川貴実彦『コンサルティングの基本』より作成

システム開発に強いも、戦略コンサルタント集団を目指す野村総合研究所

現在の野村総合研究所（以下、野村総研）は、二つの企業が合併して誕生した会社である。

その一つは一九六五年に日本初の本格的な民間シンクタンクとして設立された旧・野村総合研究所。野村證券のアナリスト部門が独立して生まれた企業だ。

そしてもう一つが、一九六六年設立の野村電子計算センター（一九七二年、野村コンピュータシステムに社名変更）で、こちらは野村證券の電子計算部（システム開発部門）が独立してできた。その両社が合併して、現在の野村総研が誕生したのは一九八八年のことだった。二〇〇一年には東証一部に上場を果たしている。

こうしたバックグラウンドが示す通り、野村総研にはシステム開発を手がける部門と、調査・分析を得意とするシンクタンクとしての機能が共存している。

規模としてはシステム部門のほうが圧倒的に大きく、売上構成比の六～七割、人員では九割ほどを占めているという（野村総研の全従業員数は単体で約六〇〇〇人）。野村證券のシステム開発を手がけた実績を武器に証券・金融業界の各企業にパッケージ化されたシステムを販売するほか、セブン&アイホールディングスをはじめとした流通業界にも強みを持つ。

一方、コンサルティング事業を担うシンクタンク部門は公共セクター、すなわち官公庁や市区町村などを顧客とし、アナリスト集団という出自を生かした、高い調査能力や分析力を売りにして業容を拡大してきた。その過程で、事業拡大の一環として民間企業へのコンサルティング・サービスの展開にも乗り出すことになる。

だがシンクタンク部門は一九九七年、大きな分岐点を迎える。所属するアナリスト約五〇〇人が、野村證券本体に移籍することになったのだ。野村総研のアナリストが事業の独立性を高めるにつれ、野村證券との間で一種のカニバライゼーション（市場の食い合い）が意識されるようになり、大幅な組織変更が行われることになったためだ。

野村総研のサービス別連結売上高

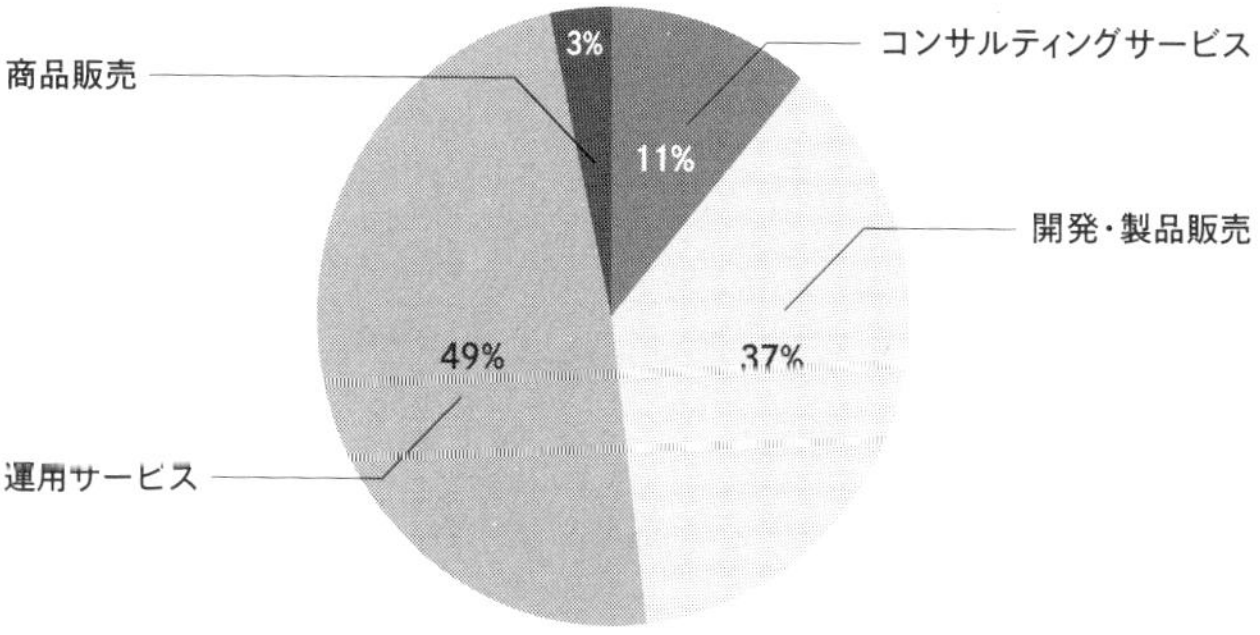

野村総研 平成26年3月期決算短信より作成

そこで野村総研に残ったアナリストたちの一部は、「アナリストの延長線上のコンサルタント」ではなく、マッキンゼーやBCGに対抗しうる戦略コンサルタント集団になることを改めて意識するようになったという。

現在の野村総研のシンクタンク部門には四〇〇名ほどが在籍し、外資系ファームの日本ブランチをはるかに凌ぐ規模を誇っている。その内訳は概ね、一〇〇名が公共セクター担当、二〇〇名がいわゆる戦略コンサルを担う民間セクター担当、残り一〇〇名がシステム系の知見も備えたハイブリッド的なコンサルタントだ。

同部門の年間の売上は約三〇〇億円。近年は海外、特にアジア市場にも力を入れており、複数あるアジア支店に勤務するコンサルタントも少数ながらいる。

官公庁・金融業界に強い
三菱総合研究所

シンクタンクとITシステム開発の機能を併せ持つ総研系ファームとして、

ファーム基本情報 — 野村総研

[会社名]	**株式会社野村総合研究所**
[設立年月日]	1965年4月1日
[事業内容]	コンサルティング、金融ITソリューション、産業ITソリューション、IT基盤サービス
[売上高]	3,859億円(2014年3月期)
[従業員数]	5,938人(NRIグループ8,123人)(2014年3月31日時点)
[本社所在地]	東京都千代田区丸の内1-6-5

野村総研公式サイトより作成

野村総合研究所に次ぐ規模を誇るのが三菱総合研究所（以下、三菱総研）だ。一九七〇年に、三菱グループ二七社の出資により、三菱創業一〇〇周年記念事業として設立された。金融機関の調査部門から派生した他の大手シンクタンクと比べると、独特な出自であると言える（旧三菱銀行の調査部門から派生した会社は、三菱ＵＦＪリサーチ＆コンサルティング）。

当初は、官公庁に対する調査・分析や政策提言を通して「公への貢献」を重視するシンクタンクとしての色合いが強かったが、二〇〇〇年頃からシステム開発会社を連結子会社化するなどしてＩＴソリューション部門の拡充を図ってきた。

また二〇〇五年にはコンサルティング事業本部を新設、民間企業向けの営業体制の強化に乗り出している。二〇〇九年、東証二部に上場した（翌二〇一〇年に東証一部に市場変更）。

これらの経緯からわかる通り、事業はシンクタンク・コンサルティングとＩＴソリューションの二本柱から成る。売上高は八七四億円（二〇一四年九月期）で、シンクタンク・コンサル事業が二四七億円、ＩＴソリューションが六二七億円という内訳となっている。

三菱総研のセグメント別連結売上高構成比

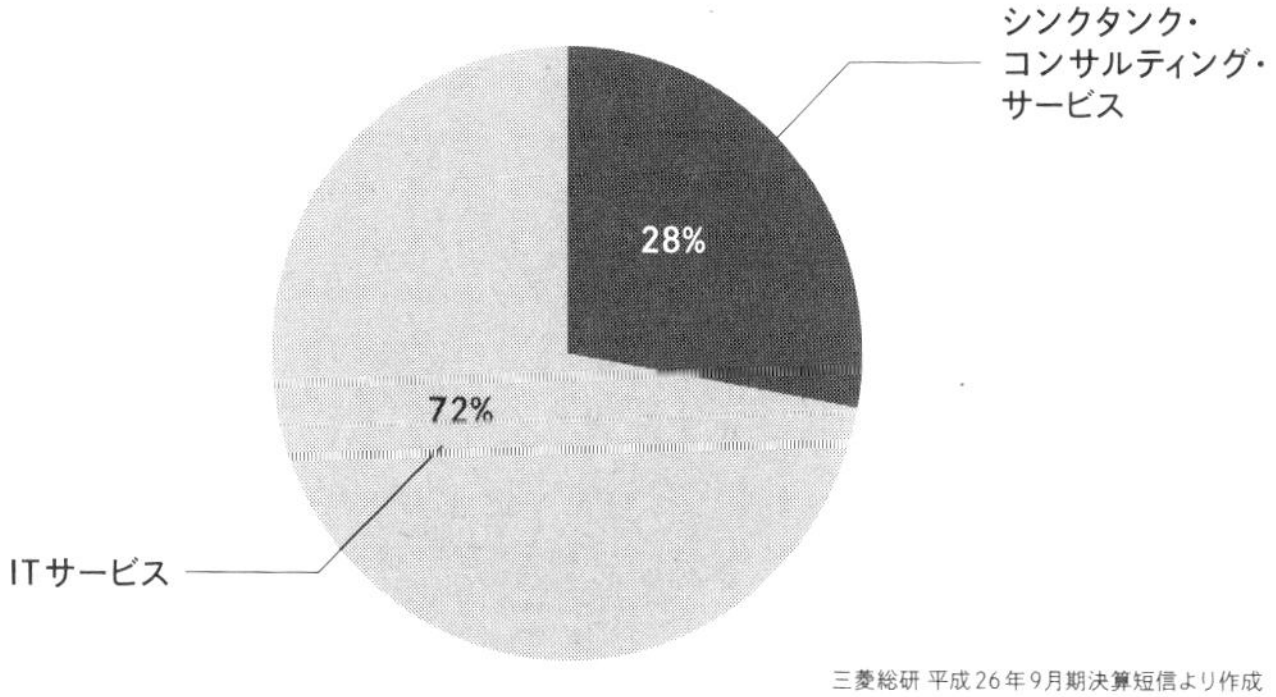

三菱総研 平成26年9月期決算短信より作成

強みを持つのは、設立当初から関係の深い「官公庁」（売上の二二％）と、メガバンクやカード会社などの「金融」業界（同四五％）だ。

ＩＴソリューション事業の中心を担っているのは、子会社の三菱総研ＤＣＳである。ＩＴ関連業務のほとんどを三菱総研ＤＣＳが担う構図となっている。

同社は二〇一一年九月決算で大幅に利益を圧縮したが、それ以降は業務プロセス改革によるコスト削減とともに事業構造改革を推し進めて業績回復を果たしてきた。

その事業構造改革の中心に据えられているのが、同社の原点とも言うべきシンクタンク・コンサル事業だ。「全社・成長事業一〇分野」を設定し、「Ｔｈｉｎｋ＆Ａｃｔ」ｔａｎｋのキーワードのもと、単なる提言や調査分析にとどまらない多角的な事業化の実現を成長の原動力と位置づける。

具体的には、東北の震災復興支援事業や、政府が掲げる「インフラシステム輸出戦略」に沿う形で、アジアを中心とする各国に対して交通／環境・エネルギー／情報通信分野等のインフラ輸出事業を推進している。

ファーム基本情報 — 三菱総研

[会社名]	**株式会社三菱総合研究所**
[設立年月日]	1970年5月8日
[事業内容]	シンクタンク・コンサルティング、ITソリューション
[売上高]	874億円（2014年9月期）
[従業員数]	3,580名（2014年9月30日現在）
[本社所在地]	東京都千代田区永田町2-10-3

三菱総研公式サイトより作成

業種ごと・中小企業対象の船井総合研究所

大手金融機関の系列に属さず、全くの独立系として日本で発展を遂げてきたコンサルティング会社もある。

その代表格が、船井総合研究所（以下、船井総研）だ。船井総研は、金融機関から総研系ファームが派生、誕生したのと時を同じくする一九七〇年、「日本マーケティングセンター」の名で設立された（一九八五年に現在の社名に変更）。

大手コンサルティング・ファームの顧客と重ならない中小企業をメインターゲットとし、オーナー社長の良き相談相手となることで着実にパイを広げてきた。二〇〇五年には株式上場も果たしており、不動産・住宅業界向けのコンサルティングに強みを持つ。

設立当初は、創業者である故・船井幸雄氏の突出した営業力で大手クライアントを獲得して会社を引っ張っていたが、さらなる社業の拡大には全社的な営業力の向上が必要だと判断。そこで業種を細分化して、特定の分野に強いコンサルタントを多数育成する方針に切り替えたのだという。

その基本的なビジネスモデルはこうだ。

船井総研にはコンサルタントが約五〇〇人おり、五人ほどで一つのチームを組む。各チームは「靴」「ラーメン」など、細かく区切られた業種を割り当てられている。総クライアント数は約五〇〇〇社というから、一人のコンサルタントがおよそ一〇社の顧客を抱えている計算だ。

まず「売上アップ」などをテーマとしたセミナーの開催を、ダイレクトメールなどで幅広く告知。参加してきた数十人の経営層に、定期的な経営支援をもちかける。その内容は月に一〜二度、コンサルタントが会社を訪問して現場コンサルティングを行うというもので、フィーは一カ月あたり二〇〜三〇万円程度と言われる。地域軸ではなく、あくまで業種ごとに担当が決まるため、コンサルタントは出張の毎日だ。

そんな船井総研に、一時期、戦略グループが立ちあがったことがあったという。マッキンゼーやＢＣＧと真っ向から対抗し、中小企業だけでなく、大手企業のクライアント獲得を目論んだのだ。

だが人材確保の面などがネックとなって、戦略市場への参入が本格化する

船井総研の事業別売上高構成比

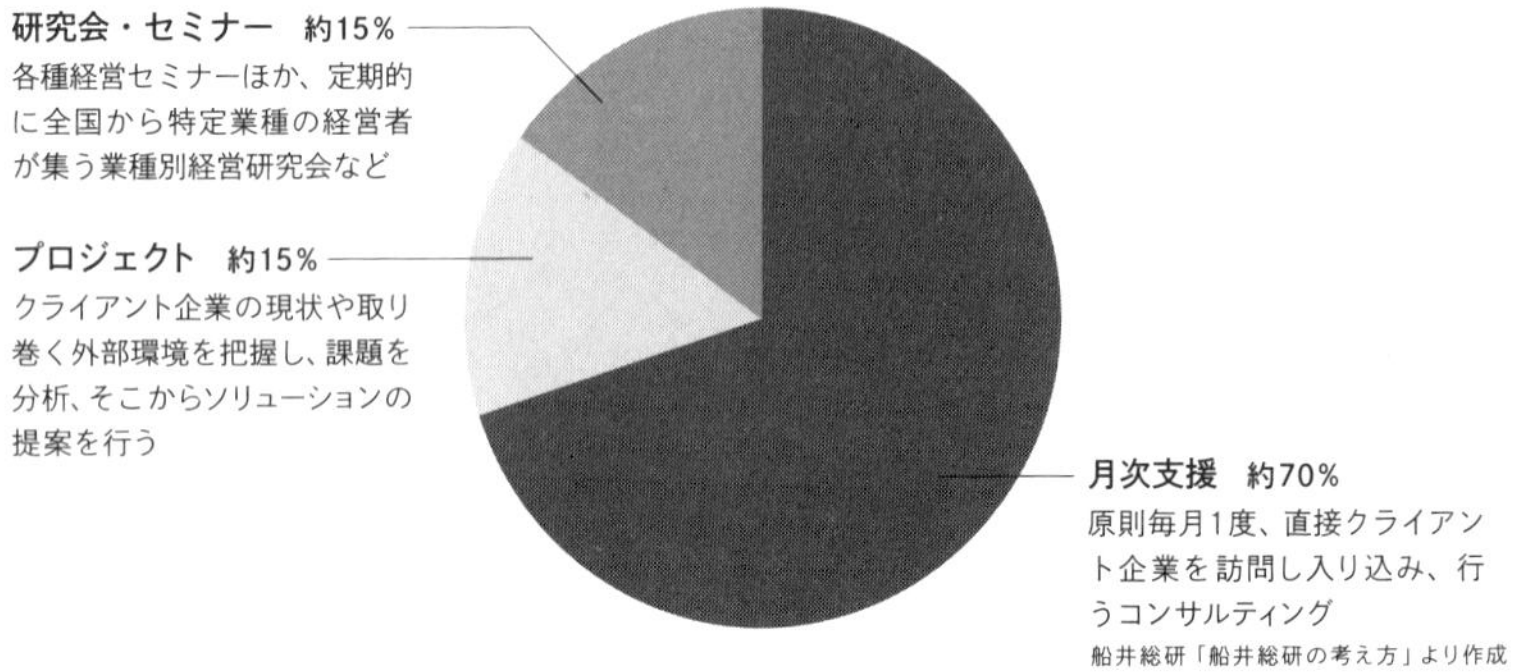
研究会・セミナー　約15%
各種経営セミナーほか、定期的に全国から特定業種の経営者が集う業種別経営研究会など
プロジェクト　約15%
クライアント企業の現状や取り巻く外部環境を把握し、課題を分析、そこからソリューションの提案を行う
月次支援　約70%
原則毎月1度、直接クライアント企業を訪問し入り込み、行うコンサルティング

船井総研「船井総研の考え方」より作成

ことはなかった。

近年はむしろ、年間フィーが二〇～三〇万円の「研究会」ビジネスに力を入れている。コンサルタントが会社を訪問するのではなく、月に一度、同業種の経営者を船井総研に集めて勉強会を開くのだ。これをフックに、毎月の経営支援への移行や、より規模の大きいプロジェクトの獲得につなげるのが狙いだ。

類似したビジネスモデルを採用するおもな競合には、タナベ経営（ジャスダック）などがある。

ファーム基本情報 — 船井総研

[会社名]	株式会社船井総合研究所
[設立年月日]	1970年3月6日
[事業内容]	経営コンサルティング業
[売上高]	100億65百万円（2013年12月期）
[従業員数]	490名（2014年7月1日現在）
[本社所在地]	大阪市中央区北浜4-4-10

船井総研公式サイトより作成

国内系ファーム②

細分化する各種国内系ファーム

リクルートマネジメントソリューションズ／博報堂コンサルティング／フューチャーアーキテクト

国内系コンサルが得意とする三つのジャンル

「戦略コンサルティング」を標榜し、多少なりともマッキンゼーやBCGに対抗意識を持つ上記の総研系を除くと、日本のコンサルティング市場を担っているプレイヤーはどのような企業なのか。これを理解するには、各社がフィールドの中心に据えるトピックごとに整理するのが得策だろう。

経営コンサルティングを細分化していくと多様なジャンルに分かれていくが、ここでは「人事・組織系」「ブランド系」「IT系」の三つについて、国内のメインプレイヤーとその特徴を紹介していきたい。

▼人事・組織系

まずは「人事・組織系」。その業務内容は大きく分けて二つ、人事制度の設計や改訂を主とするヒューマン・リソース・マネジメント（HRM）と、組織の活性化やビジョンの浸透などを謳うオーガニゼーショナル・ディベロップメント（OD）である。加えて、人材の育成・研修を行うヒューマン・リソース・ディベロップメント（HRD）を事業展開するケースも多い。

中心勢力は、リクルート子会社のリクルートマネジメントソリューションズ（後述）や、同じくリクルートに起源を持つ（リクルート出身者が独立起業した）リンクアンドモチベーションのような国内の人事系コンサルティング・ファームだ。

ヘイ・コンサルティンググループやタワーズワトソン、マーサージャパンといった外資系がおもな競合相手だが、総研系やデロイトなどの監査法人系にも同種の事業を手がけているファームがあるほか、パソナをルーツとする

人事・組織系コンサルティング・ファームのおもな事業内容

人事制度設計・導入	組織設計・組織改革	人材開発・人材活用
人事ビジョン・戦略の策定	組織構造・プロセスの再構築	リーダーシップ開発
トータル人事制度改革・再構築	組織業績マネジメント	非正規社員活用
人事諸制度改革・構築	チェンジマネジメント	キャリアデベロップメントプラン
役員人事・報酬制度	組織特性診断・従業員満足度調査	アクションラーニングプログラム
企業年金・退職金制度	組織バリューマネジメント	エグゼクティブ人材開発プログラム
退職金制度改革	コミュニケーションマネジメント	
コーポレートガバナンス改革		

神川貴実彦『コンサルティングの基本』より作成

スコラ・コンサルトのように、特にODの分野で存在感を発揮する企業もある。

大きなシェアを占める〝巨人〟がいるわけではなく、大手から中小、個人も含めて、極めて多様なプレイヤーが混在しているのは、人事・組織系コンサルティング市場の特徴の一つと言えるだろう。

人事・組織系の分野はバブルが崩壊した一九九八年から二〇〇四年頃にかけて、大きく成長した。経済環境の悪化によって企業がより効率的な組織運営を迫られた結果、それまでの右肩上がりの成長を前提とした年功序列や終身雇用を見直す風潮が高まり、成果主義の導入ニーズがブーム的に発生したのだ。

その後の市場規模は頭打ちと見られるが、近年は中堅・中小企業の間に組織のあり方を見直す動きが広がる傾向があるという。また、日本能率協会による「当面する企業経営課題に関する調査」(二〇一三年度)によれば、大手企業が考える三年後の経営課題のトップは「人材の強化」。人事系コンサルティングのニーズは今後も衰えることはなさそうだ。

国内のおもな人事・組織系コンサルティングファーム

国内系

リクルートマネジメントソリューションズ

設立	1989年
従業員数	389名
売上高	107億10百万円

リンクアンドモチベーション

設立	2000年
従業員数	1482名
売上高	233億円

外資系

マーサージャパン

設立	1978年
従業員数	159名(日本オフィス)

ヘイ・コンサルティンググループ

設立	1979年
従業員数	60名(日本オフィス)

タワーズワトソン

設立	1984年
従業員数	130名(日本オフィス)

各社ウェブサイトより作成

▼ブランド系

「ブランド系」とは、企業のブランド戦略などを中心にサポートするコンサルティング・ファームを指す。ブランド戦略といっても、単に商品のネーミングを考えたり、CI（コーポレート・アイデンティティ）を策定することだけが仕事ではない。

企業ブランドと製品ブランドを統一的なイメージのもとで体系化することから、社内外へのブランド浸透を図るコミュニケーション戦略、あるいはブランド戦略を軸とした中期経営計画の策定まで、その事業領域は全社的な経営戦略にまで及ぶことも多い。

企業が合併したり、新たな経営陣を迎えて再出発するようなケースでは、社名やロゴデザイン、タグライン（キャッチフレーズ）などを一新することで、その企業が生まれ変わったことを社会に印象づけることには重要な意義がある。こうしたタイミングは、ブランド系ファームにとっての大きな商機なのだ。

また、ブランドマネジメントのみならず、マーケティング領域のコンサルティング・サービスを提供するファームもある。

ブランドマネジメントコンサルティング・ファームのおもな事業内容

ブランド調査	ネーミング	統合マーケティング
ブランド価値評価	ブランドデザイン	デジタルブランドの管理
ブランド戦略	ブランドアライメント	ブランドの法的保護

神川貴実彦『コンサルティングの基本』より作成

主要なプレイヤーとしてはまず、広告代理店系のファームが挙げられる。たとえばプロフェットはアメリカに本社を置くブランド系ファームだが、日本国内では電通と業務提携する形で事業を展開していた（現在は電通の内部に営業を移管）。

電通の関連会社という意味では、現在はビーコン・コミュニケーションズが該当する。アメリカの大手広告代理店レオ・バーネットと協同広告の合弁会社「レオ・バーネット協同」として設立されたが、合弁解消後の二〇〇一年、アメリカの広告代理店であるダーシー・マシウス・ベントン・アンド・ボウルズと電通が資本参加する形でビーコン・コミュニケーションズが設立されたのだ。二〇〇二年にはフランスに本社を置く世界最大級の広告代理店グループ、パブリシスグループの傘下に入った。

また博報堂の場合は、子会社の博報堂コンサルティング（後述）がブランド戦略部門の中心的な役割を担っている。

一九四一年、サンフランシスコで創業したランドーアソシエイツや、一九七四年にロンドンで設立され、ブランドの金銭的価値の測定というアプローチを編み出したインターブランドのような領域特化型ファームのほか、マッ

国内のおもなブランド系コンサルティングファーム

区分	社名	設立	従業員数
国内系	博報堂コンサルティング	1999年	40名
国内系	グラムコ	1987年	非公開
外資系	ビーコン・コミュニケーションズ	2001年	302名（日本オフィス）
外資系	ランドーアソシエイツ	1972年	30名（日本オフィス）
外資系	インターブランド	1983年	75名（日本オフィス）

各社ウェブサイトより作成

キンゼーなどの戦略系ファームがブランド戦略プロジェクトのコンペに参入してくるケースも少なくない。

ただ、ブランドコンサルティングにおいては、抽象度の高いクリエイティブ・デザインの考え方と、戦略コンサルが得意とする課題解決の考え方を総合した形でのアプローチが必要となるだけに、独自のポジションでクライアントのニーズに応えることができる点はブランド系ファームの強みであると言える。

ランドーアソシエイツやインターブランドは世界的に見ても業界の老舗と言えるファームだが、一般に「ブランド」の価値や重要性が広く認知されるようになったのは一九九〇年代のことだと思われる。特に国内では歴史の浅い分野だけに、まだまだ伸びしろのある領域だと言え、各ファームは経営層にブランディングやマーケティングに対する意識を啓蒙する努力を続けながら業容拡大を狙っている。

▼ＩＴ系

そして三つ目が「ＩＴ系」である。ＩＴシステムの導入によって経営強化を実現しようとするＩＴ系コンサルティングの国内市場は、アクセンチュアやＰｗＣのような外資系、監査法人系ファームのほか、資本の国内外を問わず、ＮＥＣや富士通、ＩＢＭなど大手ＳＩｅｒ（システムインテグレータ、システムベンダー）も参入して一定のシェアを握っているが、それらに属さない独立した国内系のファームも一定数存在する。フューチャーアーキテクト（後述）やアビームコンサルティングなどは、その好例と位置づけられるだろう。

ＩＴコンサルティング市場は二〇二〇年度まで堅調に成長し、その市場規模は五五四六億円となる見通し。クラウド導入支援、海外展開への対応、製造・金融・流通などの大手企業のＩＴ投資額増加などがその成長要因になるという。

（ミック経済研究所「戦略的ＩＴコンサルティング市場展望【２０１４年度版】」より）

上記三ジャンルのほかには、日本Ｍ＆ＡセンターやＧＣＡサヴィアンに代表される、Ｍ＆Ａの仲介やデューデリジェンス（価値算定や事前調査）をおもな事業とする金融系コンサルティングなどがある。

国内のおもなIT系コンサルティングファーム

国内系

	設立	従業員数
アビームコンサルティング	1981年	4260名
フューチャーアーキテクト	1989年	1409名
日立コンサルティング	2002年	604名
シグマクシス	2008年	390名

外資系

	設立	従業員数
アクセンチュア	1995年	5400名
プライスウォーターハウスクーパース	1999年	約1400名
EYアドバイザリー	2010年	450名
デロイト トーマツ コンサルティング	1993年	1674名
KPMGコンサルティング	1995年	300名

各社ウェブサイトより作成

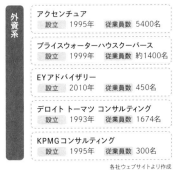

リクルートが生んだ業界首位の人事・組織系ファーム
リクルートマネジメントソリューションズ

人事・組織系コンサルティングの国内最大手が、リクルートマネジメントソリューションズ（以下、ＲＭＳ）である。その名の通りリクルートグループに属し、従業員数は三八九名、売上高は一〇〇億円超を誇る（二〇一四年三月期）。

ＲＭＳの前身にあたる「人事測定研究所」がコンサルティングという形でサービスを開始したのは一九九七年。成果主義の導入が一種のブームとなって、人事制度の改訂にまつわるコンサルティングのニーズが一気に高まり始めた時期だった。人事評価ツールや適性検査の提供を通じて大手企業を顧客としていた同社は、その営業基盤を活用する形でコンサルティング事業に進出したのだ。

当時は外資系の人事コンサルが先行していたが、日本人の気質をよく理解した国内系としての強みとリクルートグループのブランド力を武器に、一気に業績を拡大していった。その後、二〇〇四年にリクルート本体の人材育成・研修部門と統合して現在の体制に移行している。

同社の事業領域は、大きく四つに分けることができる。人事制度＝ＨＲＭ、組織開発＝ＯＤ、人材開発＝ＨＲＤの三つと、個人と組織の「営業力強化」を図るサービスだ。

その中で、コンサルタントの活動に対してフィーが発生するコンサルティング業と位置づけられるのは、ＨＲＤを除く三つの領域（ただし、マネジメント層の育成に関する助言を行うなど、ＨＲＤにも一部、コンサルティング業務は含まれる）。

売上構成としては、ＨＲＤにあたる研修事業が約七割を占め、コンサルティング事業が約二割、残る一割は適性検査や人材評価システム（各種テスト）の販売を指すアセスメント・サーベイとなっている。

ＨＲＭとＯＤは部署としては同一で、所属するコンサルタントは約四〇名。このほかに、営業力強化のコンサルタントとして二〇名ほどが活動している。

この営業力強化を掲げたサービスは同社の特色の一つと言える。一九九三年から対人スキル向上研修のプログラムを開発・販売していたことに端を発し、顧客の要望に応える形で二〇〇四年からコンサルティングへと事業展開

リクルートマネジメントソリューションズの事業内容

人材開発（HRD）
経営戦略の展開に
必要な個々人の能力を
開発し顕在化させる

組織開発（OD）
組織の有効性と
健全性とを増大させて
企業の生命力を高める

人事制度（HRM）
事業と戦略の推進、
個人と組織の成長を後押しする
仕組みを構築する

営業力強化
顧客に価値を届ける
人・組織を育て、顧客満足と
業績の向上を図る

リクルートマネジメントソリューションズ「会社情報」より作成

した。「リクルート＝営業力がある」というイメージが浸透していたことも手伝って、個人ならびに組織を対象としたパフォーマンスマネジメントの領域を確立することに成功した。

ＲＭＳが行った「人材マネジメント実態調査二〇一三」によると、企業がもっとも頭を悩ませているのは「次世代経営人材の育成・登用」だという。同社はこうしたニーズに応えるため、「人事制度の設計＋マネジメント研修」といったように複数のサービスを組み合わせた総合型コンサルティングを提供するなどして、さらなる成長を図ろうとしている。

広告代理店の強みが生きるブランド系ファーム
博報堂コンサルティング

人事・組織系と同じく、ブランド系コンサルティングも大小さまざまな企業群が入り乱れる分野だが、その中心勢力は大手広告代理店の関連会社だ。ここではその一つ、博報堂の一〇〇％出資子会社である博報堂コンサルティングについて紹介しよう。

ファーム基本情報 — リクルートマネジメントソリューションズ

[会社名]	**株式会社リクルートマネジメントソリューションズ**
[設立年]	1989年
[事業内容]	人事コンサルティング業
[売上高]	107億10百万円（2014年4月1日現在）
[従業員数]	389名（2014年4月1日現在）
[本社所在地]	東京都千代田区丸の内1-9-2

リクルートマネジメントソリューションズ公式サイトより作成

「ブランド戦略」という概念が日本でも徐々に認知されるようになっていた一九九九年、博報堂内の社長直轄組織としてコンサルティング部隊が結成されたのが同社のはじまりである。二年後の二〇〇一年、博報堂ブランドコンサルティングの名で独立した。

二〇〇七年には博報堂内に、M&Aや海外進出にともなう事業戦略支援などを担当する専門部署としてコーポレートデザイン部が設立されたが、二〇一一年に博報堂ブランドコンサルティングとコーポレートデザイン部が統合する形で、新たに博報堂コンサルティングが誕生し現在に至っている。

コンサルタントは博報堂本体からの出向者や、他のコンサルティング・ファーム出身者で構成され、現在の社員数は四〇名となっている。

同社が、コンサルティングというプロフェッショナルサービス型の業態に進出した背景には、一つは、メディアの「枠」を売り、その一五〜二〇%の手数料を収益とする既存の広告ビジネスの限界に対する問題意識があったようだ。メディアのあり方が激変するなか、そうしたモデルだけでこれからもビジネスが成り立つのかという不透明感を抱くようになったことから、コン

博報堂コンサルティングの事業内容

Branding Growth 競争を勝ち抜く「キーアクション」を起点とした、持続的なブランドの発展を実現	**Creative Department** 「戦略コンサル系クリエイティブブティック」という新しい選択
CMO Support 「ビジネスをマーケティングが主導する企業」へ変革するための“仕組み”の構築支援	**ASEAN Marketing** 日本企業のASEAN市場におけるマーケティング戦略構築、ブランドマネジメントを支援
Business Model Innovation 利益獲得のメカニズムや、成長アクションを盛り込んだ、勝てるビジネスモデルを開発	**BtoB Marketing** 博報堂グループのBtoBソリューションを統合。組織的なBtoBマーケティング活動

博報堂コンサルティング「会社概要」より作成

サルティングというサービス業態に目が向けられたのだ。

また、ＢｔｏＢのベンダーである（つまり企業に対してモノ＝広告枠を売る）という広告代理店の性格上、経営層と直接的にコミットできるコンサルティング業は営業面でのメリットも大きい。コンサルタントたちが、いわば広告代理店本体の先鋭的な営業部隊としての役割を担うのである。

実際、案件によっては、ブランド戦略に関するファーストプロジェクトを博報堂コンサルティングが受注し、その後の具体的な広告展開に関しては博報堂本体が引き継ぐといったような連携も頻繁に行われているという。逆に、博報堂本体からクライアントの紹介を受けるケースもある。

そのほか、博報堂が持つ膨大なマーケティングデータを即座に活用できる点やデザイン開発を得意とするグループ会社、博報堂ブランドデザインとの連携など、大手広告代理店系ならではの強みを生かして事業を展開している。

ファーム基本情報 — 博報堂コンサルティング

[会社名]	株式会社 博報堂コンサルティング
[設立年]	1999年
[事業内容]	ブランド構築と事業変革に関する経営コンサルティング
[売上高]	非公開
[従業員数]	40人(2014年4月現在)
[本社所在地]	東京都港区赤坂5-3-1

博報堂コンサルティング公式サイトより作成

高い技術力でニーズに応えるIT系ファーム
フューチャーアーキテクト

ＩＴ分野で存在感を放つ国内発の独立系ファームとしては、フューチャーアーキテクトをとり上げたい。

「経営とＩＴをデザインする」が会社のキャッチコピーで、社員数は約一四〇〇名、二〇一三年一二月期の売上高は約三〇〇億円（いずれも連結）という東証一部上場の大企業だ。

同社は自身のミッションを、〝ＩＴのコンサルティング〟ではなく〝ＩＴを活かした経営の実現〟と位置づけている。ＩＴのスペシャリストとしてシステムの構築や導入、業務プロセスの改革を行うのはもちろんだが、最先端のＩＴ技術を切り口とした事業戦略の策定もメニューに並ぶ。

設立されたのは一九八九年。現在も代表取締役会長兼社長を務める金丸恭文が創業した。

会計事務所、税理士事務所、地方公共団体などにＩＴサービスを提供するＴＫＣに入社した金丸は、会計、財務部門のノウハウを蓄積したのち、コン

フューチャーアーキテクトの事業別売上高構成比（連結）

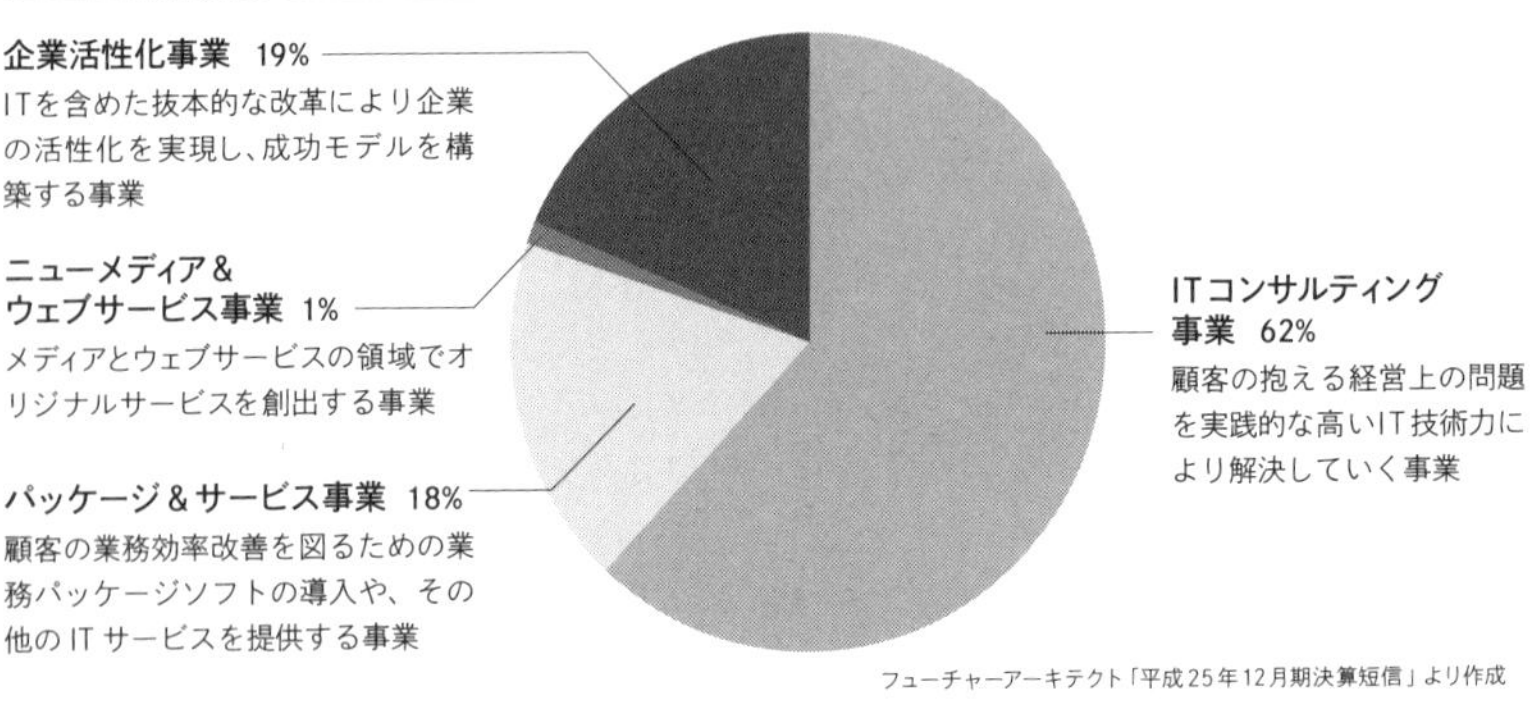
企業活性化事業　19%
ITを含めた抜本的な改革により企業の活性化を実現し、成功モデルを構築する事業
ニューメディア＆ウェブサービス事業　1%
メディアとウェブサービスの領域でオリジナルサービスを創出する事業
パッケージ＆サービス事業　18%
顧客の業務効率改善を図るための業務パッケージソフトの導入や、その他のIT サービスを提供する事業
ITコンサルティング事業　62%
顧客の抱える経営上の問題を実践的な高いIT技術力により解決していく事業

フューチャーアーキテクト「平成25年12月期決算短信」より作成

ピュータの開発を手がけたいという意志のもと、ロジック・システムズ・インターナショナル（現ロジック）に転職。一六ビットパソコンの開発に取り組んだ。粘り強い交渉と試行錯誤の末にセブンイレブンから二〇〇〇台もの受注を獲得するなど、実績を積み上げた。

かねてから経営者になりたいと考えていた金丸がフューチャーシステムコンサルティング（現フューチャーアーキテクト）を設立したのは、三五歳のときだった。

同社の事業の根幹を占めるのは「高い技術力」である。IT分野では、相次いで生まれるイノベーションに対応を迫られる企業側のニーズは高く、今後もそうした傾向は続くと見られる。

金丸はITビジネス誌『アスキークラウド』（二〇一四年一〇月号）に掲載されたインタビュー記事の中で、こう語っている。

「今はテクノロジーの進化と知恵の進化がドッキングして、どちらも静止しない。常にイノベーション対イノベーションの勝負です。そう考えるとフューチャーアーキテクトは、実は気楽な立場にいるんです。誰が勝ってもいい。技術や企業が群雄割拠して、お客さまが理解しづらいほうがありがたい。それを取りまとめてデザインしていくわれわれは、ある一定のポジションをキープしていくはずです。

現在この分野は、われわれとNEC、日立などのビッグネーム以外プレイヤーがいません。だから仕事が多い。本当は他のサービスもやっていきたいのですが、動けませんね」

技術力に秀で、経営とITの橋渡し役を担う同社の成長要因は、この金丸の言葉に凝縮されていると言えるだろう。

ファーム基本情報 — フューチャーアーキテクト

[会社名]	**フューチャーアーキテクト株式会社**
[設立年月日]	1989年11月28日
[事業内容]	ITコンサルティング
[売上高]	300億49百万円(2013年12月期)
[従業員数]	1,409名(連結)、729名(単体)
[本社所在地]	東京都品川区大崎1-2-2

フューチャーアーキテクト公式サイトより作成

第三章

コンサルが動かした政府・企業の大型プロジェクト

「郵政民営化」

そこでコンサルタントの果たした役割とは?
——元マッキンゼー・宇田左近氏に聞く

クライアント：納税者・国民
コンサルティング・ファーム：マッキンゼー・アンド・カンパニー
（※宇田氏は現在、ビジネス・ブレークスルー大学 経営学部長を務める）

二〇〇五年九月に行われた「郵政選挙」は一〇年近くが経過した今なお国民の記憶に強く焼き付いている。選挙に大勝した小泉政権は民意を味方につけ、念願だった郵政民営化の実現に大きく足を踏み出したのだ。

実は、この国家的プロジェクトとも言える郵政民営化の過程では、「コンサルティング・ファーム」が大きな役割を果たしている。とりわけ深く関与していたのが宇田左近氏（現ビジネス・ブレークスルー大学 経営学部長）だ。マッキンゼーのプリンシパルとして有識者会議のメンバーに入り、その後、日本郵政に移って民営化の推進を担う立場となった宇田氏が、巨大プロジェクトの〝真実〟を語った。

case study 1

最初は、マッキンゼーのコンサルタントとして〈外側〉から、その後、マッキンゼーを退社し、日本郵政株式会社の執行役として〈内側〉から、改革に取り組むことに

——宇田さんが郵政民営化に関わることになったきっかけから教えてください。

宇田　もとをたどれば二〇〇二年頃まで遡ります。私はマッキンゼーにいて、当時の郵政事業庁から将来の公社化を見据えた相談を受けたのがはじまりでした。当時から、まだ民営化とまでは言えなくても第一段階としての公社化の検討は始まっていました。公社化するとなれば経営はかなり民間的なものになる。事業庁としては、公社化した場合、そこにどんな問題が待ち受けているのかを予め知っておきたかったのでしょう。

マッキンゼーはイタリアやドイツなど海外で多くの郵政事業の民営化プロジェクトを手がけた実績がありましたから、そういう相談が舞い込んできたわけです。

その後、郵政民営化担当の竹中平蔵氏（※1）が中心になって郵政民営化の検討が本格化するようになり、マッキンゼーにもいろいろ問い合わせが来るようになりました。やはり海外の民営化の事例を知りたいという話でした。私は郵政事業には一定の知識がありましたし、マッキンゼーでは金融やロジスティックスがおもな担当分野だったこともあって、このような問い合わせの窓口を務めることになったわけです。

あの頃はよく海外のパートナーたちと電話会議をしましたね。これはフィーが発生するプロジェ

クトとしてではなく、あくまで「国民的なアジェンダなんだから無償でサポートしよう」という形で協力していました。

そして二〇〇四年五月に郵政民営化有識者会議(※2)がスタートする際、メンバー入りすることになりました。私には主として民営化後の事業モデルについての知見が求められました。

郵政民営化は当時から極めて政治的色彩の強いテーマでしたから、そこに外資系のコンサルタントがいることに対しては批判的な声が多かったのも事実です。会議はその後二〇回以上にわたって続けられましたが、いつも官僚がまわりを取り囲んで議論の内容に聞き耳を立てている。そしてその日のうちに、誰がどんなことを発言したのかが各省庁に筒抜けになるような状況でした。

コンサルタントとして企業の経営改革に取り組むときは守秘義務に守られているのがふつうなので、誰が敵か味方かもわからないような世界で仕事をすることは恐ろしくもあり、またある意味、新鮮な経験でもありました。

実は私が有識者会議のメンバーになり郵政民営化の議論に加わることについては、マッキンゼーとしても難しい判断でした。この議論自体、政治的な要素が強く反対派も多いわけですから、一定のレピュテーションリスク(評判を失墜させるリスク)を負うことは避けられません。

そこであくまで私個人の立場で参加することにしました。でも実際には、私にコンサルタントをつけてサポートをしてくれていました。

――有識者会議での議論を通して、どのような方向性が示されたのでしょう?

宇田　実は民営化後の具体的な事業モデルについ

case study 1

ては、公式の有識者会議と並行して検討の場をつくり、議論を重ねていました。そこで出てきたのが四事業分割案というものです。

日本の郵政はそれまで、「郵便」「簡易生命保険」「郵便貯金」の三事業で構成されていました。私たちは「窓口」を一つの事業体とみなして分離することで、業務の効率化が図れるのではないかと考えたんです。

郵便、簡保、郵貯それぞれに窓口があって、それぞれが各業務を担当していましたが、それぞれの窓口を統合して対顧客サービスの機能をそこに集約し、郵便、簡保、郵貯の各事業は対顧客窓口の専門の会社に業務委託する形をとるようにする。

これによって窓口業務の効率化と顧客のニーズに合ったサービス機能の付加などが事業横断的に自由に行えるようになる。一方コスト削減が大きな課題の郵便事業のネットワークは、この窓口と切り離されることによって、郵便局（窓口）の位

当初の郵政民営化の4事業分社化案

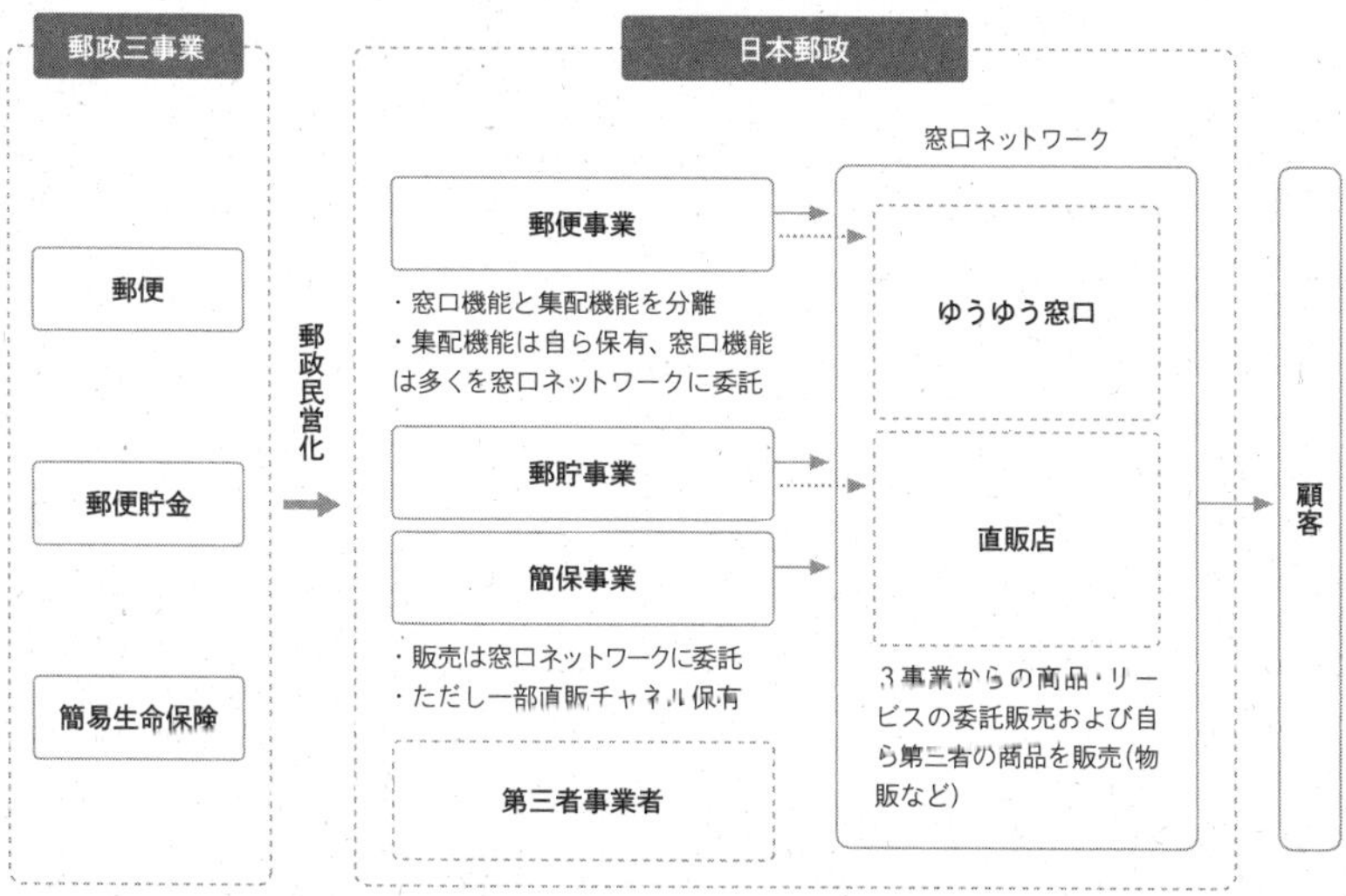

置にかかわらずもっとも効率的な集配機能に転換できることになります。

竹中大臣の賛同を得て、この四分社化案を基本的な方向性とすることで議論が進んでいきました。

――ところが二〇〇五年、衆議院を通過した郵政民営化関連法案は参議院で否決されてしまいます。これを受けて小泉純一郎首相（当時）が衆議院を解散、郵政選挙へと突入していったのでしたね。

宇田　参議院で否決されたときには、これで私の役割は終えた、もうお役御免だと思ったのが正直なところでしたね。ところが小泉首相は衆議院を解散し、そして選挙に大勝すると、一気呵成に準備企画会社を設立したわけです。

この会社ができるときに、ここまで深入りしたからには、ということでマッキンゼーを辞めて、この準備企画会社である日本郵政株式会社の執行役員に就任しました。

マッキンゼーでは各企業のトップの意向を受けて「外側」からコンサルティングを行ってきたわけですが、このとき初めて、執行側の人間として「内側」から改革に携わることになりました。

外から来た人間だからこそできた、関連法人の見直しと、調達コストの大幅削減

その後、二〇〇七年一〇月の民営化までの間にこの準備企画会社中心に新しい民営化会社の事業モデルと組織の詳細が決められていきました。特に二〇〇七年の四月から一〇月までの半年間というのが、改革を進めるうえではもっとも重要な期間でした。なぜなら、この六カ月間は、日本郵政

case study 1

公社（※3）と日本郵政株式会社のトップを西川（善文・元三井住友銀行頭取）社長が兼務することになったからです。

つまり、民営化を主導する側（準備企画会社）とこれから民営化される側（日本郵政公社）の組織のトップが同じ人物となって改革の障害がなくなった。その改革をもっとも進めやすいこの半年間に、もっとも難しい改革に手をつけることになりました。

その一つが関連法人の見直しです。関連会社に対する曖昧なガバナンスとその資金の流れを透明化することが狙いで、これには当然、既得権益を持つ人たち、団体からの猛反発を受けることが目に見えていました。だからこそ、やるなら今だと。

そしてもう一つが、調達コストの削減。

どちらも私が実働部隊のプロジェクトリーダーとして改革を進めましたが、特に調達コストの削

当初想定された郵政民営化の流れ

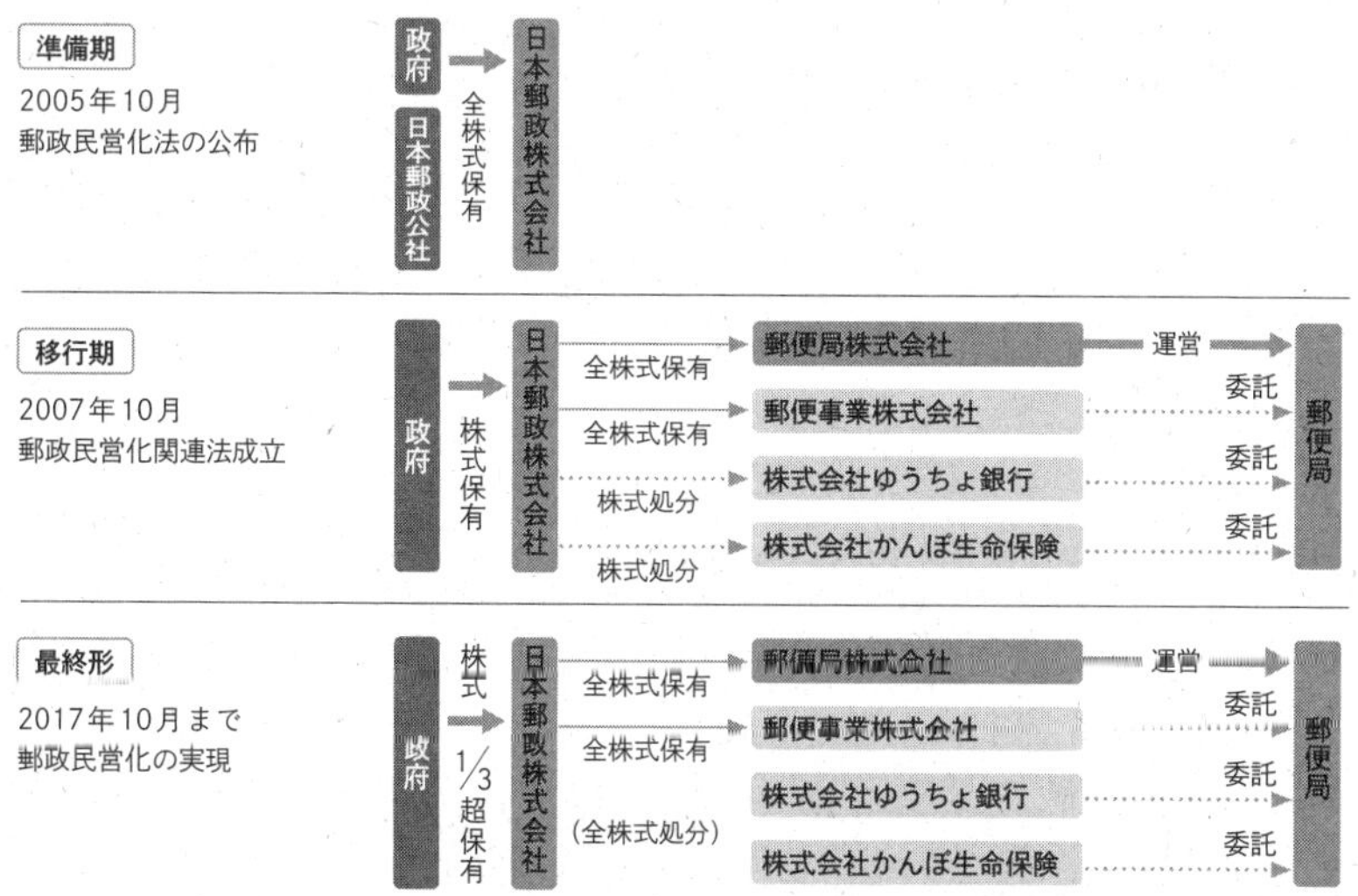

宇田左近氏提供の資料より作成

減に関しては某外資系コンサルティング・ファームの力を借りることにしました。この調達コストの改革は、私が民営化以降、郵便事業の専務執行役員として就任した郵便事業会社においても継続されました。

私を委員長とする予算投資委員会をつくり、一億円以上の予算が必要な案件に関しては全てその委員会の了承を得る仕組みにしたんです。提出される個別案件に対して、それが妥当なのか、もっと効率化することはできないかということを審査する部隊としてそのコンサルティング・ファームに加わってもらいました。

自民党政権の支持率が下がって民営化に対する風向きが怪しくなってくると、「なんでコンサルティング・ファームをいつまでも使っているんだ」という声も出てきましたが、結果的には数百億円という規模のコスト削減につながったので、投資効果としては大きかったと思います。

——宇田さんのお話にもあった通り、二〇〇九年の総選挙で自民党は敗北し、民主党に政権が交代することになって宇田さんは郵政の仕事を離れるわけですが、それまでの間、コンサルティング・ファームに仕事を依頼するケースとしてはほかにどのようなものがありましたか？

宇田　郵政事業に関しては、先ほど申し上げた調達コストの削減のほかに挙げるとすれば、全面的な業務改革、いわゆるBPR（ビジネス・プロセス・リエンジニアリング）の実行のためにまた別のコンサルティング・ファームに入ってもらったこともありますし、CSR（企業の社会的責任）活動でも知恵を出してもらいました。

私はコンリルタントの出身ですから、コンサルティング・ファームを使うことは非常にやりやす

case study 1

かったですよ。どうすれば彼らが一番バリューを出してくれるのか、どこが苦手なのかということがすぐにわかりますから。

こうして振り返ってみると、最初はマッキンゼーのコンサルタントとして「外」の立場から関わり始めて、やがて「中」に入って民営化の推進役を担うことになった。そして政権交代でクビになってまた「外」に出るという、非常に単純な構図ですね。

改革により恩恵を被るのは
社員ではなく国民。
民営化される側のトップの意志による
改革ではなかったことによる難しさ

――さまざまな立場から郵政民営化のプロジェクトを経験されて、どんな学びがありましたか？

宇田　まず第一の点は、依頼者が誰なのかによってこうも違うものか、というのが実感です。どんな立場であれ、通常は問題解決を図って企業変革を推進していくという目的は同じですから、テクニカルな面では、やることにそう大きな差異はありません。でも、クライアントが誰なのか、「誰のためにやるのか」によって、アプローチは全く違ってくるものなんです。

コンサルティングでは通常はその執行側のトップであるＣＥＯからの依頼で仕事をしていました。しかし郵政民営化は一般企業相手とは事情が異なっていました。依頼主と執行が異なり、またその目指す方向性も異なるという非常に特殊なケースだったと言えます。

たとえばどうすれば収益を改善できるのか、どうすれば民営化を成功させられるのかという問いの答えを導き出すためには、内部の状態やデータを開示してもらわないことには始まりません。ファクトベースを重視するコンサルティング会社にいた私としては、データは必要不可欠です。

こうしたデータはどんな組織でもすんなりとは出てこないものですが、ふつうは企業のトップが依頼主ですから、コンサルティングをするために必要な社内のデータはトップの指示だからということで出てくる。

あるいはファンドが買収した企業などの場合は、ファンドの指示に従わなければ資金を引き揚げたり、担当者を異動させるという力がはたらくので内部の協力を取りつけることができます。

でも郵政民営化の場合、民営化をしよう、改革をしようという意志の所在は当時の郵政公社にあったわけではありません。つまり郵政事業の実際の担い手が必ずしも改革に同意していたわけではなかったんです。むしろ反対派、抵抗勢力のほうが大きかった。依頼主と改革の対象が一致していない企業変革の難しさを感じました。

郵政公社と準備企画会社とが一体となったのちも、本質的には状況は変わりませんでした。各部署からデータを出してもらうには、組織の内部から来た上司の指示がなければ出てこないということになります。

そういう条件のもとで、どうするべきなのか。

一つは、こちらで仮説を立てて、こういうデータはあるはずだから、このデータ、この資料を出してくれとピンポイントでお願いすることです。

「そういうデータはありません」と言ったのに、あとから「実はありました」ということがわかるとさすがにまずいという心理がはたらくので、ピンポイントで指定すればデータが出てくる可能性は高くなります。

case study 1

そして第二の点は、それでも組織の中には、必ず改革をやり抜こうと考える人はいるということ。このように本当に改革をしたいと思っている人たちを仲間にすることが改革の鍵になるということです。

郵政の場合、全部で四〇万人ほどという大所帯、郵便事業でも二〇万人でしたから、同じ志を抱いている人は少なくとも一〇〇〇人や二〇〇〇人はいるはずなんです。改革の同志としてチームを組み、組織の内部の協力を得ていく、進むべき方向性を切り拓いていくことがとても大事になります。

これはコンサルタントとして外から見る世界とはずいぶん異なっていました。特に現場の人たち、実際に顧客に日々接し、さまざまな課題に直面している人たちの意見を執行責任者として直接聞いて、このような現場の人たちのなかでなんとかしたいと考えている人たちの課題を解決しながら早い段階で成果に結び付けていくことは非常に大事です。

実際の改革においては、改革マインドを持った郵便の集配の方あるいは郵便局で窓口を担当されている方々に一番助けられました。

私は今、原子力損害賠償・廃炉等支援機構の参与、東京電力調達委員会の委員長という立場で、東電のコスト削減がしっかり行われているかどうかをチェックする仕事もしています。東電に税金を投入している国の依頼を受けて、東電という組織の外側から改革を促そうとしているわけです。

これは郵政民営化を外から推進していた頃の構図とほぼ同じだと言えます。やはり、どう内部のデータを開示してもらうのか、現場を理解しその問題解決を後押しできるのか、改革を進めたい人たちに対するサポートをいかに実現できるのか、これが自身の役割を果たすうえで非常に重要なポイントになっています。

「マッキンゼーを辞めてまで、日本郵政の中に入ったのは、国家の一大事を前にして、個人として貢献できるなら、してみたかったから。でも、それ以上に面白そうだったからかな」

――それにしても、マッキンゼーを辞めて日本郵政の「中」に入るというのは、非常に大きな決断だったのでは？

宇田　当時の私がどんな思いだったかと言えば、一つは郵政民営化という国家の一大事を前にして、自分が個人としてなんらかの貢献ができる立場にありながら「やらない」という選択をすることがいいとはどうしても思えなかった。今、東電の仕事をしているのも同じです。

それに、「洗濯機の中を覗いてみたい」という私の性分もあるでしょうね。洗濯機を外側から眺めていてもなにも面白くはないけれども、中に入ってみたらいろんなものが目の前をぐるぐる回っていて、想像するだけでとても面白そうじゃないですか。不謹慎だと言われるかもしれませんが、中に入って自らが当事者として関わるほうが面白そうだという思いもあったんです。

ある人から私はいわばカナリヤのようなものだと言われたことがあります。美しすぎる喩えのようですが、要は有毒なガスが充満している可能性のある現場に消防隊が突入するとき、先頭の人は鳥かごに入れたカナリヤを持って進む。ガスに敏感なカナリヤが弱ったり死んだりすると、隊員はいったん撤退するわけです。

case study 1

つまり私＝カナリヤがそこにいるということは、その組織の改革は進んでいる＝有毒なガスはまだないということを意味している。でも面従腹背が蔓延し、あるいは大きな抵抗勢力が出てきて改革がストップせざるを得ない状況になったなら、大組織の後ろ盾のない私はクビになる。私ももうそこにとどまるつもりはありません。

私は自分自身が、外部から見てその組織の改革が本当に進んでいるのかいないのか判断できる、改革のいわばしるしでありたいと思っているんです。

※1　竹中平蔵……2001年の第1次小泉内閣で経済財政政策担当大臣に就任。翌2002年の第1次改造内閣では金融担当大臣も兼任した。さらに2003年の第2次改造内閣でも留任し、内閣府特命担当大臣として金融・経済財政政策を担当。2004年、参議院議員に当選。同年9月の第2次小泉改造内閣において、内閣府特命担当大臣（経済財政政策）・郵政民営化担当に就任した。

※2「郵政民営化に関する有識者会議」メンバー（第1回）
伊藤元重　東京大学教授
宇田左近　マッキンゼー・アンド・カンパニー・プリンシパル
翁百合　日本総合研究所調査部主席研究員
奥山章雄　日本公認会計士協会会長
宮脇淳　北海道大学教授
吉野直行　慶應義塾大学教授

※3　日本郵政公社……2003年4月に発足。郵政事業庁から郵政三事業を承継した国営の公共企業体。2007年10月、郵政民営化の実施にともない、三事業を含む全ての業務を日本郵政グループに移管し、解散した。

case study 2

KIOP21 プロジェクト

キヨスクの大変革をコンサルはどう支えたか？ ──アーサー・D・リトル 森洋之進氏に聞く

クライアント：東日本キヨスク
コンサルティング・ファーム：アーサー・D・リトル

通勤途中の駅で誰もが目にする売店、通称「キヨスク」。二〇〇一年、JR東日本管内のキヨスク等を運営する東日本キヨスク（現JR東日本リテールネット）を舞台に、全社を巻き込んだ大規模な改革が始まった。「KIOP21（Kiosk Information and Organization Progress 21）」と名付けられた一大プロジェクトの遂行を託されたのが、アーサー・D・リトル（以下、ADL）である。

三年余りに及んだ改革をディレクターとして指揮した森洋之進氏（現パートナー）に、プロジェクトの全貌を聞いた（インタビュー内の肩書は、改革当時のもの）。

case study 2

トップの全面的なバックアップのもと、キヨスクの現状分析からスタート。大規模なＩＴ化による大改革を提言

――ＡＤＬが、このプロジェクトを受注するに至った経緯からお聞かせいただけますか？

森　多忙なお客様に迅速に対応しなければならないキヨスクは、レジを使わず、店員の方が右手で商品を渡すと同時に左手でお金を受け取るといったような職人芸で成り立っていた世界です。このため、購買情報の即時共有などの販売管理面では他の小売店に遅れをとっていると言わざるを得ませんでした。こうした状況を放置していては、これからの情報化の時代に勝ち残っていけないだろうということで、ＰＯＳ（Point of Sales）システムの導入をはじめとした大規模なＩＴ化を真剣に検討することになったのです。

東日本キヨスクのトップは、親会社であるＪＲ東日本から出向してこられるのが慣例だったのですが、ちょうどその頃に着任された原山清己社長と原田尚志専務のトップツーは、いわゆる〝改革派〟。これはあとから知ったことですが、原山社長はＪＲ東日本にいた頃にも大規模なシステムを導入した経験がおありで、キヨスクでもＩＴ化による業務改革は絶対に実りあるものになるという確信があったのでしょう。トップの号令のもと、外部の手を借りてでもいいから、まずは現状分析から手をつけよ、ということになりました。

プロジェクトの現場責任者は商品部の菅原天意部長。その菅原さんの東大時代からの知り合いがＡＤＬのマネージャーにいた縁もあって、相談を

お受けしたことがすべてのはじまりです。

別のコンサルティング・ファームからも提案を受けており、そちらに決まりかけていたとも聞いていますが、我々のプレゼンテーションを気に入っていただき、最終的にはＡＤＬを採用していただくことに決まりました。それが二〇〇一年の春先のことでした。

――現状分析の結果、どのようなことが導き出されたのでしょうか。

森　やはり、システム化されていないがゆえに、在庫管理が甘くなっていたり、業務に細かいミスが生じていたり、さまざまな問題が顕在化していることを発見しました。

また熟練した店員のスキルに頼らざるを得ない状況だったため、そうした方たちの人件費も負担になっていた。業務の効率化こそが求めるべき答

KIOP21プロジェクトのフェーズ展開

フェーズ1（〜2001年3月）

現状分析：大規模なIT化を提言

▼

フェーズ2（2001年4月〜7月）

情報システムのグランドデザイン：
全社的なIT化とサプライ・チェーン・マネジメント

▼

フェーズ3（2001年8月〜2004年3月）

情報システムの導入：
システムベンダーの選定、要件定義、システム設計、
運用体制の確立

えである、という結論に達したわけです。

情報システムの整備そのものが目的ではない。あくまで徹底した効率化を図ることが目的であり、そのための手段として情報システムの導入が不可欠である、と提言したのです。これがプロジェクトの「フェーズ1」(右下の表参照)にあたります。


――フェーズ1の次は、どのような展開に?


森 その次は「フェーズ2」として、キヨスクが目指す情報システムのグランドデザインを描いてみよう、ということになりました。

システムエンジニア(SE)的な視点で考える以前に、キヨスクのどんな業務がシステムの刷新を必要としているのかを明らかにするために、三カ月の期間をかけて分析に取り組みました。

当時、キヨスクは「ニューデイズ」というコンビニを運営していたJC(JRコンビニエンスストア)と統合したばかりで、この統合を起爆剤にしていっそうの飛躍を遂げようという意志がありました。そのためにも、全社的なIT化と、約四〇〇〇社にも及ぶ商社との間にWin・Winの関係を構築するサプライ・チェーン・マネジメント(SCM)は極めて重要な課題でした。

そこで私たちは、キヨスク社内のプロジェクトチームや仕入れ担当者との議論を通じて、キヨスクが目指すべき方向性を次のように描き、提言しました(次ページ表参照)。

> システム導入には内部改革が必要不可欠。
> 異例の長期二年契約を提案し、ベンダー選定、
> 要件定義を経てシステムの基本設計へ

ADLによる提言内容

▸ SCM構築の骨子	▸ IT戦略の基本目標
仕入方法の最適化	物流・商流システムのデザイン
物流の効率性分析	本部の管理、分析、政策支援システムのデザイン
最適拠点の選択	人を活かすシステム
効率的配送パターン設計	基盤システムのデザイン
飲料・酒類混載の検討／商品センターの最適化	
配送体制の再検討	
販売力強化	

▸ ITグランドデザインの骨子	▸ 構築が必要な情報システム領域
業務の標準化による効率化	店舗システム
IT活用による店頭業務の能力アップ	配送システム
IT基盤の統合による相乗効果の最大化	仕入在庫システム
	本部マーケティングシステム
	ナレッジマネジメントシステム
	基幹系システム

菅原天意、森洋之進、田中宗英『目覚めるキヨスク』より作成

――まさに全社を巻き込んだ改革の青写真が描かれたわけですね。

森　そうです。でも、ここまではあくまで準備段階。アウトサイドイン（外側から中を見る）の客観情勢分析は、コンサルタントの素養がある人であれば決して難しいことではありません。本番はここからなんです。情報システムの導入と同時に、それに見合った組織体制と事業プロセスをつくらなければ意味がない。

私たちが行ったフェーズ2の提案を受けて、キヨスクの経営陣は情報システムを導入する意思決定を正式に下しました。私たちとしては、情報システムの導入そのものが目的ではありませんから、導入と同時に業務がスムーズに流れ、従業員の意識も変わるというところまで担保しなければなりません。

case study 2

要するに、情報システムを遅滞なく導入することと、組織活性力を高めることの両方を並行して推し進める必要があるという提案をしたのです。

通常であれば一つの戦略コンサルのプロジェクトは三カ月、あるいは半年という契約期間が一般的ですが、私たちは異例とも言える二年契約を提案しました。最後まできちんと責任を持ってプロジェクトを遂行します、という意志を込めた長期契約の提案です。

その思いを汲み取っていただき、またフェーズ1とフェーズ2の段階からともに歩んできた実績も評価していただいて、二年契約で本丸の改革プロジェクトを任せていただくことになりました。

こうした長期の提案をキヨスクが了承した背景には、このプロジェクトはなにがなんでも最後までやりきらなければいけないというトップ二人の気概があったのだとも思います。その点だけは、最後まで揺らぐことが全くありませんでした。

ADLからは、基本的にはディレクターである私と、マネージャーを含む三人の専任コンサルタント（シニア一名、ジュニア・スタッフ二名）がプロジェクトに参画しました。ADLの場合は、専任と言えば基本的に一〇〇%を意味します。つまり他のクライアントとの掛け持ちはしないということ。専任の三人はキヨスクの本社にデスクを置き、常駐していました。

実際にはメインのプロジェクト以外にも、たとえば「店舗開発のプロセス改革」などといった複数のプロジェクトが派生して進行していましたので、状況に応じてコンサルタントを増員することもありました。

――情報システムの導入に関しては、どのような手順でプロジェクトは進行したのでしょうか。

森　細かく説明すればキリがありませんが、大きくはまず、システムベンダーを選定するコンペのマネジメントです。

二〇〇一年一二月頃、キヨスクのシステムの運用・保守を担当していたJEIS（JR東日本のシステム子会社）と組んで、小売や物流分野で実績の豊富なシステムインテグレータ（SIer）の候補リストを作成し、各社にRFI（Request For Information）を送付しました。

どのような開発実績があるか、どのようなパッケージ・ソフトを扱っているのか、そして受注意欲がどれだけあるかなどを見極めるのがRFIの狙いです。

そして年明け、絞り込まれたSIerに対して提案書の作成を求めるRFP（Request For Proposal）を作成し、二〇〇二年二月の初め頃には情報システム戦略のパートナー選定を終えていました。

その次にやるべきことは要件定義です。キヨスクのプロジェクト・メンバーに、選定されたSIerとJEISのスタッフ、ADLのコンサルタントが加わって、要件定義チームを立ち上げて議論を開始しました。

経営戦略や現場の業務課題を綿密に検討して、ユーザーとしてどんなシステムを必要としているのかを正しく明文化する作業で、このフェーズをないがしろにすることは絶対にできません。この要件定義に十分な時間を割いたあとに、システムの基本設計へと移行していくことになるのです。

プロジェクトの進行管理のために、コンサルタントは「線表」を作成します（左上の図参照）。KIOP21の場合は、要件定義は二〇〇二年二月から八月までに行い、設計開発を経て、二〇〇四年四月に新システムをリリースすることになっていま

case study 2

線表の例

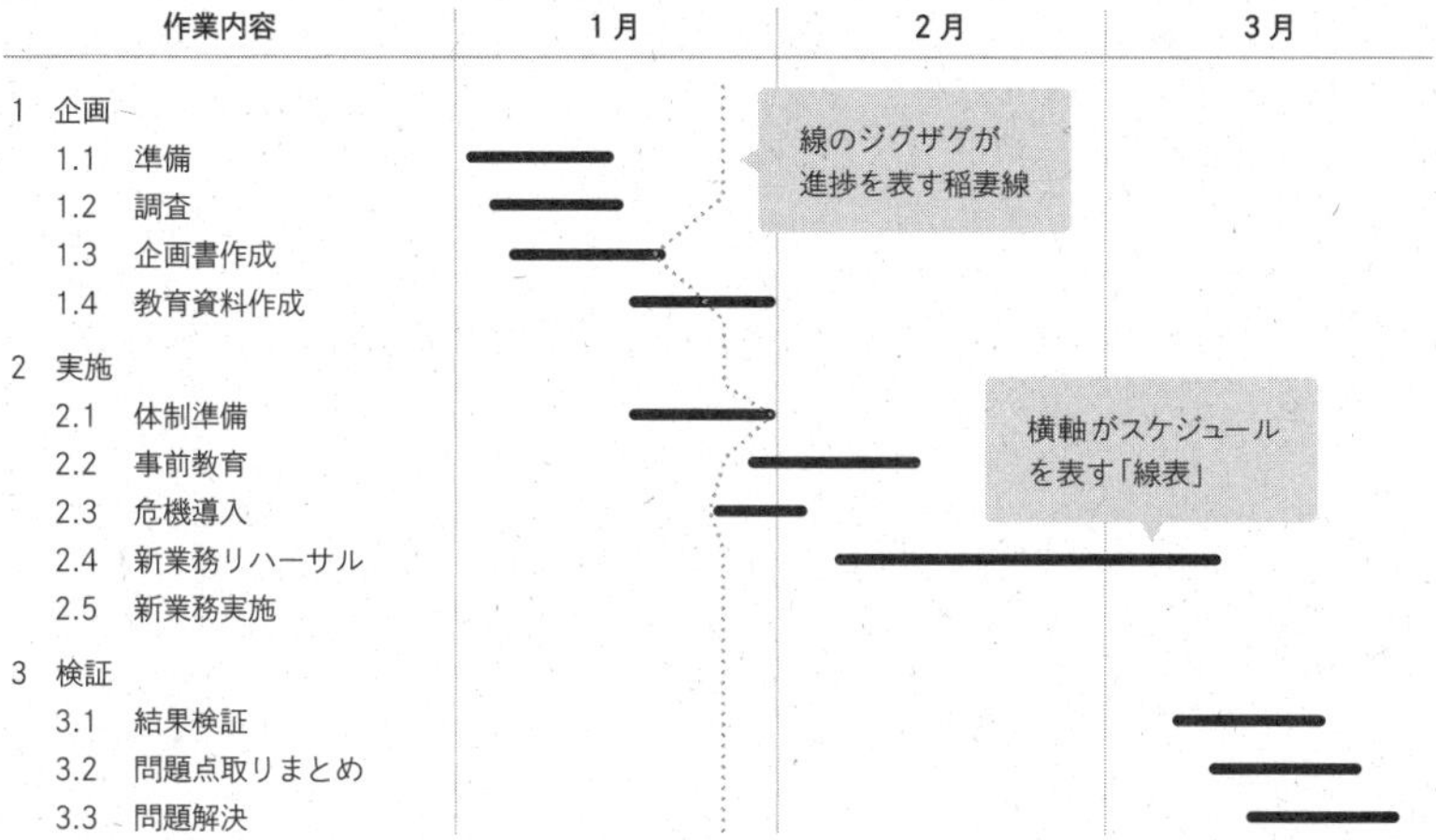

(例)1月25日現在

菅原天意、森洋之進、田中宗英『目覚めるキヨスク』より作成

した。作業量が三〇〇〇人月を軽く超える全社的な大規模システムの導入であることを考えれば、二年余りという期間も決して長くはありません。

> 現場もトップも参加する
> 一泊二日の合宿と
> PDCAプログラムの導入で
> 内部の抵抗を解消し、
> 戦略的な組織改革を実現

――その間、並行して組織活性力を高めるための取り組みも行われたわけですね。

森　そのとおりです。外部のコンサルタントがどんなに美しい提案を振りかざしてみても、現場の方々を巻き込んでいかなければ全社的な改革が前進するはずがありません。

組織改革を進める際に壁となるものの典型的な例は、社員に抵抗を受けることです。抵抗といっても、あからさまな抵抗ならまだいいんです。明確な意志があるから抵抗するのであって、議論の余地もある。むしろ〝動かない〟という形で抵抗されるほうが状況としてはハードです。

当然ながら、キヨスクに関しても、なにがなんでも会社を変えようと思っている人たちばかりではありませんでした。そこで、改革の必要性に多少なりとも疑いを持っている方たちを「面白そうだな」「やってみようかな」という気にさせる仕掛けづくりが大切になってきます。

私たちはプロジェクトの初期の段階で、システム導入の意義や会社としての姿勢を共有することを目的とした一泊二日の合宿を設定しました。社長や専務などの幹部をはじめ、プロジェクトに関わるメンバー全員に参加してもらい、山梨県の石和温泉にある保養施設に宿泊したのです。夜までカリキュラムがぎっしりと組まれ、翌日の午後までみっちりと議論を交わしました。

立場の異なる五〇人ほどが参加しましたが、この合宿を通じて、なぜ新たなシステムの導入が必要なのか、そのためにはこれから何をやらなければならないのか、その目線合わせをすることができました。合宿は私たちのような外部のコンサルタントが入ることについて理解を得る場であったとも言えます。

外資系のコンサルタントというとすぐ〝黒船が乗り込んできた〟といったように受け止められがちですが、やはり人間ですから、一昼夜かけて議論を交わせばお互いの理解は深まるものです。

こうした相互理解を深めるためのイベント設計は組織改革を進めるうえで非常に重要だと考えて

case study 2

います。そこには必ずトップも参加してもらうことで、トップと現場との距離がぐっと近づく。この合宿だけでなく、マネジメント層を交えた報告会などのイベントはプロジェクトの期間中、月に一度くらいのペースでずっと続けていました。

――現場で働く人々の参加意識を高めることが、プロジェクトの成功には不可欠なんですね。

森 それは、実はシステム導入のプロジェクトが終わってからも同じです。

トータル三年ほどの期間を要したＫＩＯＰ21の最後の方の段階で、システム関連の案件とは別契約で「仮説検証型マーケティングの導入プロジェクト」を進めることになりました。

これはどういうことかと言うと、たとえば雑誌の陳列方法を、棚差しにするのと平置きにするのでどれほど売れ行きが変わるのか、立ち読みを防ぐために紐で雑誌を結束するとお客さまはどのような行動をするのか、そういったことを仮説を立てては検証していく作業を自分たちだけでできるようになることを目指したプロジェクトです。

定期的に四〇～五〇人ほどに集まっていただいてワークショップを開き、一年間で合計一五〇〇人くらいに研修を受けてもらいました。

ちょっと工夫をしただけで売上が三％伸びた、といったように比較的結果も見えやすく、現場の方々も仮説検証を行うことが面白く感じられるようになっていきましたし、また月に一度はトップを交えた一〇〇人規模の大会議で報告する機会を設けたことも、皆さんの士気を高める結果につながったと思います。

セブンイレブンが創業以来、そうした作業を通して成長を続けていったように、現場レベルが小さな改善を積み重ねていく意識は永続的に持っていなくてはならないものです。

このプロジェクトを通じて、各店舗の担当者が仮説検証のスキルを獲得できたこと、より本質的に言えば、常に変容する顧客のニーズに最大限対応しようとする姿勢を現場レベルに浸透させられたことの意味は、戦略的な組織改革の成果として極めて大きいと思っています。

シンプルで有用性の高い
システム設計に注力。
ユーザーファーストの運用体制を
確立し、
三年余りの長期間を経て
ついにシステムリリースへ

――長期間に及ぶプロジェクトを遂行しながら、会社が変わっていく手応えは感じましたか？

森　だんだん、じわじわと感じましたね。ただ私たちがやったことは、イグニッションコイルをぐっと回しただけと言ったほうが正確かもしれません。時代に即したシステムをつくり、時代の変化に対応する意識を組織に根付かせるというベースの部分を整備した自負はありますが、改革は決してそれで終わるわけではありませんから。

実際、電子マネーの「Ｓｕｉｃａ」が店舗に導入されたのはこのあとでしたし、現代はシステムも組織もイノベーションを常に迫られる時代です。

かといって、戦略コンサルが恒常的に経営に関わる状況というのは必ずしも健全ではないように思います。やはり経営戦略上、大きく変わることが求められる一定の期間にこそ、我々のような戦略コンサルは役目を果たすことができるのだと思います。

――大規模なシステム改革をともなったＫＩＯＰ

case study 2

21は、どのような形で完了に向かっていったのでしょうか。

森　要件定義を終えた二〇〇二年の夏以降、システムの設計フェーズへと移行しました。現場担当者から具体的な改善提案を吸い上げ、また投資効果も勘案しつつ適正なシステムを設計するのは気の遠くなるような作業です。ＳＩｅｒのエンジニアと日々検討会を重ねて知恵を出し合い、シンプルかつ有用性の高いシステムが導き出されるよう好循環のコミュニケーションを促す努力を続けました（下図参照）。

　こうしてシステムの基本的な設計書を練り上げたのち、さらに、経営的な視点から要件を絞り込んで投資効果に見合った適正なスケールにブラッシュアップし、ＳＥによる詳細設計のフェーズに進むことができたのは、二〇〇三年六月のことでした。

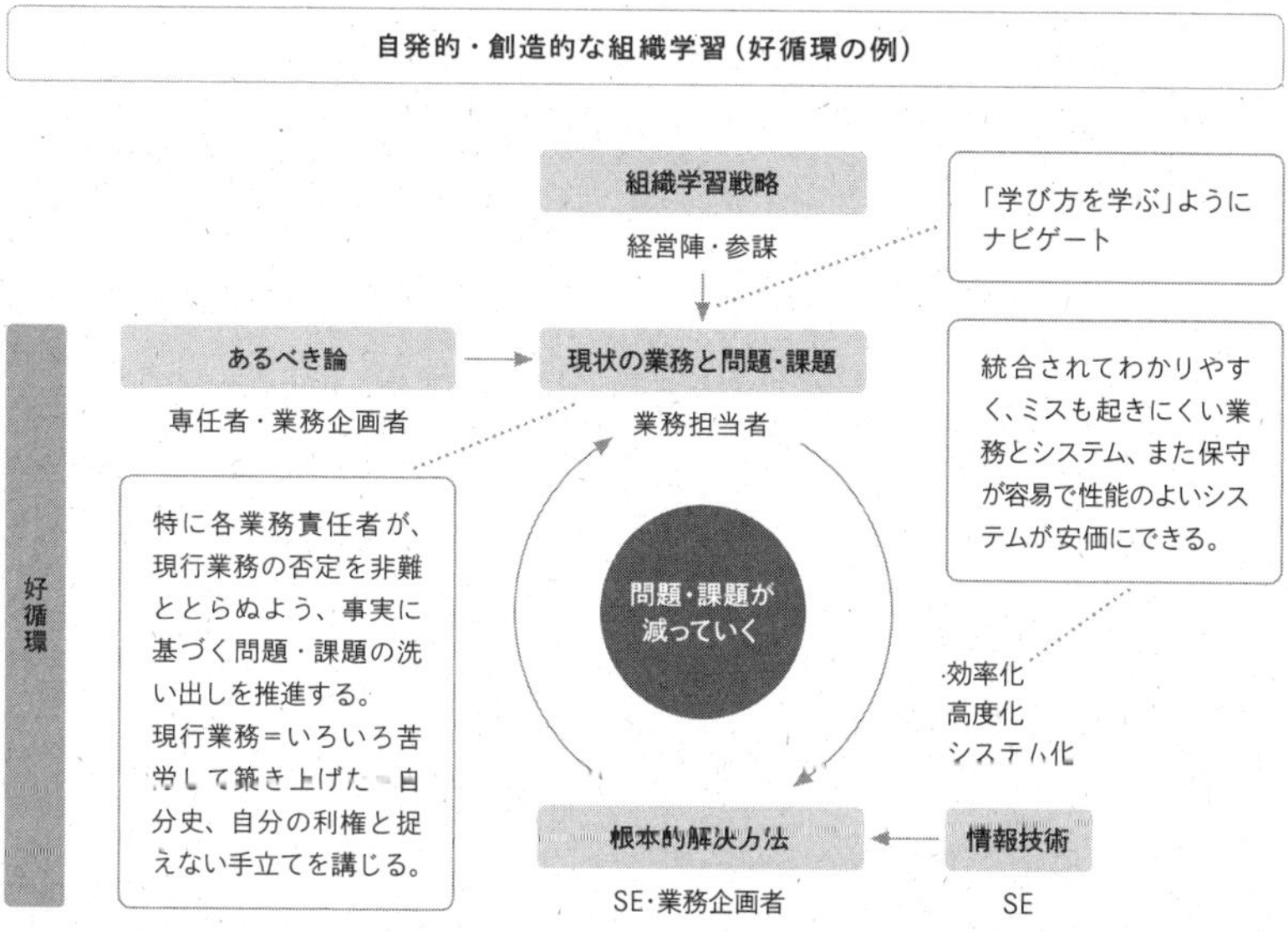

菅原天意、森洋之進、田中宗英『目覚めるキヨスク』より作成

　ここから先、プログラミング、テスト工程へとプロジェクトは大詰めを迎えていくことになりますが、同時に新たなシステム基盤を活用できる業務運用体制を整える準備活動も進めなければなりません。コンサルタントが支援して「移行計画書」を作成し、さらに現場レベルが新システムを使いこなすために必要な「業務手順書」をつくる作業です。

　また、新たなインフラを得ることとなったSCMを円滑に展開するため、商社やメーカーを集めた説明会を順次開催していきました。そうしてユーザー側の準備を万全に整え、二〇〇四年四月の新システムのリリースを迎えました。

　こうした、いわゆる経営の〝下流〟にある業務改革は戦略コンサルのイメージとは少し違うかもしれません。でも、現場レベルの話だからトップは関係ないということではなく、社長や専務と

自発的・創造的な組織学習（悪循環の例）

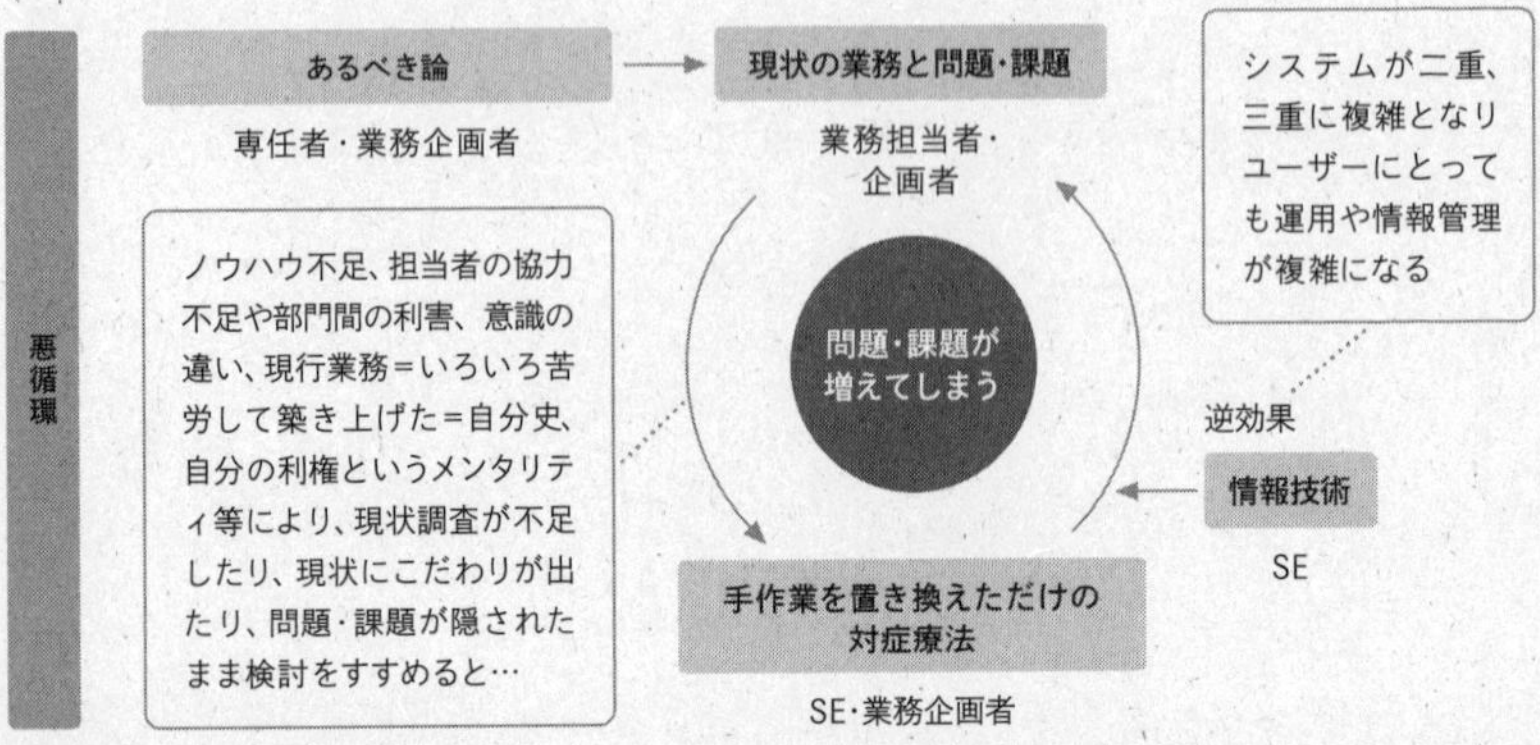

菅原天意、森洋之進、田中宗英『目覚めるキヨスク』より作成

は常に綿密にコミュニケーションをとりながら進めていました。経営陣の考えていることを現場に伝えて体現させるような役割を、私たちが担っていたとも言えます。

お二方からは私どもと協業することなくしてこの大規模な変革プロジェクトが成功することはなかったという意味の過大なお褒めを後日いただきましたが、これは私どもの力というより、本件に携わっていただいたクライアント、特に現場メンバーの力が大きかったと思っています。

その意味で、我々のようなコンサルタントとクライアントのプロジェクト・メンバーというのは、立場が異なりますが共通の目的を持った同志とも言えます。

業務プロセスを再構築したいと考えている企業にとっても、また戦略コンサルタントの実務の一つとしても、この「KIOP21」プロジェクトは非常に参考になるケーススタディだと言えると思います。

――森さんにとっては、このプロジェクトはどのような意義があったと言えますか。

森　これだけの大規模なシステム導入プロジェクトを、三年余りという長期間にわたり現場の人たちと密接に関わりながら完遂できた、そうした経験を積めたことに大きな意義があると考えています。

私や本件に関わった弊社のプロジェクト・メンバーは今、同規模の案件の依頼があったときも、KIOP21で得た経験から即座にプロジェクト全体のイメージを描くことができます。どのフェーズでどんな問題が想定されるのか、どうすればその問題を解決できるのか、具体的にシミュレーションをすることができる。そうしたスキルを向上させる契機を得られたことは、コンサルタントとしてなによりの財産だと思っています。

case study 3

花王ABS＆Blue Wolf プロジェクト

世界規模のシステム構築をいかに成し得たか？ ──アビームコンサルティング 赤石朗氏に聞く

クライアント：花王
コンサルティング・ファーム：アビームコンサルティング

「アタック」「クリアクリーン」「バブ」「ビオレ」「ヘルシア」等々……誰もが知るブランド群を揃える消費財メーカー大手、花王。

五八の海外拠点を有する（二〇一四年現在）同社は、二〇〇〇年から二〇一〇年までの約一〇年間をかけて、「全世界標準」情報システムの構築に成功した。

この壮大なプロジェクトの実現に尽力したコンサルティング・ファームが、アビームコンサルティングである。

当時マネージャーとしてプロジェクトに挑んだ赤石朗氏（現執行役員 プリンシパル）が、完遂までの軌跡を振り返る。

case study 3

標準言語は英語、ツールはソフトウェアパッケージ。難易度の高いプロジェクトを経験することでファーム自体も成長できた

――花王のグローバルな情報システム改革の端緒である「ABS」プロジェクトを受注したことは、当時のアビームコンサルティングにとっても大きな挑戦だったのではないでしょうか。

※「ABS」プロジェクト
ABSは「Asian Business Synchronization」の略。花王が業務プロセス・情報システムの世界共通化を図るにあたって最初に着手した、アジア各国の拠点における業務改革プロジェクトを指す。二〇〇〇年一〇月に始まり、二〇〇五年二月末にABSシステムが全面的に稼働した。

赤石　私がプロジェクトに関わるようになったのは二〇〇二年一〇月のことですが、クライアントは一兆円近い企業ですし、しかも日本で業務標準化のテンプレートをつくって海外に持ち込むという〝輸出型〟の大規模プロジェクトを手がけるのは初めてだったこともあって、社内でも注目度の高いプロジェクトでしたね。

チームメンバーは日本人のほか、欧米人やアジア人など多国籍な構成で約一五〇人、標準言語は英語でした。二〇〇二年四月入社の新人社員たちは驚いたと思いますよ。八月までふつうに日本語で研修を受けて、突然このプロジェクトに放り込まれるわけですから。

プロジェクトを進めながら英語力が鍛えられていった面はありますし、弊社が標榜しているダイバーシティ（多様性）やグローバリゼーションといった理念を象徴するようなプロジェクトであったとも言えます。

——日米欧アジアの混成チームを、赤石さんがマネージャーとして率いられたんですね。

赤石　前職の事業会社で物流をやっていたことと、海外勤務の経験があって英語ができるということで、ロジチームのリーダーを任されることになりました。プロジェクトではSAPパッケージ（ドイツSAP社のERP＝統合基幹業務システム）を使ったのですが、当時の私はSAPについてはあまり知識がなくて、最初は苦労したことを覚えています。でも、英語ができなかったメンバーが英語を話せるようになったのと同じように、プロジェクトを通じてSAPについての知識や理解度が深まっていきました。

そういう意味で、このプロジェクトはアビームコンサルティング自身を成長させてくれたと思います。二〇〇二年に新入社員としてメンバーに入ったコンサルタントたちは今、みんなグローバルプロジェクトのマネジメントをするようになっていますからね。このときの体験が糧になっていることは確かです。また、私自身もロジチームリーダーからプロジェクトマネージャーへと成長させていただいたことになります。

国ごとで異なる業務フローを標準化
各国の事情に対応させながらも
チェンジ・リクエストを最小限に

——花王が担当する部分、アビームコンサルティングが担当する部分、それぞれどのような役割分担になっていたのでしょうか。

赤石　それはフェーズごとに変わっていったと思

case study 3

います。

最初は、花王さんの業務をSAPパッケージにどう実装していくのか、その橋渡し役を務めるのが弊社に求められる役割でした。そこはアビームコンサルティング自身が開発することもあれば、インドのオフショア（海外への外注）をうまく活用することもありました。

アジアの現地法人へのロールアウト（投入）の段階になると、「KT1」「KT2」という呼び名でプロセスを明確化していきました。KTとはKnowledge Transfer の略で、KT1は「そもそも、このプロジェクトのゴールは何なのか」「もたらされる変化・効果」といった企業としての根本にある姿勢を、日本の本社から現地法人に対してメッセージとして届けること。

これをアビームコンサルティングがやっても、「なんでコンサルにそんなことを言われなきゃならないんだ」となってしまいかねませんから、その役割は花王さんに担ってもらいました。その次、具体的にどう業務が変わるのか、システムが動くのかという「KT2」に関しては、我々が中心になりました。

もちろんそのなかでも、「標準化」という大目標と現地法人固有の事情との間にさまざまなギャップが生じてきます。ABSは最初は香港でパイロット版が稼働し、次いでタイ、それからその他の国へと展開していったのですが、要は複数の国のプロジェクトが並行して走っていたわけです。そうなると、各国がそれぞれの特殊要因に合わせてシステムを勝手に変更してしまわないように、標準化のガバナンスを行う機能が必要になってくる。

そこで花王さんとアビームコンサルティングの混成チームによる「センター・オブ・エクセレンス」を日本に設置し、KT1、KT2の結果として現地から上がってきた要望への対応策を決めることにしました。チェンジ・リクエスト・ミーティングを週に二度のペースで繰り返して、センター・オブ・エクセレンスが「勝手にシステムを変えてはいけません、標準通りのやり方で対処してください」などと指示を出しました。

——とはいえ、商習慣が異なる国のシステムを一本化するのは容易ではありませんよね。

赤石　もちろん簡単なことではありません。標準化システムは、決められたKPI（重要業績指標）に基づいてデータ化されるように設計されているので、基本的には変更できない仕組みになっています。ところが現場に近くなればなるほど、国ごとの違いも大きくなってくるものです。

掛け売りが一般的な国もあれば、代金引換で販売する国もありますし、物流に関して言えば、面積が広い「横展開」の倉庫と、香港のようなビル型の「縦展開」の倉庫では、物の動線の考え方が全く異なってきます。チェンジ・リクエストを最小限に抑えつつ、各国の事情に対応させていくのは苦労の多い作業でした。

そうしてシステムの構築が一段落すると、次はテストフェーズに入ります。三回のテストを行いましたが、まず一回目のテストは「一緒にやりましょう」、二回目以降は我々があまりサポートせず、「花王さんだけでできるようになってください」というのが基本的な考え方です。

なぜなら、私たちコンサルはある日を境にいなくなってしまう存在ですから、クライアント自身で対応できるような支援をしていくことが、私たちのミッションでもあると考えていました。

そうは言っても、カットオーバー（新システムの稼働）に向けた二回目、三回目のテストでも、

case study 3

新たな問題点には対処しなければならない。そこは協力しながら調整作業を繰り返していき、実際の稼働を迎えることになりました。

タイの反省を生かして欧米に順次導入へ。「ブラックボックス」の既存システムにトライ&エラーで対応

――ABSプロジェクトを振り返って、最大の難関はどこにありましたか。

赤石　もっとも難しかったのは、二〇〇三年八月、香港の後にゴーライブ（システムの本格稼働）したタイでのプロジェクトですね。

一カ月前にゴーライブした香港は、香港島という限られたエリアで、当時、販売会社も倉庫も一カ所ずつしかなく、しかも製造工場がない。システムのパイロット版をつくるには最適な場所でした。香港でうまく稼働したパイロット版を応用する形で、タイでも八月にシステムを稼動させたのです。

タイが香港と異なっていたのは、営業所の数が複数になり、かつ生産の拠点もあった点です。当初は、問題なく動くだろうという見通しを持っていたのですが、これが甘かった。（香港では使っていなかった）複数の拠点をつなぐプログラムの中に不具合が見つかったり、ユーザーもシステムに不慣れなためにトラブルが生じたりと、複合的な理由から稼働開始一週間ほどは四苦八苦することになりました。

さらにそこから二カ月ほどをかけて、タイで起こった問題が今後、後続の他国で二度と起こらないようにするための確認作業に、花王さんと一緒

に取り組みました。

もちろん我々にも足りない部分があったし、花王さんの側にも、現場にプロジェクトの意義をきちんと伝えきれていなかった、などという反省点があったかと思います。

そもそもこのプロジェクトは、ERPの概念のもと、生産から販売、会計まで全てがつながることが目的の一つでした。

それまでは、部門単位のことだけ考えて仕事をしていればよかったかもしれませんが、これからは各部門が有機的なつながりを持つ以上、決められたビジネス・ルールに基づいて情報を流していかなければならない。こうしたことの周知徹底に対する問題意識が、先ほどお話ししたKT1、KT2の体制につながっていったわけです。

――なるほど。アジアを舞台にしたABSプロジェクトが終わったあとは、どのような展開になっ

花王の情報化プロジェクト10年の軌跡

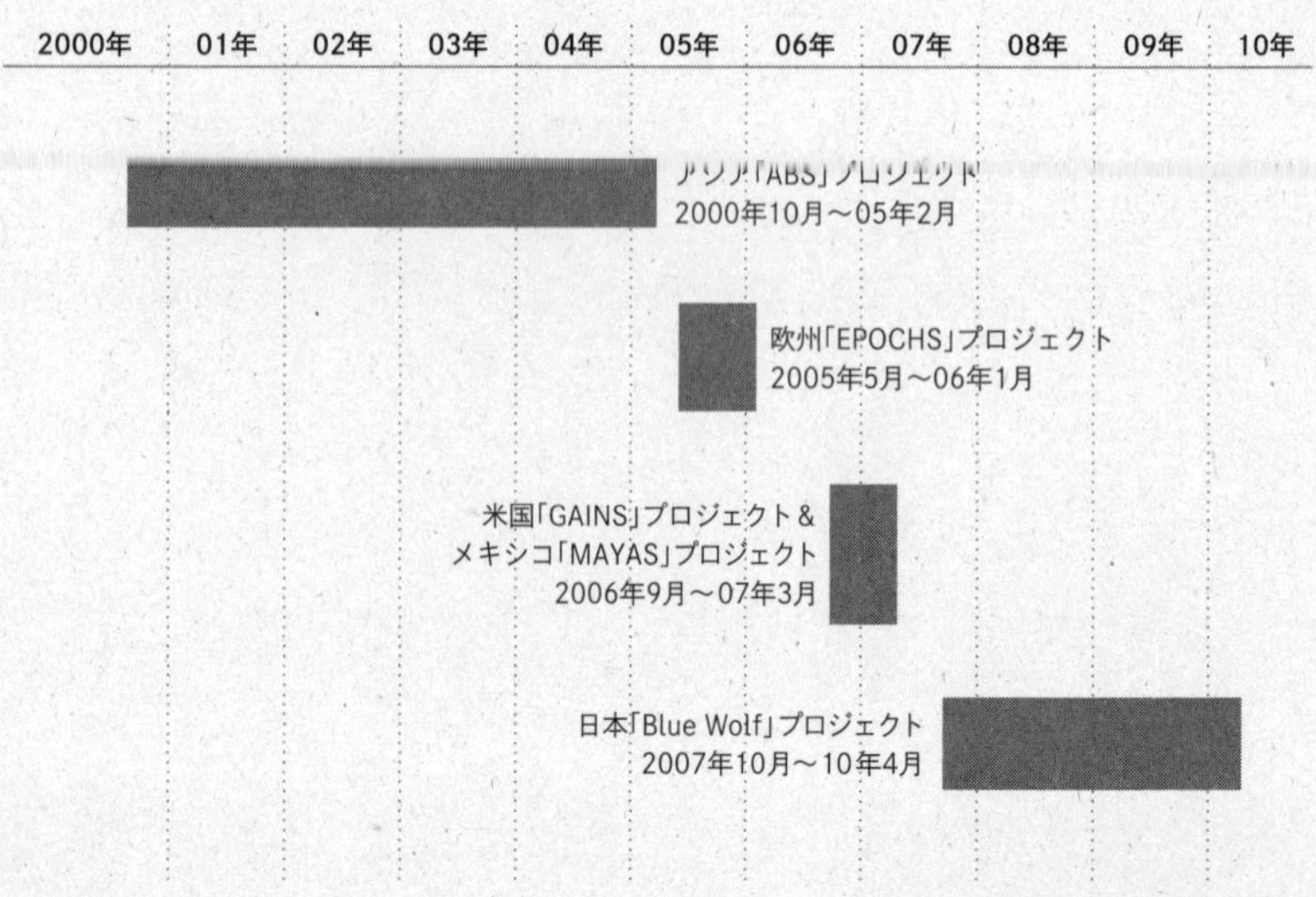

『日経コンピュータ 2009年11月25日号』「特集 蒼き狼を追う」より作成

case study 3

たのでしょうか。

赤石　ケミカル事業を行っているドイツ、スペイン、フランスなどのヨーロッパ、そしてアメリカとメキシコへと、標準システムを順次導入していくプロジェクトがスタートしました。

アジアへの導入では花王さんの担当者も定期的に現地法人まで足を運んでおられましたが、欧米となると距離的になかなかそうはいかない。何人かは欧米に常駐し、あとは電話会議を頻繁に行うようになりました。

もちろんアビームコンサルティングのコンサルタントも常駐です。日本から行ったメンバーは七、八カ月間、ヨーロッパにずっと滞在していましたし、EUの現地で直接契約したメンバーもいました。

難所をもう一つ挙げるとすれば、スペインでのシステム導入ですね。たとえば「手書きの伝票をシステムに置き換える」といったような、目に見えるアナログな行為であれば問題も見つけやすいし対処もしやすいのですが、スペインでは、すでに自動化された工場と新たな標準システムを矛盾なく連携させることが要求されました。工場のほうはもう何年も前に導入されたシステムで動いていて、そのロジックの全貌が把握できない。

花王さんの担当者とアビームコンサルティングのコンサルタントが一人ずつ張り付いて、システムが稼働するなかで生じる不具合をその都度つぶしていく作業を続けました。まさにトライ&エラーの積み重ねです。

結局、予定より一カ月遅れで問題なく稼働させられるようになりましたが、その後もしばらくは、この部分についてだけは、現地でのサポートを通じて完了させました。

そして千秋楽、舞台は日本。海外での標準化を経て機は熟し、最大規模のプロジェクトに挑戦

――そして、ついに日本でも情報システムの刷新に取りかかるわけですね。これはもともと決まっていたことだったのでしょうか。

赤石　日本の情報システムの刷新は、何度となく検討されていたとは思いますが、ABSプロジェクトの延長としてもともとは決まっていなかったのではないかと記憶しています。

二〇〇七年三月に、アメリカとメキシコでのシステム導入プロジェクトが終わったとき、私としては「このあとどうするんだろう。まさか国内はSAPではないだろう」と思っていたのが正直なところでした。

ところが、アメリカとメキシコのゴーライブに合わせてお祝い用の樽酒を持ってアメリカに着いたとき、岩澤（俊典・現代表）から「すぐ帰ってこい」と連絡があったんです。花王さんが日本もSAPを導入するので提案してほしいと言っている、と。

私は「とにかく、この樽酒をノースカロライナまで届けるから、それまで待ってください！」と言ったのを覚えています（笑）。それが「Blue Wolf」プロジェクトのはじまりでした。

それまで海外を回ってきた三〇人ほどのメンバーがコアとなって、国内のプロジェクトにあたりました。それこそ二〇〇二年の新入社員が四、五年かけて世界を回り、マネージャーとしてチームリーダーを任せられるまでに成長していたんです。

私はプロジェクトマネージャーを担当させていただきましたが、彼らがいなければこのプロジェ

case study 3

クトを成功させることはできなかったのではないかと思います。

また花王さんの側に目を向ければ、アジアでのＡＢＳプロジェクトをともに経験した方や、情報システム部門のトップである安部真行さん（現・情報システム部門統括）らＩＴのスペシャリストに参加していただけたことも大きな成功要因でした。

Blue Wolfプロジェクトは、二〇〇七年一〇月から二〇〇九年四月の第一フェーズ（基幹系システムの再構築）と、二〇〇九年六月から二〇一〇年四月の第二フェーズ（会計システムの再構築）に分かれます。

第一フェーズだけでも、コンサルタントが約四〇〇人、花王さんから約八〇人が参加するという大規模なプロジェクトでした。全国各地の八工場にコンサルタントが飛んで、現場のユーザーに新システムの必要性を説明する、現場の意見をフィードバックするなどしながら、プロジェクトを推進させていったのです。

ＡＢＳプロジェクトから約一〇年間にも及ぶ信頼感や一体感、アビームコンサルティング独自の方法論などがあいまって、最大の価値を発揮できたと思っています。

※「Blue Wolf」プロジェクト
ABSプロジェクト完了後、欧州および米国・メキシコでの標準システムの導入（二〇〇五～二〇〇七年）を経て、改革の総仕上げとして日本の情報システムを刷新したのがBlue Wolfプロジェクトである。プロジェクト名は、皇帝チンギス・ハンが狼煙を使った迅速な情報伝達を用いて強大なモンゴル帝国を築き上げたことにちなみ、チンギス・ハンの異名である「蒼き狼」を採用したもの。二〇〇七年一〇月から二〇一〇年四月にかけて行われた。

当然ながら、システムを稼働させること自体がプロジェクトの成功ではありません。システムを新しくしたら、これだけ在庫が減った、コストが減ったという「結果」が出ることに意義がある。私たちは「オペレーショナル・エクセレンス」と呼んでいますが、こうしたKPIのモニタリングや経営指標の改善を、運用保守のなかで実現したことも、複数連なるプロジェクトを推進していくモチベーションになっていったように思います。

――Blue Wolfプロジェクトで苦労されたポイントは？

赤石　ABSプロジェクトで構築したテンプレートに国内業務をどこまで合わせるのか、という点ですね。

私たちは当初、新システムの導入で花王さんの競争力が失われないようにするため、その源泉となっている計画系業務（需要予測、生産計画立案など）については従来の業務を生かし、どちらかと言えばそうではない実行系業務（ケミカル事業の受発注や、工場の入出庫など）については最大限、標準システム（ABSテンプレート）に合わせる、という方針を立てました。

しかし、従来の国内業務システムがすでに効率化・自動化が突き詰められたものだったため、それに慣れている利用部門からは「業務が回らなくなる」との意見が噴出しました。

そこで、私たちは次のような調整をしました。まず、効率化・自動化を追求してつくられた国内のシステムが〝世界に通用するオペレーション〟であれば、それをそもそものテンプレートに取り込む。そしてそうでない部分に関しては、多少不慣れであっても標準システムに合わせていただく。こうした調整作業は、苦労したポイントの一つと言えます。

また、そうして決めた方針に従い、花王さんの強みである計画系業務については従来の考え方、

case study 3

仕組みを生かし、テンプレートの実行系システム（ＳＡＰ）と共存させることにしたのですが、その際、どのシステムに正しいデータがあり、どのような仕様で業務間のデータを連係させるのかがしっかりと詰め切れていなかったため、テストフェーズで苦労することになりました。

さらに、連係テストを実施したときにデータの抜け漏れがないかを机上では確認したものの、実際の業務と乖離があることが発覚し、本稼働したあとにまでエラーが発生してしまったことも、今回の反省点の一つでした。

――プロジェクトはどのようにしてエンディングを迎えたのでしょうか。

赤石　新システムの稼働後、二カ月間のフォロー期間を経て契約がいったん終了という形になりました。そこからは運用保守契約に移行するわけですが、区切りということで花王さんの食堂で打ち上げをしましたね。二〇〇人ぐらいは参加していたでしょうか。

このプロジェクトを最後までやり通せたのも、花王さんの経営陣の強いコミットメント、やり切るんだという明確な意志があったからこそです。我々はその打ち上げの場で「ありがとう」と言われましたが、とにかく長期間のプロジェクトでしたから、その一言にはとてつもない重みがありました。

あとで教えていただいた話ですが、このプロジェクトは花王さんの一二〇年史にも載っているそうです。花王さんのような大企業にとっての歴史的な仕事に貢献できたことは、私としても誇りとするところです。

第四章

経営コンサルタントの実務

——体験談で綴る、コンサルの知られざる現実

読者の中には、外資系コンサルティング・ファームへの転職や新卒入社を希望している人もいるかもしれない。特にここ数年、就職先としての外資系コンサル人気は高まっているようだ。が、コンサルティング・ファームのほうはというと、一般に情報開示に積極的とは言い難い。そのせいか、「実際のところ、どれくらい忙しいのか」「どうすればコンサルタントになれるのか」「昇進の仕組みはどうなっているのか」などといった質問をよく受ける。

私がマッキンゼーに入社したのは、二〇〇〇年のことなので現在とは同じではないかもしれないし、コンサルティング・ファームによって（外資系と国内系では特に）異なるのだろうが、コンサルティング・ファームで働くコンサルタントがどのような日々を送っているのか、入社試験の合否や昇進はどのように決まるのか等々、この章では、私が直接知るところを率直にご紹介したいと思う。

語られることの少ない経営コンサルタントの〝現実〟とは？　それは、読者が想像していたものと比べてどうだろう？

経営コンサルタントになるには① 採用

論理的思考力を見る新卒採用の「ケース」

まずは採用に関する話から始める。

各社が新卒採用を実施しているが、募集定員はおしなべて非常に少ない。中堅の外資系戦略ファームでは採用者が一桁というところもざら。最近ではコンサルタントが人気職種となっていることもあって、まさに「狭き門」という表現がぴったりだ。

だが、私の就職活動当時は、月に一度のサイクルで採用活動を行う、いわゆる通年採用という方式を採っていた（マッキンゼーは現在、通年採用を実施していない）。多くの企業が、エントリーシートの提出から最終面接までのフローを年に一度のサイクルで行うのに対し、コンサルティング・ファームでは、説明会の実施や、オフィスに届いて山積みになった履歴書の選考を一カ月ごとに行っていたわけだ。

マッキンゼーに新卒入社というと、ものすごい競争率をくぐり抜けてきたと思われるかもしれないが、ここで白状すると、私がマッキンゼーの採用試験を受けた一九九八年頃は、現在ほど外資コンサルへの就職人気は高くなかった。書類選考を通過した人を対象とする筆記試験の会場は、ちょっと大きめの会議室で事足りるほどだったし、一緒に参加した約三〇~四〇人の受験者のうち、たしか三人が同期入社を果たした。

ただ、私が筆記試験に臨んだのは大学三年生の秋頃で、まだ就職活動の熱が高まっていなかったからだろうか、この月の約三〇~四〇人という受験者数は、当時の他の月と比べても少ないほうだと聞いた記憶はある。さらにそのうち三人というのは、かなりの確率というか、採用する側からすると、かなり豊作の月だったのかもしれない。

今ではコンサルティング・ファームが会社説明会を開催するとなれば何百人、多いときは千人単位の大学生が参加するようになり、実際の競争率も数百倍になると言われる。わずか十数年ですっかり様変わり、といったところだ。

論理的思考力を測る英語の筆記試験からスタート

では、採用試験の話に移ろう。

私が受験した会場では、試験が始まる前に若手のコンサルタントが現れ、受験者に向けて職務内容についてのレクチャーをしてくれた。当時の筆記試験の中身は、マッキンゼーが独自に作成したものではなく、論理的思考力を測る外部のテストを各国のオフィスで統一して使っていて、フォーマットはたしか選択式解答だった。

もちろんすべて英語だが、英語力を測るためのものではないから、辞書の持ち込みはOK。試験時間もたっぷりめで、解答し終わった人から帰っていいというスタイルだった。

繰り返される「ケース式」面接

さて、筆記試験をクリアすると、集団面接に進む。たとえば四人の学生に対して面接官が二人といったイメージだ。面接官は、アソシエイト歴二～三年目のシニア・アソシエイトが担当していたと思う（年齢で言えば三〇歳前後だ）。その場では「なぜコンサルタントになりたいのか」といったお決まりの質問はするものの、面接時間の九割以上は、「それでは、ケースをやってみましょう」という具合に、「ケース」の解答に使われていた。

ケースとは何かを説明するためにも、私が実際に受けた試験内容をご紹介しよう。

そのときのことは、もう一五年以上も前のことなのに鮮明に覚えている。今のように情報がなかった時代のこと、突然の「ケース」の質問に面食らった、と同時に、面接自体が楽しかったからだ。面接官から与えられたのは、だいたい次のような〝お題〟だった。

「あなたの実家はクリーニング店を営んでいます。駅からは徒歩五分の立地で、昔ながらの繁盛店でした。ところが駅前に大手チェーンのクリーニング店がオープンしたのを機に、経営難に陥ってしまいます。実家の商売のどこに問題があったのでしょう?」

一〇分間ほどの時間を与えられたのち、学生が順番に「サービスのクオリティが低いのでは」「ブランド力を高める努力が足りない」などと答えていく。すると今度は、「じゃあ、どうすれば問題を解決できるのか」という新たな問いが提示され、また一〇分間程度のシンキングタイムが与えられる。そして最初の質問とは逆の順番で、学生がそれぞれ思いついた解決法を述べていく、というわけだ。

このような一発勝負の集団面接から数日後、選考を通過した人には連絡があり、個別面接へと進むことになる。私を待ちかまえていた面接官はシニア・マネージャーだった(三〇代後半ぐらい)。やはりここでもケースが始まる。この段階で提示される〝お題〟は、次のようなものだった。

「ある山には、東側と西側にそれぞれ一つ、スキー場があります。天候やアクセスなどの条件は同じなのに、東側はスキー客でいっぱいになり、西側は閑散としている。その理由を分析してみてください」

私はおそらく、「顧客名簿が手に入るなら、その比較から何かわかるはず」のようなことを言ったはずだ。すると、面接官は「それがない場合は、どうしますか」と返してきた。そうやって、個別面接ならではの一対一のやりとりが加わり、会話を交わしながら自分の考えを述べていくわけだ。

採用側には、「数字に強いか」「論理的思考力はどうか」などのいくつかのチェック項目があって、それらの評価が高く、面接官の判断で〝通過〟となれば、パートナー面接へと進むことが許される。だが、一回のマネージャー面接だけで判断し切れない場合は、マネージャー面接を再び受けることもある。私の同期の中には、このマネージャー面接を二度三度繰り返した、という人もいた。

次に控えているパートナー面接は、その名の通り現役のマッキンゼーのパートナーとの面接だ。会議室で一対一の環境で行われる。私の面接を担当してくださったパートナーは、その数年後にマッキンゼーを退職し、ある一部上場企業の社長に就くことになる方だった。もちろん緊張もするが、そんな人と同じ部屋で一時間～一時間半、真剣に会話できるというのは、大学生にとってはとても貴重な体験だ。面接の内容は、基本は集団面接やマネージャー面接と同じケース式だが、ここまで来ると、より具体的で実践的な内容になっていた。

「これから、ある野菜ジュースのメーカーのプロジェクトが始まる。クライアントの社長も出席するキックオフミーティングは一週間後だ。きみなら、この一週間でどんな準備をする？」

こちらが「スーパーの商品棚をチェックして、野菜ジュースの比率がどれくらいあるのかを確認します」と言うと、「なるほど。だがそれは一日目の午前中で終わるな。それで、次はどうする？」ときた。何を言っても、「次、次、次」。

要するにこの面接では、問題解決に対するアプローチをどれだけ生み出すことができるか、一定の時間を有効に使ってどんな分析的思考ができるのかを問われていたのだと思う。

ここで無事に合格点をもらうことができれば、ようやく内定だが、マネージャー面接と同様、最初のチャンスで実力を証明し切れなかった場合は、このパートナー面接も二度三度と繰り返される。

そして、めでたく内定となると、後日オフィスに呼ばれて、採用を担当しているパートナーから「おめでとう、きみの就職活動はこれで終わりだ」と告げられることになる（私はまだ、マッキンゼーに就職すると意思表明をしたわけではなかったが…笑）。

実際の「ケース式」面接はこんなふうに行われた！

ではここで、実際の面接の様子をもう少し詳しくお話ししよう。記憶も鮮明な一次面接のときの様子だ。四人の集団面接で、私は右から二番目（左から三番目）に座っていた。

McKinsey & Company の新卒採用フロー

※採用ポジションがビジネスアナリストの場合

書類選考
日本語履歴書にて応募

▼

PST（Problem Solving Test）
論理力・分析力を問うもの。英語で実施。

▼

1次選考
ケース作文・面談・英会話力レベルチェック

▼

2次選考
ケース式面接（2〜3回）。1時間程度のインタビュー形式で実施。

▼

3次選考
インターンシップ形式

▼

内定

マッキンゼー・アンド・カンパニー 日本支社「採用情報」より

最初に、一番右に座っていた学生と一番左に座っていた学生がジャンケンをして、右の学生が勝ったので、最初の「どこに問題があるのか？」という問いは右の学生から答えていくことになった。

お題をもう一度、挙げてみる。読者の方も、自分だったらこう答える、自分が面接官だったらこのように突っ込む、などと想像しながら読んでいただくと、より楽しんでいただけるかもしれない。

「あなたの実家はクリーニング店を営んでいます。駅からは徒歩五分の立地で、昔ながらの繁盛店でした。ところが駅前に大手チェーンのクリーニング店がオープンしたのを機に、経営難に陥ってしまいます。実家の商売のどこに問題があったのでしょう？」

一〇分程度のシンキングタイムのあと、一番右の学生から、順に三つずつ、老舗クリーニング店の問題点を挙げるようにと面接官から指示があった。

最初の学生はたしか、「値段がチェーン店のほうが高いのでは？　質が低いのでは？　駅からの距離が問題なのでは？」などと答えたはずだ。

テキストブック的な答えでお見事と、学生だった当時は思ったが、今思うと、まあ当たり前というか、プラスマイナスゼロの回答だなという印象だ。

次は私の番で、内心、最初の学生だとだいぶ有利だなと思いつつ、「チェーン店のほうがブランド力があるかもしれない。安心感というか。それから、大手のチェーン店は、営業時間が長いかもしれないし。さらに、配達をしている可能性もある」などと、半ば妄想の領域に入りつつ、ばらばらとアイディアを答えてしまった。

三番目の学生は、「全部言われちゃいました……」

四番目の学生は、「それ以外にあるかなぁ」と困りながら、「割引チケットとか、ポイントカードがないのでは？」と言い、面接官から「それは価格ということですかね？」と問われ、「それだけじゃなくて、こう、なんていうか、マイレージみたいに同じお店に通い続けたくなる仕組みとかもあるかなと」などと言っていた。三番目の学生がトライを放棄したので、四番目の学生のトライがきらっと光った印象だった。

そこで、面接官が一度仕切り、「では、課題は、①価格と、②サービスメニューと、③ブランドだとしましょう。そのとき、どんな解決策があると思いますか？」と言い、また一〇分程度のシンキングタイムが与えられた。

今度は、一番左の学生からの解答だった。正直このとき、自分の答えをまとめながら、一番左と左から二番目の学生の答えを聞いていたので、彼らの答えはうろ覚えだが、「ブランド向上のための施策を地元の人のみを対象として町の看板を使って行う」などと言っていたように思う。

「これは、打ち手は単純だが、ターゲットを絞ったマーケティングをするってことね？　費用対効果を高めるわけだ」という面接官の合いの手により、それらしく聞こえた。

最初のラウンドで苦戦した左から二番目の学生は、終始、低価格作戦を貫いて、「地元のクリーニング店のほうが実は価格を安く設定できる」と主張していた。それに対し、面接官が、「まぁ、たしかに、テレビＣＭを打っていないから、その分を安くするってことかな。それは限られた資源を経営として、どこに投資するかの選択をするってことだね」とフォロー（？）した。

私は、そのとき、心の中で思った。コンサルタントって、ふつうのことを自分なりに解釈して、まともなアイディアに聞こえるような言い回しにして提言に変えることができる人なんだな、と（本質的ではないが、実はこれはコンサルタントにとってかなり大事なスキルなんじゃないかと、今も思っている…笑）。


さて、面接官の返し技に感心していたら、あっという間に自分の番になってしまった。ちょっと焦りつつ、「価格と、ブランドの話が出たので、私は、サービスの話をまずしてみようと思います」と言いながら、考える。ふつうのことでもまともなアイディアに聞こえるスキルを見せなきゃと心の中でつぶやきつつ。

「サービスの中で、投資が必要なものと、必要ないものに分類してみようと思います」、おっ！　我ながらそれっぽい！

「そして、今回は、投資が必要ない改善だけをまず検討したいと思います」、うん、これで半分考えなくていい。

「たとえば、配達や高級な質のクリーニングは、トラックや新しいマシーンが必要なので、地元のクリーニング店にとっては大きな投資が必要ということで、今回は検討しない」、「一方で、ポイントカードや割引チケットは、多少の利益率の低下は想定されるかもしれないが、それがないことでお客さんを失うリスクを考えると、駅前のチェーン店と同じ程度のものは準備する。投資はいらない」、「ここまでは、この面接中に出てきたアイディアの整理です」

「新しいアイディアとしては、地元のクリーニング店は、駅前のチェーン店と比べて、土地はたくさんあると想定し、預かりサービスを駅前の店より低価格で提供することはできるものと考えます。そうすれば冬物のコートなどのシェアをぐんと上げることができるはず」

「最後に、価格について。ここは、単に安くすることには私は反対です。チェーン店が本気になって価格の勝負となってしまったら、企業の体力的にかなうはずがありませんから。もちろん、チェーン店だから、柔軟に価格を変更できない可能性もありますが。とにかく、価格破壊はしたくない。ただ、なにか理由があれば安くしてもいいと思うんです。特にチェーン店が追随しにくいようななにかが」

そこで、「そんななにかがあるのかな？」と面接官。

今思い返すと、ここまでの構造化で十分、第一次面接突破は可能だったと思う。でも、その日の私には、面接の神様が降りていたとしか思えない。

「特急で半日後に使いたい服をクリーニングしてくれないか？　そんな要望にはチェーン店は応じられないでしょう。で、そこは値上げをして応じる。一・五倍でも場合によっては二倍でもいいでしょう。逆に、三週間とか一カ月後でもいいようなものは、お客さんにそう申告してもらって、お店が暇でしょうがないときに対応すればいいわけだから、二割引とか半額にしてしまうんです。こういう柔軟な価格設定は、チェーン店には真似することは難しいのではないかと思います」、決まった！　と心の中で思った。

面接官から、「労働の標準化もできるってわけね」。私は「はい、その通りです」と言ったが、実はよくわかっていなかった。ただ、きっとコンサルタントって簡単なことを難しくして、それっぽく聞かせるのが得意だから、うなずいておこうと思ったわけだ。この「労働の標準化」の会心の一撃のあとは、心の中で勝利に酔いしれ、四番目の学生が何を話していたか覚えていない。

しかし、面接で求められているのは、切れ味鮮やかな解でなく、論理的な思考ができるかどうかであると、今は言える。若手のファクトベース・コンサルタントに必要なのは、構造的に物事をとらえて、もれなく、ダブりなく、現象を整理し、さらに分析を深めていく力だ。

だから面接では、アイディア勝負ではなく、構造化を注意して挑むとよいと思う。構造化すれば、自ずと、まだ足りていないアイディアが見えてくる。

コンサル業界は、新卒の平均勤続年数が三年ほどと言われている。ここまで紹介してきたように、ケース式を多用し、実践的な能力を問う採用プロセスになっているのは、数年間という短いスパンの中で、この仕事に向いているかどうかを見極めることに主眼が置かれているからではないだろうか。

部下のコンサルタントを束ねるマネージャーや、クライアントを獲得する必要のあるパートナーとしての素質を見抜こうとするのではなく（それらはコンサルタントになってから身に付ければよい）、あくまでコンサルタントとして求められる論理的思考力などの素養があるかどうかがポイントになっているのだ。

そうした意味では、論理的思考などの実力把握に集中した、ある意味偏った採用の仕方と言えるかもしれない。当時の印象としては、他の企業と比べ、志望理由や業界や仕事に対するパッションなどをほとんど問われなかったことに驚いたものだ。

ただ私の場合、なによりも鮮明に覚えているのは「ケース式」面接が楽しかったということだ。きっと、そう感じる人がコンサルタントに向いている。コンサルタントとして仕事を楽しめるのだと思う。

MBAからインターンへ
リクルーティングから始まる中途採用

ここまでは新卒採用の話だったが、コンサルティング・ファームでは中途採用も非常に多い。そして多くの場合、ビジネススクールからの採用となる。大手企業に就職し、その会社に在籍しながら「MBA留学プログラム」でビジネススクールに通っている人たちだ。

MBA組以外では経営学以外の博士号を持っている人がわずかにいる程度で、他のコンサルティング・ファーム出身者を採用することは極めて稀だった。マッキンゼーから他のコンサルティング・ファームへ行くという逆のケースはたまにあるのだが。

私はペンシルベニア大学ウォートン・スクールでMBAを取得したが、九月に入学して三カ月後の一一月ぐらいにはもう投資銀行やコンサルティング・ファームのキャンパス・ビジット（大学での会社説明会）が始まった。その後も二週間に一度ほどのペースで開催されていた。要は優秀な学生を目当てに、各社がスカウトにやってくるのだ。

ウォートンには、マッキンゼーの東京オフィスからもマネージャーが来ていた。コンサルティング業界に興味のある日本人学生を食事に招き、そこで「ニューヨークのオフィスもいいが、東京で就職

McKinsey & Company の中途採用フロー

※採用ポジションがアソシエイトの場合

書類選考
英語履歴書にて応募

▼

PST (Problem Solving Test)
論理力・分析力を問うもの。英語で実施。

▼

1次選考
ケース式面接(1〜2回)。1時間程度のインタビュー形式で実施。

▼

2次選考
ケース式面接(2〜3回)。1時間程度のインタビュー形式で実施。

▼

内定

マッキンゼー・アンド・カンパニー日本支社「採用情報」より

すると日本を代表するような経営者たちと議論をしてバリューを提供することができるよ」といったような言葉で学生にアピールするわけだ。

そのマネージャーはウォートンでのキャンパス・ビジットを終えると、次は別の大学へと移動する。そうやってビジネススクールを〝巡業〟して、リクルーティングを進めていくのだ。

コンサルティング・ファームと学生の接点の場としては、「ボストン・キャリアフォーラム」のように、投資銀行や世界中のコンサルティング・ファームなどが一堂に会して開くグローバルの就職イベントもある。たいていの学生はそこで、どこの会社のサマーインターンに参加するのかを絞り込む。

私が留学していたころ、マッキンゼーでは、そうした場で募ったサマーインターンの希望者に対する面接をニューヨークで行っていたように記憶している。インターンの期間も、二カ月ほどと長いものから、ほとんど会社の様子を見学するだけの三日間程度のものまで、さまざまなプログラムが用意されていた。サマーインターンの実施中に参加者に対する大方の評価もすみ、終わるころにはもうおよその内定者が決まっていたはずだ。

ただ近年は、ＭＢＡからの中途採用は減少傾向にあるという。その背景には、そもそもトップビジネススクールに応募して合格する日本人自体が減っているという事情がある。各コンサルティング・ファームはその対応策として、ＭＢＡにこだわらず、他分野の博士課程修了者やロースクールなどからの採用枠を拡大する措置を講じている。

マッキンゼーでは、中途採用者は基本的に、〝アソシエイト〟の職位からスタートする。年齢構成としては、新卒は、四大卒~大学院卒、社会人経験のある第二新卒といった幅があるので二二~二七歳くらい、中途は、前職の会社に一〇年ほどは勤めてからビジネススクールに通うことを考えると、三〇代半ばくらいがほとんどだろう。私が新卒で入社したときの同期二〇人では、約三分の一が女性だったが、中途採用で入ってきたのは男性が大半だった。

また、文系・理系の別で言うと、どちらかと言えば理系のほうが多い。アナリストやアソシエイトに課せられる仕事は「分析→証明」といったものが主であるため、確かに理系向きとも言える。少なくとも新卒に関しては、経済学や経営学を専攻していたからといって、必ずしも就職に有利になるわけではなさそうだ。

経営コンサルタントになるには② 能力と適性

求められる二つの能力

論理的思考力とリーダーシップ

こうした採用のプロセスで評価の対象として重要視される点について、先に論理的思考力だと述べたが、それ以外の点も含めて、改めて私見をまとめておこう。

まず挙げられるのは、〝プロソル〟(Problem Solving)と称される問題解決能力とリーダーシップの二つだ。前節で述べたような面接の場のディスカッションやケースを通じて、それら二つの力がどれだけあるかをチェックされているわけだ。

ケースは必ずしも、提示された課題に対する答えの〝正しさ〟を判定することが意図されたものではなく、むしろ、答えへの〝アプローチ〟、つまりロジカルな思考力の有無や、ディスカッションを円滑に進めるリーダーシップを見抜くことが本当の目的だった。

瞬時にまっとうな回答を提示できないといけないわけではない。質疑を繰り返しながら徐々に答えに近づいていくような才能の持ち主もいるだろう。コンサルタントの仕事は、自分ひとりで完結するのではなく、いかに周囲を巻き込んでゴールに向かっていくかという主体性やチームワークも必要とされるため、そういったタイプの人が高く評価される可能性も十分にある。

なお、言うまでもないだろうが、特に外資系の場合、今や英語力は必須のスキルだ。TOEICやTOEFLのスコアなど、一定の英語力を証明する材料があれば問題ないが、それがない場合は新たに受験するか、コンサルティング・ファームに指定されたテストをパスする必要が出てくる。

他者を心から応援したいと思えるか

こうした能力面とは別に、「自身にコンサルタントの適性があるか」という点についても真摯に検討すべきだと、私自身は思う。特に私自身がコンサルティング・ファームを運営する側に立ってからはなおさらそう考えるようになった。というか、そのような人たちとだけ仕事をしていきたい、そう思って自ら立ち上げたのだ。

競争率が高くなると、その年収の高さも相まって、いわゆる学力偏差値の高い人たちがその業界に集まるようになる。適性とかその仕事への志とはかかわりなく、もっとも優秀な人が集まるところだから自分が行く、というふうに。医学部やかつての（と言ったら語弊があるか）大蔵省、財務省のように。

ではその適性とは何かだが、第一は、自分以外の人間の成功を我がことのように喜ぶことができるか、という点だ。コンサルティング業界は出世競争のような側面があることも否定できないが、本質的には自分以外の人間の目標を理解し尽くすことで、その達成をサポートする職業だ。

プロジェクトを完遂してクライアントに感謝の言葉をもらうことに喜びを感じるのはもちろんこの仕事の醍醐味だが、心から応援したいと思える人と出会い、プロジェクト単位ではない長期的関係を構築し、未来に向かってともに歩んでいけることにこそコンサルティングの面白さはある、と私は考えている。

そうしたマインドがなく、ただ目の前のプロジェクトを手際よく片づけることだけに専心しがちな頭の切れる人よりは、能力は抜群でなくても他者へ惜しみなくエネルギーを傾けられる人のほうがコンサルタントの適性があると私は思う。

人間と人間の関係性がものを言う世界である以上、実際の仕事のなかでも、クライアントに対する誠意があったからこそ成功したという経験を私は何度もしてきた。コンサルタントとして長く仕事をする意志があるなら、こうした〝頭〟ではなく〝心〟の部分を決して忘れてはならないと思っている。

経営コンサルタントになるには③ 就職市場

国内で高まる「コンサル」人気、米国では「スタートアップ」

ＭＢＡの学生にとって、マッキンゼーをはじめとする外資系コンサルティング・ファームとゴールドマン・サックスなどの投資銀行は、就職したい業界のトップツーだと言える。私が学んだウォートン・スクールには同学年に約八〇〇人が在籍していたが、当時マッキンゼーは人気ナンバーワンの就職志望先だった。

その人気の高さは変わらぬ一方、学生たちの間で新たに注目を集めつつあるのが「スタートアップ」だ。スタートアップとは、イノベーティブな商品やサービスを開発することによって、少人数ながらも大規模なビジネスを展開する一種のベンチャー企業を指す。

アメリカ西海岸を発祥とし、ＧｏｏｇｌｅやＦａｃｅｂｏｏｋなどの成功もあって、それらの会社のサマーインターンに参加することが今やステータスになっているのだ。

ただし、スタートアップは人気があるといっても一社ごとの人員規模が小さいため、実際の就職先として最大の受け皿になれるほどのキャパシティがあるわけではない。スタートアップのように、そのときどきに流行の職業が出てくるにしても、採用人数の絶対数が大きいコンサルティング・ファームや投資銀行が就職先の中心勢力である状況に大きな変化が起こるとは考えにくい。

日本国内の就職市場では、コンサルティング業界の人気は、数年前と比べると若干落ち着いてきているとはいえ、昔に比べて確実に高まっている。自分で言うのはおこがましいが、今や〝花形〟の職業と言ってもいいのかもしれない。

コンサルティングというビジネスそのものが日本に浸透してきたためか、コンサルティング業界自体がブランド化する状況が生まれており、大手の商社や広告代理店に入るような憧れを学生たちが持つようになった。しかも、そうした大手企業に比べると、外資系コンサルティング・ファーム（の日本オフィス）の採用枠は非常に小さいため、結果的に〝レア感〟をそこに付け足すことになっている面もあるのではないだろうか。

経営コンサルタントになるには④ 昇進と給与

Up or Out――徹底した実力主義の世界

ここからは、コンサルタントの社内〝ランク〟についてお話ししよう。いわゆるキャリアパスについてだ。

コンサルティング・ファームでは、各コンサルタントの経験値や社内評価に基づいて、いくつかの職位が設けられている。区分の仕方や呼称はさまざまだが、マッキンゼーの場合は、大きくは次ページの図のような六つの職位に、ディレクターを加えたもので構成され、アソシエイトまでを「コンサルタント」、アソシエイト・プリンシパル以降を「パートナー」と呼ぶ（業界経験者など特定の分野に通じた人を対象とするスペシャリスト採用と、広く人材を募るジェネラリスト採用の二通りがあるが、ジェネラリスト採用の対象者のほうが圧倒的に多い。本書の記述もジェネラリスト採用を前提としている）。他のファームも「コンサルタント」と「パートナー」の二つに大別されるという基本的な考え方は同じだと見ていいだろう。ただし、同じコンサルティング・ファームであっても、各国のオフィスによって採用方式に違いがあるケースも多い。

ビジネス・アナリストからアソシエイト、エンゲイジメント・マネージャー、そして、パートナーへ

マッキンゼーで新卒組が入社後に与えられる職位は、「ビジネス・アナリスト（ＢＡ）」だ。マネージャーなど上司の指示を受けて、情報収集や資料の整理、分析作業など、プロジェクトの課題解決の個別分野を担当する。さらに、プロジェクトの最終提案のとりまとめやプレゼンテーションを担当することもある。三年目以降は、そのまま社内でキャリアを積んでいく人や、私のように留学支援制度を利用してビジネススクールへ留学したり、海外のオフィスに活躍の場を移す人もいる。

ＢＡの次のランクが、「アソシエイト」だ。中途採用組はほとんどの場合、このアソシエイトからのスタートとなる。職務内容としてはＢＡと同じく、分析等のプロジェクト課題解決の個別分野が中心だが、その次のステップとして、プロジェクト全体にわたり、課題の特定や仮説の設定・検証、顧客企業社内や外部でのインタビュー、海外からの情報収集・分析、最終提案のとりまとめなどに取り組むことになる。採用ポジションは、実務経験等を踏まえてアソシエイト、あるいはジュニアアソシエイトのいずれかとなる。

私の経験上、あとあと、パートナーまで昇進する確率としては、これまでは中途採用の人たちのほうが高かったように思う。前節でも触れたが、中途採用者は大手企業で数年から一〇年程度の勤務を経験し、ビジネススクールに留学するというキャリアを経ていることが多い。彼らは部下を持つことをすでに経験していることに加え、社内で高い評価を得たからこそビジネススクールへの留学を許されたわけであって、コンサルティング・ファームへ入る以前からマネジメントの素養を備えていると言える。

なによりも、コンサルティング・ファームのクライアント企業である大企業がどのようなプロセスで意思決定をし、中で働いている人たちがどのような仕組みのなかで動き、何を大切にしているのかなどを実際に体験してきている。中途採用からパートナーまで昇進する確率が高いように思うのは、そうした背景があるからだろう。

さらに言うと、BAから入社するよりもアソシエイトで入社するほうが一段階上からスタートできる、つまり突破しなければならない役職が少ないことになる。単純な話、距離的にパートナーという役職に近いという点もアドバンテージなのかもしれない。

アソシエイトの次のステップは「エンゲイジメント・マネージャー」、略してEMだ。プロジェクトのリーダーとして、BAやアソシエイトなどのチームメンバーを生かしながら任務を遂行する〝現場監督〟的な役割を担う。クライアント側のチームメンバーの仕切り、中間や最終のプレゼンテーションの仕切り、チームメンバーのアウトプットのクオリティ担保や全体の進捗管理など、その責任は多岐にわたる。

このEMまでは平たく「コンサルタント」と称されるが、そこから上になると「パートナー」という位置づけになる。馴染みのない呼び方かもしれないが、一般企業で言うところの役員クラスにあたる職位だ。共同経営者としてファームの経営責任を負うと同時に、利益の配分を受けられる立場でもある（経営責任や利益配分についてはファームごとにルールがあり、一概には言えない）。

彼らに求められるのは、クライアントの経営陣に対して的確なコンサルテーションを行い、強固な信頼関係を構築すること。表現を変えると、高いコンサルティング能力に加え、どれだけの仕事をファームに持ってこられるか、要は、営業力だ。まあ、当然と言えば当然だが、高額な仕事を持続的に獲得する営業力がなければパートナーは務まらない。

パートナーの中にも、マッキンゼーでは「アソシエイト・プリンシパル」「プリンシパル」「ディレクター」と三つの職位がある。上位にいくほどファームそのものの経営への関与度や、業績への貢献度が高いということになる。

なお、次ページに掲載したとおり、マッキンゼーの公式サイトによると現在の職位は多少変わっているようだが、基本的な構造はここまでお話したものと同じだと考えられるだろう。

McKinsey & Company の職位

※ジェネラリストの場合

ビジネス・アナリスト
データ収集、プレゼンテーションなどを中心に行う。

▼

ジュニア・アソシエイト
クライアントの課題解決において個別の役割を持つ。

▼

アソシエイト
クライアントの課題特定、仮説形成、提案作成、実行支援など。

▼

マネジャー
課題解決のプロセス、プロジェクトチームのマネジメントにおいて責任を持つ。

▼

アソシエイト・プリンシパル
より広い視野を持ってクライアントとの関係性を築く。

▼

プリンシパル
全プロジェクトとクライアントとの関係性において責任を持つ。

McKinsey & Company 公式サイトより

昇進するか、辞めるか——「Up or Out」の実態とは？

外資系コンサルは、しばしば「Up or Out」（昇進するか、辞めるか）と言われるように、厳しい競争原理がはたらく世界だ。では、コンサルタントたちはどのように評価され、どのようにして昇進していくのか？　その「Up or Out」の内実をご紹介しよう。ただし、以下はあくまでも一つの例であり、大まかなイメージとしての解説であることを予めご了承願いたい。

ある年、あるコンサルティング・ファームの新卒採用者が二〇人いたとする。彼らのうち、一年後にファームに残っているのは、場合によっては一〇人前後のこともある。その期により、多くのメンバーが残ることもあれば、半数ほどのメンバーが新しいキャリアを選択する場合もあり、その幅は期によって変わる。

実際、私の同期のうち、一年後に残っていたのは半分。その半分も、その上のアソシエイト、ＥＭと進むにつれて、また半分、また半分と減っていくわけだが……。ただし、去っていった人たちの全員が、「Up or Out」で言うところの「Ｏｕｔ」によって退職を余儀なくされたわけではない。本人にとってより魅力的な職場を見つけて転職していった人もいる。早々に起業して成功している人もいる。

私の同期には、第二新卒のメンバーが何人かいた。一〜二年間、ある会社で勤め、第二新卒として新しい会社で再スタートを切るというケースは、特に外資系企業でキャリアをスタートする人には少なくない。第二新卒の同期は社会人経験が数年あるため、同じＢＡという役職でも高い能力を発揮していたことを覚えている。

コンサルタントの昇進を決定するメンター制度

私の時代のＢＡは、入社と同時に東京オフィスの中で一〜二カ月の研修プログラムを受けてから、プロジェクトに配属された。その後は、基本的にＯＪＴ（On the Job Training）、つまり実際の業務を通して仕事を覚えていく。配属されたプロジェクトの担当マネージャーからアドバイスを受けたり、高い評価を受けている先輩や同期の仕事ぶりに学びながら、自身がやるべきことを理解し実践することでコンサルタントとしての自立を目指すのだ。

入社から一年ほど経ったころには、海外のオフィスも含めて同じ時期に入社したコンサルタントたちを対象とした研修が行われたこともあった。ＢＡに限らず、職位が一つ上がるごとに、その役職を全うするためのトレーニングがオフィスをまたいで準備されていた。

また、コンサルタント一人ひとりに対し、正式にメンターがあてがわれる。アナリストの場合は、若手のパートナーたちがその役割を担う。アソシエイトに昇進するために必要な心構えやスキルに関するアドバイスを与えてくれるのだ。キャリアアップをサポートしてくれる役割だと言えるが、一方、昇進を左右する重要な人たちでもある。

たいていのファームでは、コンサルタントは、半年ごとなど定期的に、評価・査定の対象となるのが一般的だ。たとえば五段階評価で成績をつけられる。ただ、一度高い評価をもらえたからといって即昇進となるわけではない。メンターたちが定期的に集まり、各人の評価を議論して決め、その中から昇進の対象となるコンサルタントを抽出するのだ。そして昇進の推薦を受けたコンサルタントについて、その半年間に関わったプロジェクトの担当マネージャーや担当パートナーからヒアリングを行い、昇進させるかどうかを検討する。

たとえば、メンターたちで構成される新卒採用評価委員が「ＢＡのタナカ君はアソシエイトにしても十分に価値を発揮できるはずだ。なぜなら……」と推薦の理由を記した評価レポートを提出し、それに基づいてパートナーを交えた評価会議での議論が行われる、といった具合だ。

その評価会議で出席者が特段の異論を唱えなければ昇進が認められる。反対の声が上がるようなら、メンターは「いえ、それは大丈夫です。なぜなら……」と推薦理由をもうひと押しする。それでも反対意見が消えない場合は「では、もう半年、様子を見ましょうか」という結論になるわけだ。

私はコンサルタントとして多くの企業の人事評価システムを見てきたが、役員クラスのメンバーが、ここまで多くの時間と労力を人材の育成や評価に使っている業態はあまり見たことがない。時期にもよるが、役員たちは時間の半分近くを後進の育成に使うこともあるほどだ。コンサルティングという業態で価値を出し続けるには、優秀な人材を育成し続けることがなによりも大切なカギとなるからだろう。

コンサルタントが辞職を決意するとき

評価が、たとえば、「Excellent・Good・Average・Fair・Poor」という五段階で行われる場合、下から二番目のFairはイエローカード、最低のPoorはレッドカードを意味する。つまり、Poorをつけられてしまうと一発で、Fairの場合は二回連続でつけられると、ファームの外の選択肢を検討し始めなければならないというニュアンスが込められている。

二〇人のアナリストが一年後には半分に減ることも珍しくないと先ほど書いたが、それはつまり、こうした査定によって「Ｏｕｔ」と判断されるか、もしくは自ら転職を決める人がその程度出てくるということだ。評価は実力に対する絶対評価のため、ビジネスの景気に左右されることは原則的にはない。ただ、リーマンショック後の不況時にダウンサイズするファームが見られたように、コンサルティング・ファームにも実力以外の要因による人事政策の変動はありうる。景気が良ければアソシエイトの人員を増やしたいと考えることもあるはずだし、あるいは景気の悪化を背景に、採用や昇進者の数の縮小を検討しなければならないファームが出てくることも当然あるだろう。

さて、こうした評価システムを採用している以上、同期入社であっても、自然と昇進のスピードには差がつくことになるわけだが、Ｏｕｔを宣告されることはないものの、アナリストのまま昇進できないでいた場合、どうなるか？　ファームに残れるのは三〜四年が限度だろう（年数はファームによって異なる）。

言い換えれば、三〜四年目の段階でアソシエイトになれる可能性が低い評価しか得られなかった場合も、他のキャリアを検討することになるわけだ。

アソシエイトは、こうしてアナリストから昇進した新卒組と、中途採用組で構成される。教育・評価の仕組みはアナリストと似ていると考えて問題ない。やはり三〜四年でマネージャーへの昇進を勝ち取れなければ、ファーム外でのキャリアを検討しなければならない。アソシエイトからマネージャーへと昇進できる確率は、本人の適性次第で、一概に何％と言い切ることは難しい。適性があるコンサルタントが多い場合は、同期の多くが昇進することになるだろうし、その逆の場合ももちろんある。

その先のパートナーへと進むには、前述の通り、どれだけ仕事を獲得できるかだ。プロジェクトの実行を通してクライアントと信頼関係を構築し、新たなプロジェクトを自ら獲得する力があるかどうかを問われるわけだ。さらに、それぞれが所属するファームのフィロソフィーを体現できる人物であるかどうかも、重要な判断基準となってくる。

それぞれの職位の給与については、非公開情報であるためあくまでイメージだが、外資系コンサルティング・ファームの場合、新卒のアナリストクラスが年収五〇〇万円〜、アソシエイトクラスが一〇〇〇万円〜、マネージャークラスが一五〇〇万円前後。パートナーは、二〇〇〇万円前後から、上は億の単位になるケースもある。最初はさほどではないものの、昇進にともなう昇給のスピードは、他の業界に比べて極めて速いことに驚くかもしれない。が、あくまでも残れたごく一部の人だけのものと思えば当然とも言えないだろうか。

コンサルのキャリアパス① 投資ファンド

スキルが生きるセカンドキャリア

これまで解説してきたように、人員の新陳代謝が活発なコンサルティング業界だが、望むと望まざるとにかかわらずコンサルティング・ファームを去っていった人々は、どのような道に進むのだろうか。ここからは、コンサルタントたちの代表的なセカンドキャリアについてご紹介しよう。

セカンドキャリアで花開き、成功している人は少なくない。ただし、どんなに狭き門であってもコンサルティング・ファームに束の間在籍したからといって、特段の努力もしないままその後の人生も保証されるほどビジネス社会が甘くはないのは、他の職業と変わらない。このことは、特に学生諸君は知っておいたほうがいいだろう。

コンサルタントという職業に愛着があって、他のファームへ活躍の場を求めるケースもあるが、実際のところは、コンサルタントとして培った能力を違った角度で発揮しようと、コンサルティング以外の業界を選ぶ人が多い。

代表的な例が投資ファンドだ。特にプライベート・エクイティ（PE）ファンドは、コンサルタントの転職先として有力な選択肢になっている。

PEファンドとは、第一章のベインの歴史を説明するなかでも触れた通り、ある企業の株を大量に取得して経営に直接的に関与し、企業価値を高めて高値で売却することによって利益を得ようとする投資ファンドのこと。中長期的なスパンで企業価値の向上、すなわち経営課題を解決し、事業の再生や成長を図るのがPEファンドの腕の見せどころだ。つまり、その実質的な仕事の中身は経営コンサルティングと重なる部分が多く、コンサル経験者が力を発揮しやすい環境だと言える。

たとえば、PEファンドが買収前に会社のポテンシャルを見極めるときには、財務数字だけでなく、市場や競合環境また対象会社の強み・弱みなど会社の本質的な価値を科学的に分析したうえで、企業価値を算定する。また実際に買収したあとは、見極めたポテンシャルの実現のために、自ら会社の経営に積極的に関与し、リーダーシップを発揮する。

日本では二〇〇三年頃からPEファンドの活動が活発化していったが、それにともなってコンサルティング・ファームからPEファンドへ移る人が増えていった。ファンドのメンバーとして投資先企業の選定や交渉を行ったり、パートナーレベルのコンサル出身者が、買収先の企業の経営を任されることも多い。

ただし、ＰＥファンドに転職すれば必ず買収先の経営に関与できるかと言えば、そうでもないという点には留意したいところだ。一つのＰＥファンドが手がける買収案件の数は、活発なファンドでも年に一件程度、少ないところでは数年間買収が実行できないケースも珍しくない。ファンドの状況によっては、コンサルから転職したはいいが、アウトサイダーとしての企業分析や営業資料の作成などの仕事に長い期間関わらざるを得ず、コンサル時代と比べて物足りなさを感じる場合もあるという。

ＰＥファンドとして有名なのは、ベインから派生したベインキャピタルだ。ＰＥファンドの中でも特にコンサルアプローチを重視するファンドとして有名で、日本には二〇〇六年に進出してきて以来、現在までに八件の企業買収を実現している。

二〇一〇年に買収し二〇一三年の売却で高いリターンを得たドミノ・ピザジャパン、二〇一一年に買収し二〇一四年に再上場を実現したすかいらーくなどが顕著な成功例だ。関係者によると、ベインキャピタル日本法人では、社員の六〜七割もがコンサル出身者だという。

その他のＰＥファンドには、ブーズ・アレン・ハミルトンの政府機関コンサルティング部門を買収したカーライル・グループ、パナソニックのヘルスケア部門を買収したコールバーグ・クラビス・ロバーツ（ＫＫＲ）といった外資系ファンドや、ユニゾン・キャピタル、アドバンテッジ・パートナーズといった国内系のファンドがある。

PE ファンド一覧

[PEファンド会社名]	[本社]	[直近5年間募集済み金額]（単位：10億ドル）
TPG Capital	テキサス	50.6(約5兆9614億円)
Goldman Sachs Principal Investment Area	NY	47.2(約5兆5608億円)
The Carlyle Group	ワシントンDC	40.5(約4兆7714億円)
Kohlberg Kravis Roberts (KKR)	NY	40.2(約4兆7361億円)
The Blackstone Group	NY	36.4(約4兆2884億円)
Apollo Global Management	NY	33.8(約3兆9821億円)
Bain Capital	ボストン	29.4(約3兆4637億円)
CVC Capital Partners	ロンドン	25.1(約2兆9571億円)
First Reserve Corporation	コネチカット	19.0(約2兆2385億円)
Hellman & Friedman	サンフランシスコ	17.2(約2兆264億円)
Apax Partners	ロンドン	16.6(約1兆9557億円)

出典：Private Equity International
1ドル＝117.8円として計算

PE ファンドで活躍するおもなコンサル出身者（生年順）

[氏名]	[生年]	[出身ファーム]	[携わったPEファンド]	[役職]
ローランド・ベルガー	1937	BCG	The Blackstone Group	顧問
カーター・ベールズ	1938	McKinsey & Company	NewWorld Capital Group	代表取締役社長
ルイス・ガースナー	1942	McKinsey & Company	The Carlyle Group	元代表取締役社長
ロナルド・コーエン	1945	McKinsey & Company	Apax Partners	創設者
ミット・ロムニー	1947	Bain & Company	Bain Capital	パートナー
アーサー・D・コリンズ	1947	Booz & Company	Oak Hill Capital Partners	シニア・アドバイザー
アン・グローバー	1954	Bain & Company	Amadeus Capital Partners	共同創設者
ビル・ブロウダー	1964	BCG	Hermitage Capital Management	共同創設者
プラシャント・パサック	不詳	McKinsey & Company	ReichmannHauer Capital Partners	業務執行役員
マイケル・チュウ	不詳	BCG	Kohlberg Kravis Roberts	元パートナー
マーティン・ハルーザ	不詳	BCG	Apax Partners	CEO
ジェフ・バスガング	不詳	BCG	Flybridge Capital Partners	ゼネラル・パートナー
マイケル・アイゼンソン	不詳	BCG	Charlesbank Capital Partners	共同創設者

各ファンド公式サイトより

コンサルのキャリアパス② 事業会社

安定人気のセカンドキャリア

以前からコンサルタントがセカンドキャリアの一つとして選択肢に加えてきたのが、事業会社、つまりふつうの企業だ。

このうち、外資系の事業会社への転職者はいつの時代も一定の割合を占めている。私の感覚では、コンサルからの転職者のうち二〜三割程度が、外資系企業に進む。自動車メーカーや家電メーカー、さらにＩＴビジネスが台頭してきたここ数年は、ＡｍａｚｏｎやＧｏｏｇｌｅといったインターネット関連企業も多い。

また最近では、国内資本で勢いのある新興企業も少なくない。ＤｅＮＡ、グリー、楽天などだ。マネージャーでコンサルティング業界に別れを告げ、これらの企業の事業部長クラスとして迎えられる、というのがよくあるケースだ。

新興企業が転職先として人気がある理由には、それらの企業には若くして要職を務める働き手が多いことが考えられる。これが、たとえばＴＯＹＯＴＡや旧財閥系の各社のような歴史のある超大手企業だったりすると、たとえ「マッキンゼーでプロジェクト・マネージャーをやっていました」などとアピールしても、いきなり役員クラスで迎えられるようなことは考えにくい。しかし三〇代の若手を重用する風潮の強い新興企業なら、それなりの役職を入社時点で確約してもらえることが多い。

もう一つ、転職先の事業会社の業種として注目すべきは、製薬会社だ。そもそも製薬は、コンサルティング・ファームをもっともよく利用する業界の一つなので、製薬カテゴリーで経験を積んだコンサルタントに対するニーズは他業種に比べて高くなっている。実際、経営企画部門などのポストを用意されるケースがよくあるようだ。

しかも近年は、コンサルティング・ファームが中途採用の対象として、医師の資格を持つ人をターゲットに入れているという事情もある。医療の専門知識があることで、製薬カテゴリーのプロジェクトにおいて他のコンサルタントにないバリューを発揮できる可能性が高いからだ。そうしたキャリアのコンサルタントが、次のステージとして製薬会社を選ぶのは自然なことだろう。

実は、コンサルタントの中には、事業会社に対するコンプレックスを抱いている人が一定数いる。三カ月のプロジェクト期間中しかおつき合いできない、戦略の提案だけで終わってしまって実行のフェーズまで責任を持って関与しきれない、といったことにもどかしさを感じるコンサルタントが、主体者の側に回ることを求めて事業会社を志すのだ。

だが、そうした理由だけで転職すると、事業会社の中で社内コンサルを担う役割をあてがわれるなどして、コンサル時代となにも変わらない、むしろ仕事の幅が狭くなっただけ、という状況に陥る危険性がある。

コンサルタントとして得たスキルや観点をその事業会社でどのように活用するのか、既存の社員にはないバリューをどうやって発揮するのか、そうしたビジョンをしっかりと描いたうえで決断することが重要だと強く思う。

事業会社で活躍するコンサル出身者

[氏名]	[出身ファーム]	[携わっている事業会社]	[職位]
マー・アーミル	A. T. Kearney	Coupons.com	CFO/COO
スティーヴ・ブラッツピーズ	A. T. Kearney	Walmart U.S.	副社長
ケビン・ロリンズ	Bain & Company	Dell Computer	元CEO
メグ・ホイットマン	Bain & Company	Hewlett Packard	代表取締役会長兼CEO
インドラ・ヌーイ	BCG	PepsiCo	代表取締役会長兼CEO
ジャン=クリストフ・バービン	BCG	TAG Heuer	元CEO
ジェフリー・イメルト	BCG	General Electric	代表取締役会長兼CEO
ジェームズ・マックナーニ	McKinsey & Company	Boeing	代表取締役会長兼CEO
シェリル・サンドバーグ	McKinsey & Company	Facebook	COO
ヴォルフガング・ベルンハルト	McKinsey & Company	DAIMLER	取締役
エリック・シュピーゲル	Strategy&	Siemens (USA)	代表取締役社長兼CEO
ジョルジュ・エスピネル	Strategy&	Spotify	グローバル事業部長
キース・フォックス	Strategy&	Phaidon	CEO
トッド・ラーセン	Strategy&	Time Inc.	副社長

各社公式サイトより作成

起業したおもなコンサル出身者

[氏名]	[出身ファーム]	[起業した会社]	[事業内容]
エリカ・ベル	A. T. Kearney	Hukkster	Webサービス(価格比較)
ロイヤル・リトル	Arthur D. Little	Textron, Inc.	機械工業、金融、乗用車
サム・マーリン	Arthur D. Little	Madagascar Oil	石油採掘・卸売
マーク・ピンカス	Bain & Company	Zynga	ソーシャルゲーム開発
フェデリコ・マルケッティ	Bain & Company	YOOX Group	ファッションブランド
マイケル・コロウィッチ	Bain & Company	ZDNet, AT&T New Media	メディア運営
スティーヴ・ハフナー	BCG	Kayak.com, Orbitz	Webサービス(旅行者向け)
ジム・コッホ	BCG	Boston Beer Company	ビール製造
オースティン・ライゴン	BCG	CarMax	自動車販売
サイモン・グリンスキー	McKinsey & Company	Match.com	Webサービス
ナヴィーン・テワリ	McKinsey & Company	InMobi	モバイル広告
ピーター・サム	McKinsey & Company	Ethos Water	飲用水の製造・販売
ジョージ・アップリング	Strategy&	Xelibri	携帯電話製造
ジョナサン・S・ブッシュ	Strategy&	athenahealth	Webサービス(開業医向け)

各社公式サイトより作成

コンサルのキャリアパス③ 起業・その他

活躍するコンサル出身の起業家たち

私がマッキンゼーに入社した二〇〇〇年頃は、コンサルタントを辞めて自ら起業する人が非常に多かった。その時期にマッキンゼーを退職した有名な起業家としては、ネットスーパー「オイシックス」の高島宏平氏、DeNAの南場智子氏、環境事業を手がける「レノバ（旧リサイクルワン）」の木南陽介氏などがいる。彼らはみな、新卒入社組だ。同じく新卒でマッキンゼーに入った当時の私は彼らの姿を見て、「新卒の優秀なコンサルタントは起業という道を選ぶものなんだ」と思っていた。だが、それ以降は起業する人のペースはかなり落ち着いて現在に至っている。

コンサルタントが起業した会社が成功する確率が高いかどうか、確かなことは言えない。ただ、その他の起業家に比べてアドバンテージがあるとすれば、コンサルタントは数年で辞めることになる可能性が高いがゆえに、次のキャリアプランに頭を巡らす時間が長い点だろう。

大手商社に入れば、よほどのことがない限り突然解雇されるようなことはなく、「今」に集中する度合いが必然的に高くなる。しかし、数年後の身分が保証されていないコンサルタントは、転職するならどこがいいか、起業するならどんなビジネスか、といったことを常に考えていなければならないのだ。

ちなみに、私のようにコンサルティング・ファームを設立するのは極めて稀なケースだ。BCG出身者では、「ドリームインキュベータ」の堀紘一氏、「経営共創基盤」の冨山和彦氏、人事・組織系ファーム「アルー」を設立した落合文四郎氏などの名前を挙げることができるが、マッキンゼー出身となると、私のほかにそのような人がいたという話は不思議と聞いたことがない。

さて、もう一つ、コンサル出身者の受け皿となっているのがエグゼクティブ・サーチ（ヘッドハンティング）の世界だ。コンサルティングの仕事を進める過程では、戦略を立案した結果、新たな事業部長や取締役が必要であるという結論に達することがままある。そうした場合、コンサルティング・ファームの善意によって、「あの会社のあの人が適任ではないか」と助言をしたり、紹介をしたりすることがある。

コンサル時代に構築したトップ層とのコネクションや人材を見抜く眼力を生かす業態として、エグゼクティブ・サーチ業界に身を投じるコンサルタントも少数ながらいる。

コンサルタントの働き方① コンサルの一日

午前中は資料作成、午後はミーティング

コンサルタントとして働く人々は、どのような日常を送っているのだろうか？

ここからは、コンサルタントの日常についてご紹介する。人によって、仕事の局面によって、時間の使い方は変わってくるものなので一般化するのは難しいが、ここでは可能な限り平準化した典型的な新人コンサルタント（アナリスト）の生活スタイルを、ありがちなハプニングとともに描いてみることにしたい。

無理してでも、オフィスの至近距離に住む

さて、まず住まいのことから。仮にオフィスが六本木にあるとすれば、たいていのコンサルタント

は麻布十番あたりに部屋を借りる。当然、都心部であるため家賃は高い。新卒だと、いくら晴れてコンサルティング・ファームに採用されたといっても、さほど飛び抜けて高給というわけでもない。それでも、ここで、都心は家賃が高いなどと言うようでは、率直に言って、先が危うい。

野心的な、つまり、通常の新人コンサルタントは、時間効率を最大化するためには通勤時間は短いほうが好ましいという判断から、オフィスまで徒歩でも一〇分前後、タクシーならワンメーターといった距離に部屋を借りる。

それだけの近さなら、前日の深夜まで残業していたとしても、翌朝八時半に目覚めて着替えをすませ、三〇分後の九時には出勤することができるからだ。これをもって、ブラック企業などと言う人は、当然ながら、いない。

午前中は、クライアントとの打ち合わせや関係者のインタビューなどが入っていない限り、デスクワークが中心だ。自分がメンバーとして所属しているプロジェクトチームのマネージャーの指示に従って、プレゼン資料の作成やブラッシュアップ、情報収集といった作業を一気にこなしていく。

経営コンサルタントの1週間のスケジュール例

戦略アナリストの場合（プロジェクト終盤：最終報告前）

凡例：社内コミュニケーション／個人作業／外部コミュニケーション

時間軸：9:00　10:00　11:00　12:00　13:00　14:00　15:00　16:00　17:00　18:00　19:00　20:00　21:00　22:00　23:00　0:00　1:00

フェーズ：提案／キックオフ／仮説検証／最終報告（マネジャーの仕事／コンサルタントの仕事）

月曜日	出社 ▸分析　午後からの定例ミーティングに備えて、プレゼン資料をつめる。最終報告会が近いので、プレゼン作業が多い。 急いで遅めの昼食。 ▸社外ミーティング　定例ミーティング。200枚のプレゼン資料を印刷してチェック。足りない部分が出てきた。 ▸社内ヒアリング　振られた担当部分について、コンサルタントとディスカッション。指示とアドバイスをもらう。 ▸情報収集　必要な分析のためのデータを整理する。ここに意外と時間がかかる。 帰宅
火曜日	出社 ▸情報収集　昨日のデータ収集の続きをする。 気分転換に外で昼食。 ▸分析　データ収集が完了し、分析に入る。 ▸社内ヒアリング　分析が煮詰まったので、コンサルタントに相談にいく。 ▸分析　もらったアドバイスを元にもう少し粘ってみる。 帰宅
水曜日	出社 ▸分析　引き続き分析。ようやくメドがつく。 昼食はテイクアウト。 ちょっと寝不足なので、会議室で昼寝。 ▸分析　分析結果をプレゼン資料に落とし込む。 ▸社内ヒアリング　成果物をコンサルタントに持っていく。OKが出てガッツポーズ。 ▸プライベート　今日は早めに帰ってジムで汗を流す。
木曜日	▸社内ヒアリング　出社。さっそく新しいタスクを振られた。上司と成果物のイメージを確認。 同期と昼食。 ▸分析　新しいタスクのためのデータ収集を始める。 ▸プライベート　仕事を少し抜け出して合コンに行く。盛り上がって楽しい時間を過ごす。 ▸分析　オフィスに戻ってきて、データ収集・整備を続ける。2時間抜けた分、帰宅時間も遅れる。
金曜日	▸出張&インタビュー　先輩コンサルタントに随行して朝一の飛行機で九州に出張。6本のインタビューに同席する。 ▸移動　日帰りで東京に戻ってそのままオフィスへ。 ▸資料作成&分析　本日のインタビューのメモを作成し、自分なりに意味することを抽出する。 帰宅
土曜日	午前中ゆっくりした後、午後から出社。 ▸分析　定例ミーティングに間に合うよう分析を続ける。定例ミーティングが月曜日なのは辛い。 メドがつき帰宅
日曜日	▸プライベート　ゆっくり休日を楽しむ。学生時代からの趣味のテニスに熱中。意識的に運動するようにしている。 ▸資料作成　分析結果をまとめて明日の定例会に出す資料を作成する。

神川貴実彦『コンサルティングの基本』より作成

徹夜の資料づくりは日常茶飯事!?

当日につくった資料のチェックを、その日の夜のうちに担当パートナーから受けることも多々ある。その資料に対する修正の指示が、パートナーによっては留守番電話のボイスメールに延々と吹き込まれていたり、プリントアウトに赤字で入れられていたりするのだ。

本来は社内の打ち合わせでチームに直接インプットをするのが一番なのだが、パートナーは日中、多忙なことが多い。そのため、クライアント先などを動き回っているパートナーからのインプットが、その日の夜になって、そのような形で知らされることが少なくなかった。

翌朝、チームメンバーが顔を突き合わせて、パートナーからのボイスメールを聞きながらメモをとったり、赤字入りの資料を読み込んだりしながら、自分の担当する部分を確認して、作業に入ることになるわけだ。

でも、翌日作業する時間がとれるのはいいほうで、夜、帰社したらパートナーからの、翌日の朝までの資料の作り直し〝依頼〟のボイスメールが入っていて、みなで慌てて朝までかかって修正、ということも珍しくなかった。

なお、コンサルタントは資料作成にパワーポイントを多用するが、必ずしもすべてを自分の手でつ

朝出社すると、ボイスメールの受信を知らせるランプが。

1件処理するうちにもう1件、別のボイスメールが入ることもしばしば。

くっているわけではない。手書きで描いたラフをパワーポイントにきれいに落とし込んでくれる専門のスタッフに頼むこともある。

この仕組みは、決してコンサルタントが楽をするためにあるのではない。パワーポイントをいじりながら資料をつくる時間よりも思考する時間を増やしたほうがクライアントに対する価値が最大化されるという価値観に基づいた判断だ。

とはいえ、自分でできないことを人に頼んでばかりでは成長しないし、急な対応のために自分でつくらなければならないことも多い。そこで、まずはどのコンサルタントも若いうちはパワーポイントが〝親友〟になり、その機能を隅から隅まで熟知することになる。

また〝インターナル〟と呼ばれる、チーム単位で行う社内ミーティングが開かれることも多い。午後あるいは夕方にクライアントミーティングが控えている日は、そこで使用する資料などの最終確認がインターナルで行われるのだ。

ここでも自分の担当分を確認してからそれぞれが作業を進め、クライアントミーティングの前に集約して細かな修正を重ねたうえで最終的な資料を完成させる。プリントアウトしてすぐに製本すると、結構な厚みになる（パッケージと呼ばれる）。必要な部数を揃えて紙袋に詰め、両手に抱えてクライアントのもとへ出向くのだ。

直前まで資料の修正を行うときは、印刷した修正分を脇に抱えてタクシーに駆け込む。

差し替えはタクシーの中。ギリギリまで資料のクオリティを高める。

誤りがないか何度も目を通した資料でも、ミーティング直前に間違いに気づき、緊急的に修正しなければならない状況が生まれることがある。オフィスで差し替える時間がなければ、クライアント企業に向かうタクシーの中でやるしかない。

到着までの二〇分間のうちに、一〇〇ページのパッケージ二〇部から特定のページを抜き、差し替え用のページを代わりに入れて綴じていく。最後は、車内に散らばった不要のページをぐしゃっと丸めてカバンに突っ込み、何事もなかったようにタクシーを降りるようなこともたまに起こった。

週次のクライアントミーティングが仕事の節目

クライアントミーティングは、丁々発止の議論を行う場というよりも、コンサルティング・ファーム側が用意した資料に沿って、マネージャーなどが口頭での説明を加えていく形で淡々と進む。打ち合わせというよりも〝発表〟という日本語のほうがイメージに近いかもしれない。

すでにクライアントの意向はプロジェクト開始時のキックオフミーティングで確認しているし、合意したスケジュールで分析が進んでいる場合は、議論の内容も繰り返し確認し共有されている。プレゼンにはそうした内容が反映されているため、ミーティングの場で大きな議論に発展するようなことはあまりないのだ。

しかしながら、進行に遅れが生じたり、情報が集まらず予定していたような分析ができなかったり、あるいは分析結果が想定外だったりすることもある。そういう場合、臨時のインターナルやクライアントミーティングがどんどん追加されていくケースもある。もちろんそこでは、文字通り、丁々発止の活発な議論が交わされることになるわけだ。

さて、このクライアントミーティングというのが、コンサルタントのおもな仕事の節目にあたり、週次で行われる。プロジェクト開始時のキックオフミーティング、中間地点での中間報告、最終のファイナルプレゼンに大別される。細かい単位では、週次ミーティングに照準を合わせて、毎週のスケジュールを組み立てていくことになる。

大まかな流れを書いてみよう。

キックオフミーティングでは、提案書で合意した、解くべき課題を再確認し、その解を導き出すためにプロジェクト期間中のスケジュールや実施する分析について合意する。プロジェクト開始からの数週間は現状認識の分析に使われ、そこで得た情報をベースに徐々に解の仮説づくりに移っていく。

中間報告では、現状認識に関してクライアントとファームの間に差異がなく、またそこから紡ぎ出された解の仮説の方向性にクライアントが納得できるかが勝負となる。

プロジェクトの後半では、中間報告である程度見えてきた仮説の証明に大きなパワーが使われ、分析の性質も必然的に前半とは異なってくる。前半は、ある程度網羅的に情報を収集・整理していき、改善の兆しを見つける作業だったのが、後半では数学の証明問題のように、仮説の妥当性やインパクトの試算、そして導入に向けたプランづくりがおもになる。

中間やファイナルの直前は、チームが労働集約型になる傾向が強いが、仮説を練り出すプロセスに苦戦すればプロジェクト前半であっても仕事はかなり厳しくなる。練り出された仮説の証明に必要なデータが揃わなかったり、信じていた仮説が結果間違っているとなると、プロジェクト終盤での方向修正を余儀なくされ、チームへの労働の負荷が重くなることもしばしばだ。

時間も質も体力も問われる

コンサルティング業界は、徹夜もしょっちゅうしなければならないような過酷な仕事だと思われがちだし、この項の最初にそういうことも珍しくないと書いたが、基本的には次の日までに終えなければならない作業内容は決まっているわけで、それを手際よく終えられる人は当然ながら徹夜する必要はない。

ただ、ある意味でコンサルタントの仕事には終わりがないとも言える。合格点をもらえる資料が完成したといっても、よりよいものを求めようと思えば、いくらでも手を加えることはできるからだ。特に日本人のコンサルタントはパーフェクトにこだわる気質が強く、一定の水準で区切りをつけるのが苦手なのかもしれない。

また、ときとして起こり得るのは次のようなケースだ。マネージャーの指示に沿って作業を進め、提案書の提出期限が三日後に迫っている。そんな最終段階まで来たところで、担当パートナーから「これではダメだ！　やり直し！」というどんでん返しの指示が飛んでくるのだ。そうなってしまった場合は四の五の言ってもしかたがない。チームメンバーは徹夜せざるを得ない、というわけだ。

これは、パートナーとマネージャーとのコミュニケーションに齟齬が生じたときや、チームで追っていた仮説が証明できなかったり、仮説の精度が低かったときなどに起こるケースだ。このとき、チームメンバーはただ不運だと嘆くのではなく、むしろみんなでその責任を共有し、ベストな提案に持っていくまで歯を食いしばって任務を遂行するしかない。クライアントに対し、「我々の仮説が間違っていたので、提案までにあと二カ月ください」などということは、あってはならないことだからだ。

こうした短期集中型の仕事の場合、チームルームという一室にメンバーが詰め、全員で作業を分担して資料をつくってはパートナーに修正指示を仰ぐことになる。夜を徹してその作業を繰り返していくと、チームルームはさながら〝合宿所〟の様相を呈してきて、いつの間にか、部屋には缶コーヒーなどの空き缶が山となるのだ。

激務が続けば、体調も崩しがちになるものだが、クライアントへの価値提供がもっとも大切なミッションの一つであるため、とにかく〝みんな頑張る〟のが常だ。プロフェッショナルとしての意地と言ってもいいのかもしれない。

「ちょっと熱が……」と言ったところで簡単には休めないことはコンサルタント自身がよくわかっている。「体調を優先して今日は休んだほうがいいぞ」というマネージャーの優しい言葉の後ろには、内心の「体調管理くらいちゃんとしておけ」というマイナス印象とともに、たいてい「でも、これだけはお昼までにやっといてね」という注文が続く。

ただ、若手のコンサルタントには、他の業種にはあまりない休暇の仕組みがある。プロジェクトは必ず、約束したタイミングで終わる。それはプロフェッショナルとして、約束した期日までに確実に価値を提供することを旨としているからだ。

チーム全員が一つの部屋に集まって作業開始。

作業が長引くと、チームルームは合宿所のような様相を呈することも。

つまり逆に言えば、もし一週間休みたいのなら、プロジェクトとプロジェクトの間を狙って事前に申請すればいいのだ。あるコンサルタントは、一年分の有給をまとめて使い、年に一度、丸一カ月間の旅行でリフレッシュすることにしているそうだ。プロジェクト期間中にぽっかり穴を開けることは、他のチームメンバーに迷惑をかけることにもなり、よっぽどのことがない限り避ける。

週末、オフの時間の使い方は人それぞれだが、金曜日のうちにやることをすませ、土日はきっちり休養に充てる人は少なくない。とはいえ、休みの間にも上司から携帯のボイスメールに指示が吹き込まれていることも多いし、月曜日の朝までにやっておかねばならない仕事がたいていの場合は割り振られている。このため、日曜日の夜あたりから頭を仕事モードに切り替える人が多いはずだ。

平日は、誰かと約束をしても突発的な仕事によってドタキャンすることになる可能性が高いため、夜に飲みに出かけることは難しいだろう。しかし、自分の責任を全うし、オンとオフのメリハリをきちんとコントロールできていれば、自分の時間を持てないことはないはずだ。

コンサルタントの働き方② プロジェクトの初めから終わりまで

膨大なリサーチと資料作成

若手コンサルタントの仕事は、基本的にはプロジェクト・ベース。つまり、あるプロジェクトのチームメンバーに入って三カ月間で完了すると、また次のプロジェクトのメンバーに入り、新たな仕事がスタートする、その繰り返しだ。

プロジェクトは、資料の読み込みから始まる。クライアントから箱詰めにして届けられる分厚いファイル、そのクライアントとの過去のプロジェクトに関するすべての資料、今回のプロジェクトの提案書やその提案に至ることになった関連資料など、コンサルタントは最初の一～二日間でそのすべてに目を通しプロジェクトの要点を把握することが求められる。

売上等の各種データや、クライアントが自社で分析したレポートなど、その量は膨大だ。これらの情報を頭に入れることでクライアントの置かれている現状を分析・整理し、数十ページ、ときには一○○ページを超える「ファクトパック」と呼ばれるレポートを作成することになる。

新たに関わるプロジェクトが、自分がこれまで担当してこなかった業界であったりすると、基礎的

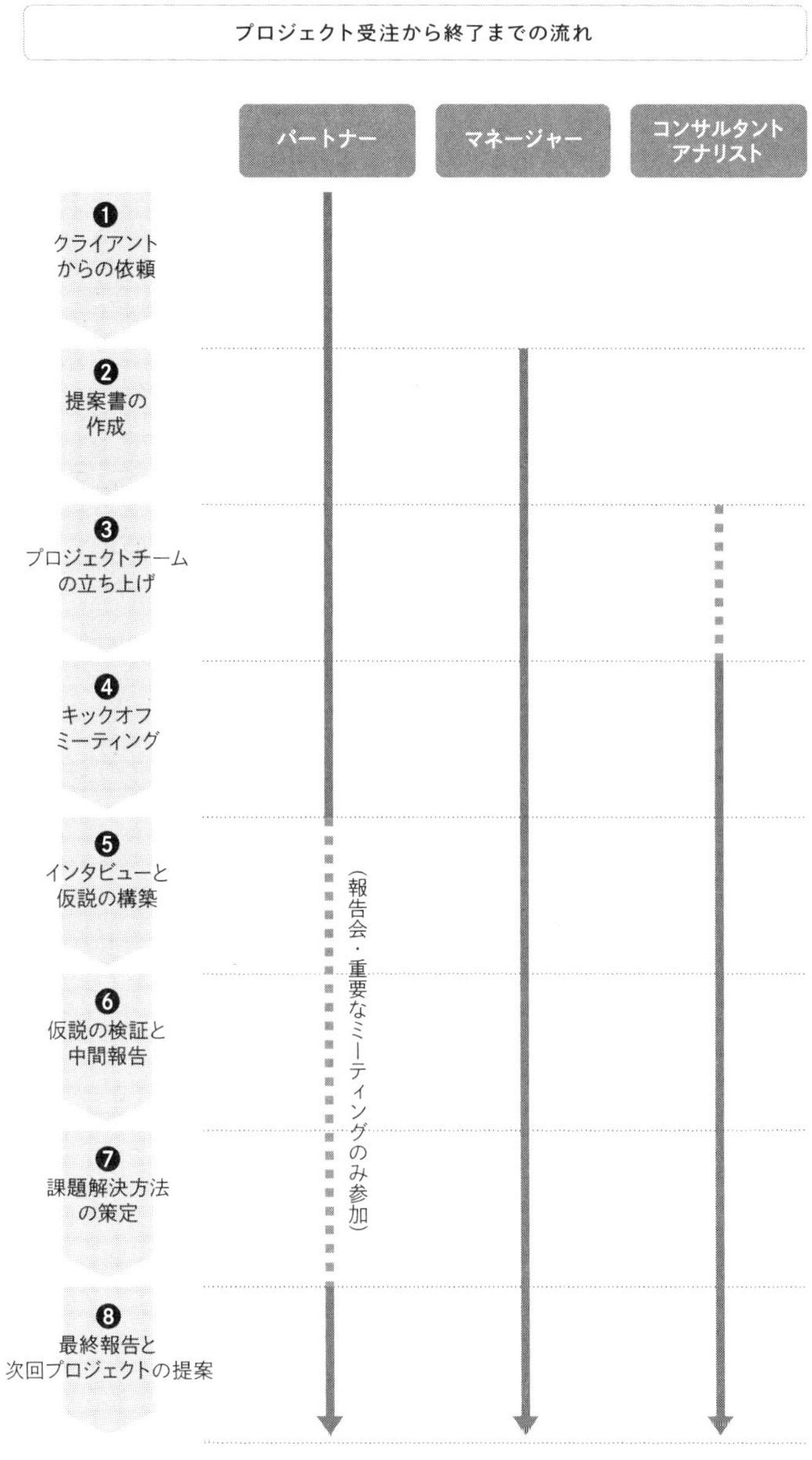

神川貴実彦『コンサルティングの基本』より作成

な知識の勉強から始めなければならない。市場構造や競合の状況などを学びつつ資料を読み込む必要があり、プロジェクトの最初の一週間は時間との戦いになる。

また仮説を立てるための地道なリサーチも、プロジェクト初期の重要な任務の一つだ。たとえば、クライアントの優秀な営業マンと、成績の悪い営業マンにそれぞれ若手のコンサルタントが一定期間同行する。優秀な営業マンとそうでない営業マンの行動にはどんな違いがあるのか、その差を明らかにすることで、クライアントの営業力向上を実現するために必要な施策の仮説を立てることができるようになるわけだ。

クライアントが仮説に可能性を感じれば、その証明に向けての具体的な手立てに入る。たとえば「全営業スタッフを対象に大規模なアンケート調査を行ってみましょう」などといった、仮説証明をするための分析へとつなげることができる。

一つのプロジェクトは三カ月〜数カ月間というのがオーソドックスなスタイルで、誰がどんな業務を担うのかは最初の段階からある程度は見えている。そして、仕事を割り振られたコンサルタントは、決められた時間の中で作業を完結させるべく奮闘することになる。

たとえばインターネットサーベイを実施することになっているのなら、ネット調査の業者に見積もりを依頼し、サーベイの中身の設計を進める必要がある。そうした業務は一定の時間が必要になってくるため、着手が遅れてしまうとのちのちのスケジュールに響いてしまう。クライアントの社員へのインタビューもしかり。日時調整などは迅速に進めなければ、期間内にアポイントがとれないといった状況に陥りかねない。

前節でも述べたように、概ね一週間ごとにクライアントとの定例会議が設けられることが多いが、こうした定例会議には、クライアント側からは現場レベルの責任者である部長クラス、コンサルティング・ファーム側からはプロジェクト・マネージャーが参加し、進捗状況の報告や今後の作業の確認を行う。それに合わせ、コンサルタントも一週間単位で仕事の段取りを組んで業務を消化していくイメージだ。

そして中間報告を経て、三カ月～数カ月間の最後を締めくくる会議で、今回のプロジェクトの成果を発表することになる。プレゼンを聞いたクライアントが「今いただいた提言を、我々がこれから具体的に実行していきたいと思います」などと意思表明する形でプロジェクト終了となる場合が多いが、「この領域についての、より詳細な分析をさらにお願いしたい」という追加発注につながるケースもある。

形式上は、戦略を提案した時点で一つのプロジェクトが終わりを迎えることになるわけだが、担当パートナーは、提案した戦略の導入・実行に関するアドバイスを引き続き行うことが多い。継続的にクライアントの相談相手を務めることで、次のプロジェクトの提案機会をうかがうのだ。

ただ、ほとんどの場合、チームメンバーはプロジェクト終了後の状況については関知する立場にない。一つのプロジェクトを終えれば、すぐに翌週からはまた新たなチームのメンバーに入り、全く違うプロジェクトを遂行するのみ。その後の展開については、担当パートナーとの立ち話や食事の場で話してもらったりして初めて知ることができる。ときには、新聞を通じて「ああ、あのときに提案した戦略が実行に移されているんだな」とわかったこともあるくらいだ。

前節で、プロジェクトとプロジェクトの間に休暇をとることができる、と書いたが、それは事前に申請してあった場合で、毎回毎回、そんなことをしていられるわけではない。少なくとも、その程度の意識ではコンサルタントとして長いキャリアを積むことはできないだろう。プロジェクトとプロジェクトの間にちょっとゆっくりできる時間がほしい、という考え方は通用しないのだ。

前述の通り、プロジェクトは期間が限定されていて、タイムマネジメントも綿密に行われている。つまり、現在担当しているプロジェクトをいつ終えて、いつから体が空くのか、ファーム内で可視化されている。このため、コンサルタントはプロジェクト終了の二週間前くらいになると、他のプロジェクトを担当しているパートナーから「あと二週間だよね」などとお声がかかる。そして次のプロジェクトの資料をどさっと手渡され、「読んどいて」と言われる。オフィシャルには、プロジェクトのスタート一週間前くらいにチームメンバーが確定するのだが、そうした事前の根回しはすでに始まっているわけだ。

今日、あるプロジェクトが終わったら、次の日から新しいプロジェクトがスタートする。これは決して大げさな表現ではないし、プロジェクトの終盤になった段階で別のプロジェクトに投入されるコンサルタントもいる。逆に言えば、声がかからないようでは、そろそろ次の職場を考えたほうがよいだろう、ということだ。

ただ、パートナーから一方的にプロジェクトを割り振られるとは限らず、「プロジェクト・リスト」の中から自分の希望を出すことができるようになっているファームも多い（もちろん、希望通りになるとは限らない）。

コンサルタントの働き方③ クライアント先での仕事

いかに関係をつくり、情報を引き出すか

プロジェクトの期間中、コンサルタントがクライアント企業に常駐するケースも少なくない。ある日突然、社員以外の人間が職場に現れるというのは、経験したことのない人にとってはなかなか想像しにくいかもしれない。

これには二つのパターンがあって、一つは、ほかの社員と同じオフィスにコンサルタント用のデスクが設けられるパターン。そしてもう一つは、空いている会議室などをプロジェクトチーム用の部屋として使わせてもらうパターンだ。後者のパターンには、その部屋にいるのがコンサルタントだけという場合と、クライアント側のプロジェクトメンバーもコンサルタントとともにその部屋にデスクを置くケースがある。

コンサルティング・ファームには、文房具一式や書類を入れる段ボール箱などの〝常駐用セット〟が用意されており、常駐先の企業に仕事に必要なものを丸ごと送ってしまう。

常駐と言っても、実際の仕事の中身としてはコンサルティング・ファームのオフィスで行うことと

大きな違いはないが、クライアントとのディスカッションの頻度は自然と増える。常駐の最大のメリットは、やはりコミュニケーションを密にすることによってクライアントとの距離を縮められることだろう。

プロジェクトを遂行するうえでしばしば障害となるのは、分析の素材となるデータ等のやりとりが滞ること。現場レベルで良好な人間関係を築くことができれば、そうした問題が生じずにすむ可能性も高くなるというわけだ。

実際、現場社員の抵抗に遭い、コミュニケーションの重要性を痛感させられることは珍しくない。ある企業の工場を対象としたプロセス管理（生産性向上）のプロジェクトを命ぜられたチームが、その工場に出向いたときのことだ。コンサルタントたちが工場の中に入ろうとすると、工場長が出てきて、彼らの行く手を阻んだのだ。当然、クライアントのトップとコンサルティング・ファームのパートナーの間で了承されたプロジェクトだったはずだが、現場にまでその話が浸透していなかったらしい。

「コンサルティングなんてやってもらわなくても、自分たちで十分うまくいっている。どんなことをするつもりなのか、ちゃんと説明してもらわない限り、工場の中に入れることはできない」

そう主張する工場長を前に、コンサルタントたちは必死に説明を繰り返した。そうして工場に入れないまま、なんと一カ月近くの時間が過ぎてしまったという。

もちろん、マネージャーがクライアント企業のトップに「この工場長をどうにかしてください」と言えば、工場の中には入れたかもしれない。しかし、真の目的は工場のプロセスを改革することだ。工場長を含む現場担当者たちの理解を得ずしてそれを実現することはできるわけがない。

チームメンバーたちは来る日も来る日もデータを収集し、分析して、工場長の理解を得るべく粘り強く提案を繰り返した。そして約一カ月後にようやく、工場の中へ入ることを許されたのだった。

コンサルタントになるのに求められる能力の第一は、論理的思考力だった。しかし、現実のコンサルティングの仕事の難しさは、また別のところに潜んでいる。これなど、まさに、それを端的に表すエピソードだと言っていいだろう。

ある案件では、工場に入ろうとして工場長に入場拒否されたことが。

必死に資料を見せながら説明を尽くし、約1カ月後、ようやく入れてもらえた。

第五章

コンサルティング業界に求められる〝変革〟

日本はなぜ〝コンサル後進国〟なのか

経営コンサルティングの成り立ちについては第一章と第二章で詳説した通りだが、その歴史に触れて改めて痛感させられるのは、日本がいかに〝コンサル後進国〟であるかということだ。日本で活動しているコンサルタントのスキルが低いと言っているのではない。主要な外資系ファームが日本に進出し始め、国内でも独自のコンサルティング会社が生まれるようになった一九七〇年代以来、すでに四〇年近い歳月が流れているにもかかわらず、いまだに日本にはコンサルティングというビジネスが浸透していない、ということだ。コンサルタントが経営に深く関与することが当たり前となっている欧米とは、雲泥の差である。

あるコンサルティング・ファームが行った分析の結果で、興味深いものを見たことがある。それは縦軸に各国のGDPを、横軸にその国のコンサル産業の規模（おそらく、そのファームの売上からの予測値だろう）をプロットするというシンプルなチャートだった（P298参照）。

たとえば、GDPもコンサル産業も大きいアメリカは右上の象限に入り、GDPに比べてコンサル産業の規模が大きいドイツは右下の象限に入る。印象的だったのは、日本はGDPが巨大であるのに対してコンサル産業の規模がとても小さく、左上の象限の左隅に位置していたことだった。

さらに、何社かのパートナーから聞いた話では、そのファームの日本における売上は、ファーム全体の売上の一%程度にすぎないという。世界三位（当時は二位だった）の経済大国の日本で、売上構成比が一%。私が活動の拠点としているこの国はなぜ、コンサルというプロフェッションを受け入れないのだろう、と思ったものだ。

浸透しない、それはすなわち、欧米型のコンサルティングサービスが日本の企業経営者にとって魅力的なサービスになれていないことを意味するのではないか。ある経営者は最初から依頼する気にもならないだろうし、ある人はコンサルタントを起用しても思うような成果を得られなかった〝失敗体験〟に懲りているのかもしれない。

私は、コンサルティング・ファームのビジネス形態が、日本の企業風土や商習慣とミスマッチを起こしたまま現在に至っているのではないかと考えるようになった。

そこで、日本企業とコンサルティング側の間にどんな齟齬が生じているのかを、

①「対象」

②「期間」

各国のコンサルティング産業の市場規模とGDP

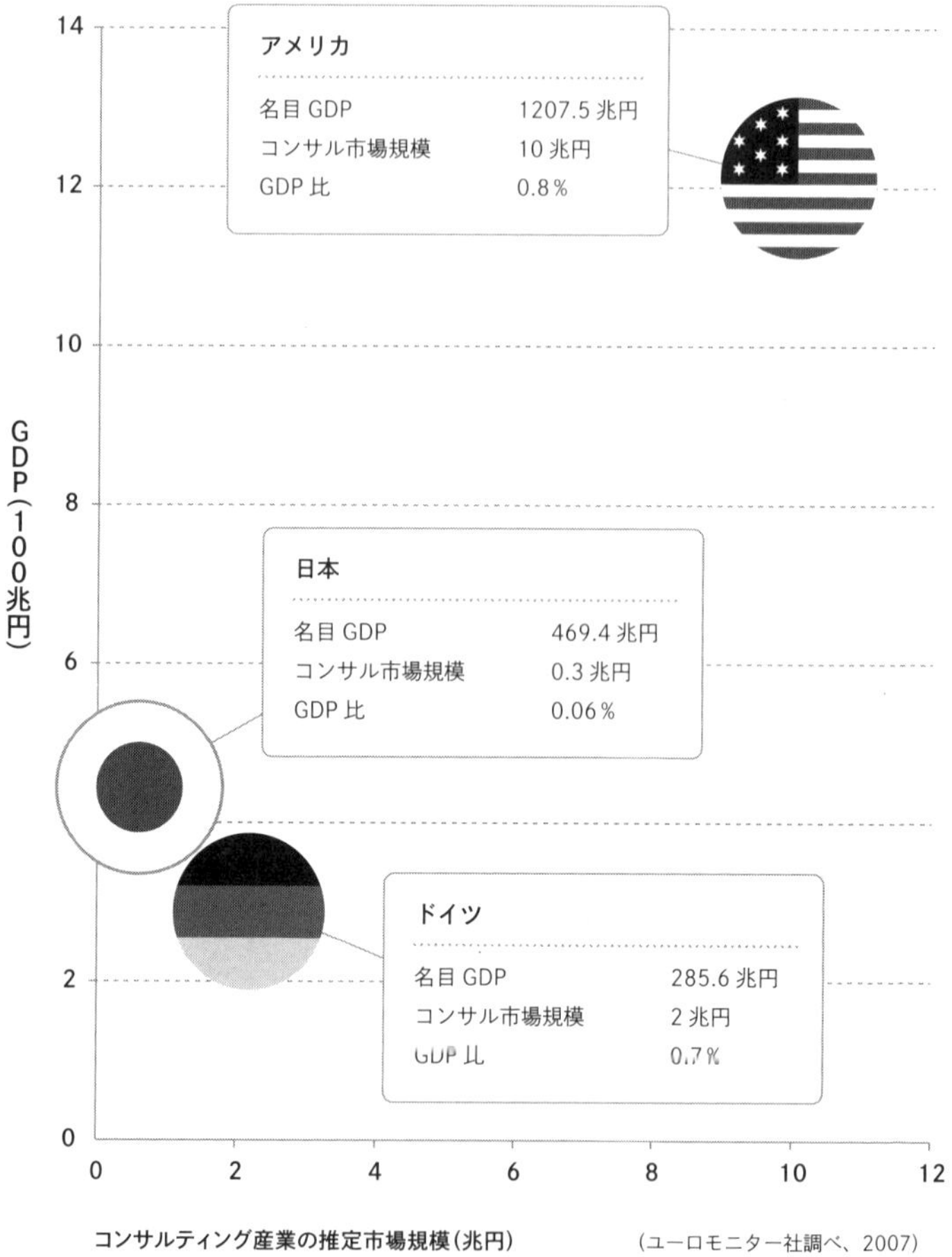

（ユーロモニター社調べ、2007）

アメリカやドイツのコンサルマーケットは、
GDP比で日本の約10倍以上

③「報酬」
④「人材」
⑤「領域」

の五つのトピックごとに私の考えをまとめ、コンサルティングを雇う側が考慮すべきことを解説していきたいと思う。それは、逆に言えば、コンサルティング側が改善すべきこととともなるだろう。

両者の間に横たわる問題点を明確化することは、コンサルティングを活用するユーザー（経営者）の側にとってもメリットのある試みだと考える。困難な経営課題に頭を悩ませ、コンサルティングの活用を検討している経営者はファーム選びの指針を得ることができるだろうし、コンサルティングにまつわる失敗談の持ち主は、いったいどこに問題があったのかを知ることができるに違いない。

さらに言えば、日本で露呈したコンサルティング業界の問題点を見つめ直すことは、日本のみならずグローバルなレベルで、コンサルティングというプロフェッションに新たな息吹をもたらすことにもなるはずだ。

コンサルティングは一〇〇年以上の歴史を経て〝完成形〟に達したかのように語られることも多いが、もっとも苦戦を強いられている日本だからこそ、他国では起こりえない進化を起こせるのではないだろうか。イノベーションというものは得てして、苦戦したマーケットから生まれるものである。

企業とコンサルのミスマッチ①対象

会社ではなく、人を「対象」とするコンサルを選べ

経営コンサルティング・ファームの掲げるミッションは、ファームによってさまざまだ。ただ、数社のミッションを見比べてみると、そこには共通点が多いことに気づかされる。共通のキーワードを連ねれば、各ファームがミッションとする概念は概ね次のような文章にまとめられるだろう。

「弊社は〝グローバル・カンパニー〟や、業界を牽引する〝リーディング・カンパニー〟に対してコンサルティングを行います。

そうした企業の〝意思決定者〟たるトップとの対話を通し、経営の〝最重要課題〟に対して、〝高価値〟かつ〝永続的な〟インパクトを提供します」

ここで指摘したいのは、どのファームも第一義的には「企業」の課題を解決し、その成長をサポートすることを目的としている点だ。

そしてコンサルティングの対象とするべき「企業」は、世界規模で影響力を有する強大な組織でなければならない。そうであってこそ、コンサルティング・ファーム自身がグローバルに影響力を行使することが可能となるからだ。

極めて単純な話のようだが、実はそうした「企業」を対象としたコンサルティングはあるジレンマを引き起こすことがある。それは次のようなケースだ。

勝ち馬にしか乗らないアメリカ式コンサルのロジックは、日本では通用しない

クライアントはグローバルに事業を展開する大企業。強烈な個性とリーダーシップを持つ経営者のもと、順調に成長軌道を描いてきた。しかし、そろそろ次の時代を後継者に託す時が近づいている。

次期社長候補は、ナンバーツーの座を競い合うように切磋琢磨してきた二人。佐々木と田中としよう。それぞれ社の中核事業を率いており、自ら経営判断を下さねばならない場面も多い。二人とも自身が決裁者となって外資系コンサルティング・ファームに数々のプロジェクトを依頼していたが、つ

き合いのあるファームは別だった。佐々木にはA社が、田中にはB社がついていた。

二社のコンサルティング・ファームはともに、世界に影響力を持つグローバルリーディングカンパニーのアドバイザーでいることをミッションとする。もちろん、数億円におよぶコンサルティング・フィーを払える大企業のトップと直接的に関係を築くことは、ファームの経営上も重要な意味を持つ。だからこそ、A社は佐々木の、B社は田中の社長就任を実現するべくバックアップを惜しまなかった。

昇進レースが終盤に近づくと、次第に「田中有利」の情勢が明らかになってくる。佐々木の担当する事業は競争の激化にともなって収益が悪化した一方で、田中の担当事業はちょうど市場が急拡大している時期にあった。

コンサルティング・ファームのロジックにドライにしたがえば、A社は社長になれそうにない佐々木ではなく、社長の座を手中に収めようとしている田中に近づかねばならない。そして当然のように、A社はそれを行動に移した。

田中のもとにA社のコンサルタント三〇名が訪れた。みな、これまで佐々木を支えてきたメンバーだ。その中のひとりが臆面もなく言った。

「あなたが統括している事業の業績は素晴らしい。我々のファームに選ばれた次のリーダーはあなたです」

これが欧米の企業なら、A社の行動は許容されるのかもしれない。自分のキャリアのために使えるものはなんでも使ってやろうというドライな考えの持ち主になら、笑顔で受け入れられることもあるだろう。しかし、日本の企業風土を考えれば、A社の行動はまず一〇〇%通用しない。田中は言った。

「あなたたちは佐々木さんの世話になってきたんだろう？　そんな簡単に手のひらを返すようなところとは一緒に仕事をしたくない。帰ってくれ」

次にA社のコンサルタントたちが向かったのは、佐々木のオフィスだ。佐々木の耳には、A社が田中のもとを訪れたという話はすでに入っている。佐々木は言った。

「聞いてるよ。田中さんのところへ提案に行ったんだってね。残念だが、もう信じられない」

こうしてA社は、グローバル・カンパニーの顧客を一つ失ったのだ――。


ちなみにこの滑稽なエピソードは、私が実際に聞いた事実に基づいている。しかも、読者にとっては信じ難いかもしれないが、似たような話はこの業界にいればときどき耳にする（〝業界あるある〟のようなものだ）。「企業」を支えるという、あまりに純粋な信念を貫くと、こうした悲劇をも招きかねないのだ。

志を持ったリーダーの伴走者たれ

ここから学ぶべきは、**コンサルタントが尽くし、支える対象は「人」であるということだろう。大企業と契約することにばかり目を奪われるのではなく、志を持ったリーダーの伴走者となることに徹する**のだ。

企業を対象とすればコンサルティングの成果は売上やコストなどといった「数字」に求めざるを得ないが、人を対象とした場合にコンサルタントが実現すべきは、その人が胸に秘めたさまざまな思いであり、人生そのものと言える。

そんなコンサルティングを志向すれば、対象となる人がどんな役職に就こうとも、あるいは転職し、次のステージで新たなチャレンジを始めることになったとしても、互いの信頼関係は時とともに強固となり、ビジネスとしての継続性も担保されるはずだ。なにより、ミッションの成就のために人を裏切る必要はもうなくなる。

日本の経営者がコンサルティングを敬遠する理由の一つは、純粋理性に基づいた（A社のような）行動様式への嫌悪感にあると思う。立場が変わった途端に去って行くような人間を、誰が相談相手に選ぶだろうか。

第一章で触れた、コンサル界をつくってきたレジェンドたちもきっと、最初は人を支えていたはずだ。そして今も、優秀なコンサルタントは自然とそうしていると思うし、そう信じたい。

世の中にイノベーションを生み出すのは、人だ。もっと言えば、人に宿っている情熱だ。そしてそれを支える器が企業なのである。企業のバランスシートに載っているキャッシュが世の中を変えるのでは決してない。

だから、もしあなたの目の前に経営コンサルタントと名乗る人物が現れ、手を差し伸べてきたら、初めに自分にこう問うのがいいだろう。

「この人は、私の会社をコンサルティングしたいのだろうか？　それとも私を支えたいと思っているのだろうか？」

最初の段階でいきなりそうした内面を見抜くことは難しいだろうが、そうした認識を常に忘れずに接していれば、目の前のコンサルタントにとっての「対象」が何なのかは自ずと見えてくるはずだ。

事業領域や企業名でなく〝あなた〟を支えてくれるコンサルタント、言い換えれば、この人にならば自分の情熱を託してもよいと思えるようなコンサルタントと仕事をすることをぜひともお勧めしたい。

企業とコンサルのミスマッチ② 期間

数カ月のプロジェクト単位ではなく、長い間、ともに歩めるベストパートナーを選べ

第四章でも触れたが、コンサルタントは基本的に「プロジェクト単位」でクライアントのために時間を使う。私はこうしたコンサルティング業界の〝常識〟に、かねてから疑問を感じてきた。

言うまでもないが、企業は倒産しない限り、数十年でも数百年でも存続する。コンサルタントは「貴社の成長にコミットします」と言いながら、その実は数カ月間のプロジェクト期間中だけ関与するのが一般的なのだ。

もちろん、担当するパートナーは、持続して関係性を保つだろう。しかし、プロジェクトが終わってしまえば、経営会議に参加したり、経営者のそばに付き添って常に課題意識を共有したりする立場

から遠ざかってしまうことは避けられない。また、コンサルチームはプロジェクト単位で動いているため、終了とともに解散してしまうのが常だ。

短期のプロジェクト単位の契約では、応急手当の対処法しか得られない

喩え話だが、あなたの前に突如として、「より充実した人生を送るためのアドバイザー」なる人物が登場したとしよう。ただし期間は三カ月間限定だという。彼はあなたのために、読むべき本や見るべき映画をチョイスし、これからの人生を豊かなものにするための提言をいくつか与えてくれた。そして約束通り、三カ月後に去って行った。あなたは彼が再び現れることを心から願うだろうか？

私は、たとえば三カ月や六カ月といった**短期のプロジェクト単位で契約をするのはもう止めるべきだ**と思っている。もちろん、初めて一緒に仕事をするときは、数カ月という契約になるのはいたしかたない。しかし、この数カ月という短期契約をオンオフで繰り返し続けることに問題があると思っている。

企業が深刻な経営課題に直面したとき、そうした状況を招いた経営者の能力に問題があると思われ

がちだ。しかし私の経験上、企業が困難に陥る原因を経営者の能力不足に求めることには強い違和感を覚える。

むしろ問題視すべきは、経営者たちが些末な問いに対して正しい答えを出そうと、必死になり過ぎていることだと思う。時間をかけて解決策を見出さなければならない本質的な問いがあるにもかかわらず、答えを出せそうな手近な問題からつい片付けてしまいたくなるものなのだ。そして、そうした些末な課題の解決を、コンサルティング・ファームに期間限定のプロジェクトという形で依頼してしまう。

確かにそれもコンサルティングの便利な使い方かもしれないが、それでは経営の「幹」の課題はいつまで経っても解決されない。コンサルティング・ファームとしても、「枝葉」の課題解決しか依頼されていない状況では、「幹」の課題に気づき、本当に価値のある戦略を提案することは難しい。

数カ月のプロジェクトはいわば、絆創膏のようなものだ。小さな擦り傷にペタペタと絆創膏を貼っていると、なんとなく健康改善ができている気にはなる。しかし、なぜ最近よく転んで擦り傷を多くつくるのか、その根本的な原因を知ることこそが本質的な問題だ。そのためには人間ドックを受け、身体をフルスキャンする必要があるだろう。三半規管の機能に問題が生じているとすれば、それは絆創膏を貼っても決して治せないのだ。

人間ドックに毎年つき合い、内在する重症リスクを見つけ根本的な治療を施してくれるドクター。コンサルタントが目指すべきは、そんな存在ではないか。

だからこそ、**プロジェクト単位から長期的な契約への転換を行っていくべき**だ。

正直に言うと、プロジェクト単位の契約のほうが、クライアント企業も、コンサルティング・ファーム側も、仕事はしやすい。コミットの度合いが低い分、つき合いを始めやすいし、結果が出なかったときの傷も浅い。

ただし、コミットが弱いことで、プロジェクトから導き出される解は〝絆創膏〟レベルになりがちだ。もちろん、数カ月のプロジェクトでも結果は出せるし、根本治癒に至ることもある。しかし、私の経験から言えば、その確率は決して高くはない。

定額で継続的なリテイナー契約の勧め

では明日からすべての契約を長期契約に、というのは無理な話だろう。そこで私は、**リテイナー契約をもっと多くするべき**だと提案したい。

リテイナー契約とは、一定期間の継続的な業務に対して定額の固定フィーを支払う契約方式で、弁護士や会計士が多く採用している。

コンサルティング業界もこうしたリテイナー型の契約をもっと採用することによって、経営者の傍らに常に寄り添う存在として価値を発揮できるようになる。なにより、短期プロジェクトでは触れることのできなかった経営の根幹にある課題にコミットすることが可能になるのだ。

私が考える理想の契約期間は、最短でも一年間。場合によっては、固定フィーは、これまでのプロジェクト契約と比べ大幅に低い水準でもいい。

平常時には黒子として経営者を陰で支え、どんな些細な相談でもいつでも応じる。そしていざ重要な経営課題の解決に乗り出すべきときだけ、コンサルタントを増員し（契約段階で合意した内容に基づいてフィーを課し）、全体感を理解したうえで短期集中のプロジェクトを組む。

こうした柔軟な契約形態を導入できれば、クライアントにとっては納得感の得やすい合理的な契約になると同時に、コンサルティング・ファームにとっても真の意味で経営者のために働ける環境が整っていくはずだ。

コンサルを見極めるべき経営者の視点から言えば、「コンサルタントがどんな契約期間を求めるか」も重要なポイントになる。怪我をしたり、風邪を引いたりしたときにだけ世話になる、その場限りの医者なのか。それとも、自分の健康状態を長く見守る主治医になれるような医者なのか。保険点数を稼ごうと大量の薬を処方しようとする医者には要注意だろう。

特定の課題のスペシャリストであるコンサルタントはたくさんいるし、小さな傷をふさぐだけならそれでも十分だが、**長い間、ともに歩めるコンサルタントを見抜きパートナーとして選ぶことが重要だ**と私は考える。

企業とコンサルのミスマッチ③ 報酬

その戦略を「自分でやる勇気があるのか?」を問え。そして、成功報酬型を要求せよ。

多くのコンサルティング・ファームは、コンサルタントがそのクライアントのために使った時間に対してフィーを請求する。

たとえば外資系戦略ファームの場合、アナリストが丸一日動けば三〇～四〇万円、マネージャーが丸一日動けば六〇～八〇万円ほどのフィーが発生するケースもある。さらに稼働日数で掛け算していくことになるため、あっという間にフィーの総額は数千万円単位になってしまう。

こうした課金の方法はコンサルティング業界の慣例であり、ビジネスモデルを支える根幹の仕組みであるとも言える。

成果が必ずしも作業時間と比例しない以上、報酬も作業時間ではなく、成功報酬型にすべき

だが、こうしたフィー設定のあり方は、他の業界から見れば極めて特殊と言わざるを得ない。一般的なサービス業では、サービスの提供が終わったり、そのサービスによる成果物を納品したところで、あらかじめ合意していた対価を受け取るのがふつうだろう。**その対価は作業時間と必ずしも完全比例はしていない。**

だがコンサルティングでは、「事業を再生する」「コストを削減する」と謳いながらも、**結果が出るか否かはフィーに反映されない。**ユーザー視点に立てば、成功するかどうかわからない状態で高額な支払いを決断しなければならず、多くの経営者がコンサルティングの依頼に二の足を踏んでしまうのも当然だろう。

これからは、コンサルティング・ファームがその存在意義を証明するために場合によっては、**成功報酬型の料金体系を受け入れなければならない**時代だと思う。経営コンサルを拒んできた日本のような国においては、特にそうだ。

約束した成果がクライアントにもたらされて初めて、料金が発生する。これなら、予算が潤沢ではなく意思決定が慎重になりがちな中堅企業や、初めてコンサルティングを使ってみようという会社も、

心理的なハードルは一気に下がる。

もちろん、コンサルタントの活動にかかる必要最低限のランニングコストだけはクライアントに負担を求める、というやり方もありだろう。

自分の提供するプロフェッショナルサービスの品質に自信がないのなら、従来の方法にこだわっていればいい。だが**自信があるというのなら、成功報酬型を検討すべき**だ。そしてその価値を一人でも多くの経営者に体感してもらうことをまずは優先してみてはどうだろうか。

コンサルティング・ファームを経営する立場にある私が、コンサル側にとってはリスクの高い成功報酬型をあえて提唱するのには理由がある。それは（おそらくコンサルタントに限ったことではないが）、時間給から成功報酬型に切り替わったとたん、各人の持つクリエイティブなパワーが一気に発揮されるようになるからだ。

時給いくらでアルバイトをした経験をお持ちの方ならわかるだろう。時間給は、時間を費やすことが目的化してしまい、仕事へのモチベーションや効率を低下させかねないデメリットがある（もちろん、そんなメンタリティだけで仕事をしているコンサルタントに私は会ったことはない）。

しかし、成果の規模に応じて報酬が変動するシステムのもとでは、できる限り大きな果実を得ようとそれぞれが創意工夫を働かせることで、最大限のパフォーマンスを引き出せる可能性が高くなる。

コンサルタントが導き出す解のクオリティも、それぞれの報酬制度のもとでは全く異なるものになるかもしれない。

コンサルファーム自身が企業のリスクを負う究極の成功報酬型の勧め

また、単純な成功報酬ではなく、次のようなビジネスモデルも成り立つ。

あるコンサルティング・ファームがクライアントに対し新規事業の提案を行ったが、討議の結果、そのプランは採用されなかったとする。だが事業の成功に強い確信を抱いていたコンサルタントたちは、そこであきらめるのではなく、こう二の矢を放つのだ。

「提案した新規事業は、我々コンサルタントが自ら主体となって立ち上げます。その代わり、安定的に黒字経営が可能な段階まで育てることができたら、この事業を丸ごと買ってください」

コンサルティング・ファームが事業失敗のリスクを負い、クライアントは事業が成功した場合だけ、それを買い取ればいいのである。これぞ、クライアント側のリスクを最低限に抑えた、究極の成功報酬型モデルではないかと私は思う。

世のコンサルタントたちは自分の提案に本当に自信を持っているのなら、こうした仕事にぜひとも挑戦すべきだ。コンサルティング・ファームにとってリスクが高すぎるというのなら、クライアントと共同出資し、ジョイントベンチャーとしてスタートさせる手もある。

自分以外の誰かに行動を促すのがコンサルティング業の特徴だが、自身がその当事者となった瞬間、コンサルタントはそれまでクライアントに対して行ってきた提案の重みを思い知らされることになるだろう。

「所詮は他人事だと、実現可能性の低い絵ばかりを描いている」というコンサルタントへのありがちな批判を払拭する意味においても、このような成功報酬型へのシフトを進めていく価値はあるのではないだろうか。

このセクションを読んだコンサルタントは、「そんな無茶な」ときっと苦笑いをすることだろう。しかし無茶だと思っている限り、机上の空論、所詮は他人事、というコメントに一生つき合うことになる。既存のビジネスモデルから一歩踏み出すパワーが、この日本に経営コンサルをもっと深く根づかせるのだと私は信じる。

そして、クライアント企業に将来なるかもしれない読者の方々は、ぜひ、そのコンサルタントの提言の本気度を試してみてほしい。

「自分でやる勇気があるのか」と問うてほしいし、やらないと言うなら「自分がやらないような提案はいらない。もっとレベルアップさせよ」と突き返してほしい。

私が起業したフィールドマネージメントでも実際、クライアント企業との合弁会社を設立したり、自ら経営者の座に就くメンバーが登場したりした。コンサル業界から巣立ったアントレプレナーたちは、「コンサルティング＝虚業」という批判を覆すべく起業した人たちが少なくない。

業務としての提言ではなく、コンサルタント自身が人生を賭けてもいいと断言できるような提言をしてくれる人かどうか。経営者たちは厳しい眼で見極める必要があるだろう。

企業とコンサルのミスマッチ④人材

グレイヘアとファクトベースのハイブリッド型コンサルタントを選べ

欧米から日本に赴任してきてそのファームの日本支社長や日本オフィスの幹部となるパートナーは、これまでにもたくさんいた。彼らが、日本というマーケットで欧米式のやり方をそのまま導入し日本支社を経営すると、たいていの場合は事業の拡大に苦戦する。そして「日本の企業はまだ、我々を受け入れる文化的な土壌ができていないようだ」などと言って任期を終えて去って行く。そんな話をたびたび耳にしたことがある。

欧米の企業は、ファクトベース・コンサルティングに対する理解が深い。だが、日本でコンサルティングの役割を伝統的に担ってきたのは、顧問や相談役といったグレイヘアであって、卓越したファクトベース・コンサルティングを振りかざしたところで、そこに価値を見出すことができる日本企業は少ない。そのため、欧米のままのやり方で日本支社を経営してしまうと、海外で実績のあるパートナーたちでさえも、すごすごと引き下がらざるを得ない状況が生まれてしまうのである。

端的に言えば、日本の経営者たちは「若い青二才のコンサルタントにとやかく言われる筋合いはない！」といった拒否反応を示してしまいがちなのだ。確かに、経営者として苦労を重ねてきた側からすれば、細かな数値が盛り込まれた分厚い資料を抱えてやってくるコンサルタントたちは、いかにも〝頭でっかちで生意気な若者〟にしか見えないのはしかたのないことかもしれない。

日本のコンサルタントたちにとって、このような状況は〝越えられない壁〟として認識されてきたように思う。

もちろん、若者の言葉に真摯に耳を傾けてくれる柔軟な発想を持った経営者も稀にいるし、外資系企業の経営者はファクトベースを快く受け入れてくれる。だが多くの場合は、「年下の人間の言葉になかなか耳を貸そうとしないのは日本の文化だからしかたがない」、そんなふうにただため息を漏らすだけだった。

しかし私は、コンサルタントの人材の質を変えていくチャレンジをすることによって、この壁を越えられると考えている。

若手コンサルタントは、自ら起業したのち、コンサルファームに戻れ

昭和の時代、日本で受け入れられるグレイヘア型のアドバイザーが完成されるまで、三〇年、いや四〇年はかかっただろうか。彼らは経営者として株式の上場や、事業の売却あるいは撤退など、数々の修羅場を乗り越えたのちに相談役や顧問といった役職に就いた人々だ。それだけの経験を重ねるからには、年齢は自ずと六〇代前後になる。

しかし平成の時代に入り、インターネットを中心として「経営者」の概念は大きく変わった。二〇代で東証一部上場企業の経営者になることも現実として起きているし、二〇代〜三〇代で誰もが知る企業の経営を担う人はかつてないほどに増えた。事業再生や倒産を経験した若手の経営者も多くいる。

そして、近年の就職活動におけるコンサル人気の高さからうかがい知れるように、コンサル業界にはたくさんの優秀な若者が流入している。

これまでは、社会人の最初の数年をコンサルタントとして過ごしファクトベースの基本スキルを身に付けた人材は、ビジネススクールを経由してコンサルタントに戻ったり、大企業に転職したりしてきた。

だが私は、彼らに起業という選択肢を心の底から勧めたい。起業することの意義は、私の著書『ぼくらの新・国富論』に詳しく書いたのでここでは割愛するが、ファクトベースの土壌を持った若者が

起業し経営経験を積むことが、コンサル業界を大きく前進させると私は信じている。

若くして経営の現場に身を投じたあと、コンサル業界に再び戻ってきたとき、そこには今までにない新人類のコンサルタントが誕生することになる。

彼らはいわば、**ファクトベースとグレイヘアのハイブリッドな人材**だ。人ひとりを採用する苦労を身をもって知り、一緒に夢を見た仲間を解雇する辛さも誰よりも理解している。

そんなコンサルタントが、クライアントにリストラの提言をしたとしよう。それは〝頭でっかちで生意気な〟コンサルタントの提案よりも、何倍もの重みをもってクライアントに響くに違いない。

見るからにベテランの、文字通りのグレイヘアを輩出しようと思えば何十年という時間がかかるが、若い経営者が活躍するこれからの時代なら、ハイブリッドのコンサルタントは数年単位で育成が可能だ。前節で提案したように、コンサルタントがクライアントとの協業により事業主体となる機会を増やしていけば、「コンサルタント→経営者→コンサルタント」というキャリアを描く機会が増えることにもなるはずだ。

そうした人材はたとえ三〇代前後という若さであっても、彼らの実績を明確に提示することによって、これまでコンサルを門前払いしてきたような経営者にも受け入れてもらえる可能性がぐっと高くなるだろう。

クライアント企業には、一部ではあるが、そうしたハイブリッドなコンサルタントがすでに存在し活躍し始めていることを知ってほしいと思う。そしてコンサルティング・ファームから提案を受けたとき、当たり前のようにこう問える時代が早く来ることを期待している。

「今回のプロジェクトは、実際に経営経験を積んだコンサルタントが担当してくれるんですよね？」

と。

企業とコンサルのミスマッチ⑤ 領域

戦略の実行とはプロセス管理ではなく、具体的な成果を数字で出すことだと認識しているコンサルを選べ

本質的には企業外部のアドバイザーであるコンサルタントは長らく、「戦略を立案し提言すること」が果たすべき務めだった。だが時代が下るにつれ、**「提案するだけでなく戦略を実行すること」**もまたコンサルタントの仕事の領域であると考えられるようになってきた。それは、戦略提案だけのコンサルティングに物足りなさを感じる顧客からの要望であったとも言えるし、事業拡大のために領域を広げたいと考えていたファームの意図とも合致したのだろう。

しかし、コンサルティング・ファームが考える「実行」と、クライアント企業が考える「実行」は、必ずしも同じ意味を持っていないように思われる。

クライアントにとっての「実行をともなうコンサルティング」とは、たとえばセールス部門の改革がテーマだとしたら、コンサルタントが自社の営業マンを直接指揮したり、コンサルタント自らが手本を示したりすることによって、実際に営業成績を目に見える形で向上させてくれることを期待する。ある営業所で顕著な成果を挙げ、それを他の営業所でも次々に実現し売上や利益が改善したならば、「実行」がなされたとクライアントは認識する。

一方でコンサルティング・ファームの言う「実行」は、いわば〝プロセス管理〟のレベルに留まっているのが実態に近い。同じ喩えを用いれば、コンサルタントは営業所でセールス部門改革の進み具合をチェックし、「プログラムは今、七〇％のところまで進捗しています」などとレポートする。つまり、戦略の実行にコンサルタントが主体的に関わるわけでもなければ、売上や利益の数字にコミットするわけでもない。あくまで企業の実行フェーズのプロセス管理をしているだけにすぎないケースが多いのだ。

コンサルティング・ファームとしてはそれで追加のフィーを得られるかもしれないが、そんな「実行」に満足するクライアントがどれだけいるだろうか。むろん、「プロセス管理をすることが実行である」と予め合意していれば、問題は生じないわけだが。

コンサルティング側は「サービス領域を実行まで広げます」と宣言したからには、その「実行」の定義をクライアントと共有しなければならないだろう。クライアント企業は、「実行」によって一〇〇が一五〇になり、二〇〇になることを期待し、それが実現されて初めて「結果」が出たと感じるのだ。

こうした「実行」や「結果」を提供するという覚悟を、コンサルタントたちはまず持たねばならない。覚悟という言葉を使ったのは、コンサルタントたちのほとんどが現状のスキルだけではそうした期待に応えることができないはずだからだ。

ファクトベースの分析スキルに加えて、交渉力やリーダーシップなど、全般的なビジネスプロデュース力の習得を求められる。そして「結果」が出るまでやり切る主体者としての情熱やタフさも必要だろう。そうした覚悟を持たずして、「サービス領域を実行まで広げる」などと言うべきではない。

経営者からコンサルタントにぜひ問うてほしいのは、「あなたにとって、成果とは何ですか」という質問だ。それが、課題に対して正しい解を導き出すことだったり、実行のプロセスを管理することだったとしたら、その期待値の差は最初の段階で解消すべきである。

結果へのコミットに難色を示されたとしても、求められているのは、きれいなロジックや正しいプロセスではなく、あくまでインパクトであり数字であることを理解しているコンサルタントを選んでほしいと思う。

今求められる、コンサルティング業界の内側からの変革と、クライアント企業のコンサルティングに対する、より厳しい目

振り返ってみれば、本章で触れた五つのことに対するチャレンジを始めるまでに、私は約一〇〇のプロジェクトに関わってきた。クライアントに提言した一〇〇の戦略のうち、価値を認められ実行に移されたのは、その二〜三割ほどだろうか。そして最終的に、心の底から感謝されたと感じることができたのは、恥ずかしながら、二〜三のプロジェクトにすぎないように思う。五つのチャレンジが徐々に形になり、クライアントの満足をコンスタントに得られるようになったと感じるのは、この数年のことだ。

たいていは、「勉強になったよ。ありがとう」とか、「プロセス管理、さすがだね」とか、「コンサ

ルとの仕事は新鮮だったよ」などと、みな笑顔でプロジェクトの終わりに声をかけてくれる。だが、ほとんどのコンサルタントは、こう感じているはずだ。「まだ結果は出ていない。本当の勝負はこれからなのに……」と。

クライアントの担当者の眼差しに〝命の恩人〟に向けられるような輝きを見出すことはできず、「ありがとう」の響きもどこか冷静なものであると感じるに違いない。そして、クライアントの大人な対応に実は胸をなで下ろしている自分がいる。

それはおそらく、本章で述べてきた五つのうちのいずれかの点において、我々コンサルティング側とクライアント企業側に価値観の相違があったことが原因だったのだろう。

一〇〇年以上におよぶコンサルティング史は、確かに洗練の歴史であると同時に、失敗の歴史であったと言うこともできる。私がこの一五年ほどのキャリアのなかで数々の反省を迫られてきたように、コンサルティングの長い歴史を遡れば、改善すべき点が澱のように沈澱してきたはずなのだ。コンサルティング業界は、自己批判を繰り返しつつ新たな業態へと自ら変革していかねばならない。

コンサルは、実績が出ないのは、クライアントではなくコンサル側の責任との自覚を持て

コンサルタントの中には、「我々は失敗をしない」「したことがない」と堂々と言う人がいる。それは、確かに良いセールストークになるのだろう（本気でそう信じている節の人もいるが）。クライアントも失敗がゼロであるはずがないとわかっていても、その自信を評価することがある。

しかし私は、日本でのコンサル業界への印象や評価を考えると、反省する勇気が今こそ必要だと感じている。もちろん、瀕死の事業を復活させるような起死回生の成果を挙げ、クライアントから涙目で感謝の気持ちを打ち明けられたようなときは、その空気に浸るのもいい。だが多くの場合は、今の活動に改善が必要であることをコンサルタント自身が自覚しなければならない。

また、ときに「企業の側も、コンサルタントを使いこなすノウハウを蓄積してもらえたら」などとコンサルタントが話すのを耳にすることがある。ある経営者は、こんな表現を使っていた。

「経営コンサルを使って成果が得られないのは、コンサル側だけが悪いのではなく、使う側にも問題があるのではないか。コンサルだけを批判するのは、自転車に乗れないのを自転車のせいにするのと同じだ」

そうではない、と私は思う。コンサルタントは実績が出ないとき、決してクライアントのせいにしてはいけない。自責するべきだ。

優しい経営者の言葉を鵜呑みにして、「そうだ、使いようだ」と思っているコンサルタントは少なくないと思う。しかしそれでは、いつまで経っても〝乗りにくい自転車〟のままだ。どんな人にも乗りやすい乗り物でなければ、今まで以上に浸透することはない。その優しい経営者も、本心では「誰でも乗れるのが自転車だろ」と言いたいのだと思う。

使いようによって、コンサルティングの発揮するバリューが大きく変わってしまうことはある。最大限にその能力を引き出すという意味では、本章の五つのポイントを念頭に置いてコンサルタントとやりとりを重ねれば、彼がどれだけ真剣に経営者にコミットしようとしているのか、どのようなバックグラウンドとスキルを持っているのか、どれほどの自信と実行力を持っているのか、そうしたことが次第に浮き彫りになっていくことだろう。

これまで一〇〇年間の積み重ねで養ったやり方の良い部分を大切にし、そのスキルアップだけでなく、これから求められるスキルそのものを見つめ直す。そして、自らの仕事の結末をしっかり見つめ、反省し、自責し、改善する。**自分たちが提供するサービスを根本概念から見直す勇気**が、私自身を含め、コンサルタントには今求められているのだと思う。

経営コンサル一〇〇年の歴史で、もっともこのプロフェッションを拒んだ国、日本。その日本で、コンサルというサービスを提供する我々だからこそ、次の一〇〇年を創るプロフェッショナルサービスを生み出せると信じている。

コンサルティング業界の内側からの変革と、クライアント企業のコンサルティングに対する、より厳しい目。その両方が促進されることによって、互いが相乗的に価値を生む。そうした未来につながっていくことを心から期待したい。

おわりに
〝STEP 0〟を目指して

コンサルタントとしてのキャリアを、マッキンゼーでスタートさせた。一〇年間近い日々、さまざまな業種のプロジェクトを通して、数多くの貴重な体験を積むことができた。ファクトベース・コンサルティングの旗手であるマッキンゼーの一員としての経験は、言うまでもなく私のコンサルタントとしての基礎であり、かけがえのない財産だ。

なかでも、マネージャーだった頃、ヨーロッパで開かれたある会議に出席したときのことは、今も鮮烈な記憶として脳裏に焼き付いている。

当時、私が担当していた業種の一つが航空業界だった。東京オフィスのパートナーからその会議に出席するよう指示を受けたのは、あるクライアントの貨物戦略に関するプロジェクトをマネージャーとして担当し、タフな戦略提案をようやく終えた頃のことだった。

私が参加することになった会議とは、世界中のマッキンゼーのオフィスで航空業界と物流業界を担当するパートナーたちが一堂に会する場だった。

重厚な扉、照明の落とされた薄暗い室内、そして世界地図が映し出された大きなスクリーン。そこで重鎮のパートナーたちによって議論されたのは、「マッキンゼーが描く理想のトラベル＆ロジスティクス業界とはどんな姿なのか」という壮大なテーマだ。

各パートナーが知見を持ち寄り、業界の動向に関する情報を共有し、旅客と物流、両方の視点を絡めながら陸・海・空の運輸網の構想をまとめ上げていく。こうして展望された〝未来地図〟に基づいて、世界各国での個別のクライアントに対するアドバイスの方向性が決まっていくのだ。

東京オフィスで、パートナーから割り振られるプロジェクトに奔走する日々を送っていた私にとって、その会議室で目にした議論は衝撃以外のなにものでもなかった。

マッキンゼーはただクライアント企業の利益だけを考えて動いているわけではない、世界規模の産業全体を視野に入れ、「知」を総動員して成長への確かなアプローチを導き出す、そしてそれを体現することがクライアントの利益につながる、という考え方のスケールの大きさに私は圧倒されていた。

会議の最中、あるパートナーが私にこう言った。

「きみのクライアントは、これまで以上に重要な役割を担っていくことになる。だから我々は、きみのクライアントに対してより積極的にサーブしていくつもりだ」

日本を発つ前に戦略提案をした、あのクライアントが、マッキンゼーの〝世界地図〟においては重要なポジションを占めることになるというのだ。どこか非現実的な響きで耳に届いたその言葉は、やがて現実のものとなった。

私たちの提案した戦略に対して、そのクライアントは共感こそしていたが、すぐに実行に移すほどの気概はまだ感じられなかった。なにしろ、事業構造の大胆な改革と莫大な投資をともなう戦略である。そう簡単に決断できるものではない。

クライアントが逡巡している間、マッキンゼーの重鎮パートナーたちが代わる代わる来訪しては、クライアントの関心事について深く議論し、あらゆるリクエストに応え続けた。そう、あの会議での言葉が、まさに実行されていたのだ。クライアントのCEOが困難を承知でプロジェクトを本格的にスタートさせることを私たちに告げたのは、数カ月後のことだった。

そのとき、覚悟を決めたCEOに対峙していた重鎮パートナーの中には、航空や貨物を担当するパートナーだけではなく、ドミニク・バートンもいた。本編第一章の最後でも触れたが、現在のマッキンゼーでグローバルのトップを務める男だ。

ドミニクはその経営者に敬意を示し、マッキンゼーの理念を伝え、そしていかにその企業がその産業にとって大事な役割を担っていくとマッキンゼーが考えているかを伝えた。そして私にも、「クラ

サルティング・ファームはManagement Engineering Firmから、Management Consulting Firmへと進化して現在に至っている。その流れに沿って表現するなら、次に目指すべきはManagement Partnership Firmだと思う。誰よりも近い場所で経営者に寄り添い、成功に向けて邁進し、喜びを分かち合う。そんな真のパートナー「ステップ0」を目指すのだ。

では、その実現のために、コンサルタントはどんなことを大事にしなければならないのだろうか。自らコンサルティング・ファームを率いるようになってたどり着いた答えは、次の六つの行動原理だった。

[1] 信頼を第一に考える

これはクライアントの利益を第一に考えることと同義だ。クライアントが厳しい状況に置かれているとき、その場しのぎの耳あたりの良い提案でお茶を濁すのではなく、クライアントの利益のためにはっきりと真実を伝えること。そうした覚悟と率直さは、クライアントにも高く評価されるはずだ。

[2] ミッションを持ったCEOと仕事をする

ステップ0を標榜するからには、意思決定者との直接的な関係構築を欠かすことはできない。そのCEOのミッション（＝志）に共感できるかどうかを、自分の胸にまず問うこと。そうした共感があってこそ、CEOのミッションの実現に献身的にコミットすることが可能になる。

[3] 必ず実行を担保する

「コンサルは失敗しない」、そんな神話はもう捨てなければならない。反省を忘れた「個」と「組織」に未来はないと考える。反省を忘れないためにも、自分たちが行ったアドバイスが実行されているかどうか、調査することを習慣にするべきだ（ふつうのコンサルティング・ファームがそんな調査をすることは決して多くはない）。そして実行の主体者たりえる存在となるために、交渉や説得のスキルなど、現在のコンサルタントの定義を超えた能力を身に付ける努力が必要だ。

[4] メンバー一人ひとりが自立したリーダーとなる

リーダーシップとはつまり、自らが手本を見せることだ。コンサルタンシーが事業家としての役割を担うのも、その一つだろう。第五章で解説したことと重なるので割愛するが、コンサルタントが自ら経営を経験することは、新たなリーダーを生む。コンサルティング・ファームは、〝リーダー・ファクトリー〟としての機能を併せ持つことができるはずだ。

[5] 学びを共有し常に組織として進化する

コンサルタントは包丁一本の職人気質が強い傾向にあるが、自己満足だけでは継続的な成長は望めない。業界の動きや競合状況、世界的な経済、社会、政治に関する動向など、それぞれが培ったノウハウやスキルを属人化せず、共有すること。組織として成長し、経営者のステップ0として高い質のサービスを提供し続けるためには、その精神が不可欠だ。

［6］自分を超える可能性がある人材を採用し育成する

ステップ1でも2でも3でもなく、ステップ0として選ばれるためには、クライアント企業が採用したくても採用できないような人材を育成することが必要だ。既存のメンバーの立場が脅かされるような優秀な人材を積極的に採用し、クライアントに惚れられるようなコンサルタントを育成する。そうすれば、自ずと経営者にとってもっとも近くにいるパートナーになれるに違いない。

以上、ステップ0の理念を長々と述べてきたが、実はこれでもほとばしる想いを一生懸命抑えた表現だ。ただ、私が伝えようとしていることは案外、オーセンティックでクラシックな内容であり、そんなに難しく考えるまでもないことなのかもしれない。要は、コンサルタント一人ひとりの気持ち次第なのだ。どういう気持ちで日々の仕事に取り組むか。それに勝る変化のエンジンはない。

職務への誠実な態度とはいかなるものかを私に教えてくれたエピソードを紹介して、この本の締めくくりとさせていただくことにしよう。

それは韓国のサッカー選手、朴智星があるインタビューで語ったという次のようなエピソードである。朴はのちにイングランド・プレミアリーグの名門クラブ、マンチェスター・ユナイテッドでもプレーしたアジアを代表するスター選手だが、若かりし頃、Jリーグの京都サンガに所属していた。そこで、キング・カズこと、三浦知良と出会ったのだった（以下、引用※）。

若くて右も左もわからなくてとんがっている時に日本に来て、最初は学校で習ったように日本人に対してのイメージは良くなかった。

でも日々暮らしているうちに全然違うと気づきました。特に日本のクラブに来た日から毎日必ず声を掛けてくれて、悩んでいる時に相談を聞いてくれたカズさんは人生の師です。

カズさんのようになりたいです、と言った時に、カズさんが急に真顔になり、話してくれた言葉は自分の人生を変えるものでした。

「いいかい智星、自国以外でサッカー選手として生き残るのは本当に困難だ。最後までサバイバルする選手に一番必要なものは何かわかるかい？　技術じゃない。そのクラスの選手の技術はみんな同じくらい高いからね。一番大切な事は、サッカーへの情熱、一途の献身。毎試合今日死んでも悔いはないという思いで試合に臨む、サッカーに人生を賭ける選手だ。

ブラジルでは貧しくて、ブラジル人なのに一生スタジアムに来れない人が沢山いるんだ。ブラジル人にとっては悲劇だよ。智星わかるかい？　ブラジルで俺は試合前に必ずスタジアム全体を見る。この中でいったい何人の人たちが一生に一回だけの試合を見にきたんだろうと思うんだ。

すると全身にアドレナリンが溢れてきて、喧嘩した直後みたいに身体が震えてきて鼻の奥がツーンとしてくる。俺はそのまま試合開始のホイッスルが鳴るのを待つんだ。

うまくは言えないけれど、これが俺のサッカー人生だ。智星が本当にサッカーを愛しているなら、とことんまで愛してやれ。智星のプレーで全然違う国の人々を熱狂させてあげるんだよ。それは本当に素晴らしい経験なんだよ」


「サッカー選手」を「コンサルタント」に置き換えれば、説明は要らないだろう。私も、経営コンサルタントという肩書きを持つ人たちも、さらにこれから経営コンサルタントを志す若者たちも、一生に一回だけ自分の話に耳を傾けてくれる人のために、打ち合わせ、プレゼンテーション、そしてその準備に、全身全霊でぶつかり、今日という一日にとことん情熱を燃やしてほしいと心から願っている。

そこまでして、やっと、この国に経営コンサルティングというプロフェッションは根を張り、そして日本発の進化を世界に届けられるのだと信じている。

そして、そんな志を持った、腕に覚えのあるコンサルタントはいつでもフィールドマネージメントの門を叩いてほしい。新たな時代を拓く気概ある人材が私の前に現れるのを、心から待っている。

ディスカヴァー・トゥエンティワンの干場弓子社長から最初にこの本のお話をいただいたときは、長大かつ入り組んだ史実を一本の線で結ぶことができるのかどうか、また執筆者として私がふさわしいのかどうか、正直なところ自信がなかった。

しかし、経営コンサルティングというプロフェッションを進化させるためには、まずその原点に立ち返らなければならないのも確かだ。そして、そのルーツを多くのコンサルタントたちにも知ってもらうことで、私が願う進化のスピードはきっとかなり速くなる。そう信じて、苦心しながら本書をようやく上梓することができた。終わってみれば、新たな発見に満ちた一〇〇年の旅だった。貴重なきっかけを与えてくださった干場社長に改めて感謝の意を表したい。

また、終始遅れがちだったスケジュールに目を光らせ、紙面を美しい体裁に整えてくれた編集の松石悠氏、構成を担当していただいた日比野恭三氏にも心より感謝を申し上げる。

そのほか、取材に応えてくださった一橋大学大学院国際企業戦略研究科の名和高司氏、ビジネス・ブレークスルー大学経営学部長の宇田左近氏、アーサー・D・リトルの森洋之進氏、アビームコンサルティングの赤石朗氏など、コンサルティング・ファームの関係者をはじめ、多くの方々のご協力がなければ本書が完成することはなかった。すべての方に感謝の意を表したい。

二〇一四年の終わりに

並木裕太

※韓国のサッカー雑誌に掲載されたとされる朴智星のインタビュー、素晴らしいエピソードだが、校了前になってもどうしても引用元が確認できない、ネット上では誰かの創作だという噂もある、と編集部から連絡をいただいた。しかし、もしこれがフィクションだったとしたら、いっそう私たちの願望、理想を表現したものだと言えるのではないか。今度、カズさん本人に聞いてみたいと思う。

Presentation/EventAttachment/e5f94494-4d4c-4c53-a54b-dabf7c720a64/doing-business-in-california-venture-capital-financing-part-2-9-18.pdf

野々口秀樹・武田洋子「米国における金融制度改革法の概要」https://www.boj.or.jp/research/brp/ron_2000/data/ron0001a.pdf

共同通信「ゴールドマン幹部を捜査と米紙　インサイダー取引容疑」http://www.47news.jp/CN/201004/CN2010042301001171.html

野田哲夫「情報化社会と経済　IT(情報化)投資と経済成長　第7回 ITバブルの崩壊と2000年代の経済」http://www.eco.shimane-u.ac.jp/nodat/infosoc/infosoc0807.pdf

ロイター「焦点：頭よぎるドットコム・バブル再来、米ネット株の暴落懸念は小さい」http://jp.reuters.com/article/companyNews/idJPTYE9BT03M20131230

大石哲之「コンサルティング業界の動向」http://allabout.co.jp/gm/gc/298147/

長谷川英一「米国におけるハードウェア・ベンダーのソリューション・ビジネス戦略」http://www.jif.org/column/9902/4.html

斉藤徹「企業の哲学が問われる時代」http://www.advertimes.com/20111011/article33309/

平田光弘「日米企業の不祥事とコーポレート・ガバナンス」https://www.toyo.ac.jp/uploaded/attachment/2816.pdf

プレスリリース「ブラクストン、『アビーム コンサルティング』へ社名変更」http://jp.abeam.com/news/pr2003/20030826newname.pdf

日本郵政「民営化情報」https://www.japanpost.jp/privatization/

Vault.com http://www.vault.com/

Forbes http://www.forbes.com/

Allen R. Myerson, E.D.S. to Buy Consultant for $600 Million http://www.nytimes.com/1995/06/07/business/eds-to-buy-consultant-for-600-million.html

The New York Times, Glass-Steagall Act (1933) http://topics.nytimes.com/top/reference/timestopics/subjects/g/glass_steagall_act_1933/index.html

Duff McDonald, The CEO Factory: Ex-McKinsey Consultants Get Hired to Run the Biggest Companies http://observer.com/2013/09/the-ceo-factory-ex-mckinsey-consultants-get-hired-to-run-the-biggest-companies/

The Economist, Consulting in the right direction http://www.economist.com/node/5053524

The Economist, Advice for consultants http://www.economist.com/node/18774614

The Economist, Monitor's end http://www.economist.com/blogs/schumpeter/2012/11/consulting

The New York Times, In Scandal's Wake, McKinsey Seeks Culture Shift http://www.nytimes.com/2014/01/12/business/self-help-at-mckinsey.html?_r=1

Bloomberg Businessweek, Commentary: Goodbye to an Ethicist http://www.businessweek.com/stories/2003-02-09/commentary-goodbye-to-an-ethicist

LegalArchiver.org, The Sarbanes-Oxley Act 2002 http://www.legalarchiver.org/soa.htm

MergerMarket, Mergermarket M&A Trend Report: 2013 http://www.mergermarket.com/pdf/Mergermarket.2013.PRAdvisorM&ATrendReport.pdf

IBM Global Services: A Brief History https://www-03.ibm.com/ibm/history/documents/pdf/gservices.pdf

写真出典・クレジット

[31]http://toshima-ab134.cocolog-nifty.com/blog/2011/08/post-218e.html [32]www.archives.upenn.edu/histy/features/schools/wharton.html [33]commons.wikimedia.org/wiki/File:Horse-drawn_wagons_and_carriages,_an_electric_trolley_car,_and_pedestrians_congest_a_cobblestone_Philadelphia_street_in_-_NARA_-_513362.jpg [34]www.corp.att.com/history/nethistory/management.html [37]https://www.facebook.com/mckinsey [39]en.wikipedia.org/wiki/Campus_of_the_Massachusetts_Institute_of_Technology [50]work.colum.edu/~amiller/consultant.htm [54]www.facebook.com/21987463952/posts/10151091303843953/ [93]http://www.columbia.edu/cu/computinghistory/census-tabulator.html[94]www.pcworld.com/article/204760/The_Golden_Age_of_IBM_Advertising.html [104]www.mediabistro.com/fishbowlny/a-message-from-the-dept-of-concise-headlines_b2274 / [105]ZUMAPRESS.com [108]www.amazon.com/The-Firm-McKinsey-Influence-American/dp/1439190976 [115]www.nytimes.com/2014/09/30/business/revisiting-the-lehman-brothers-bailout-that-never-was.html?_r=0 [116]©Sipa Press/amanaimages/amanaimages [131]©Polaris/amanaimages/amanaimages [150]www.newotani.co.jp/tokyo/tenant/gardencourt/ [150]http://urbanreallife.blog52.fc2.com/blog-entry-908.html

出典

‣書籍

フレデリック W.テイラー『[新訳]科学的管理法』(ダイヤモンド社・有賀裕子訳)
三谷宏治『経営戦略全史』(ディスカヴァー・トゥエンティワン)
井原久光『テキスト経営学[第3版]』(ミネルヴァ書房)
ダフ・マクドナルド『マッキンゼー』(ダイヤモンド社・日暮雅通訳)
エリザベス・ハース・イーダスハイム『マッキンゼーをつくった男　マービン・バウワー』(ダイヤモンド社・村井章子訳)
Art Kleiner『Booz Allen Hamilton: Helping Clients Envision the Future』(Greenwich Publishing Group)
ボストン・コンサルティング・グループ編『BCG流　プロフェッショナルの仕事力』(東洋経済新報社)
堀紘一『コンサルティングとは何か』(PHP研究所)
田中宗英・森洋之進『目覚めるキヨスク』(中央経済社)
東洋経済新報社編『会社四季報 業界地図2015年版』(東洋経済新報社)
神川貴実彦『コンサルティングの基本』(日本実業出版社)
安藤佳則・山本真司著『コンサルティング業界ハンドブック』(東洋経済新報社)
Scott Green『Sarbanes-Oxley and the Board of Directors』(John Wiley & Sons)
大前研一『考える技術』(講談社)

‣WEBサイト

[各ファームの公式サイト]

McKinsey & Company http://www.mckinsey.com/
McKinsey & Company Facebook https://www.facebook.com/mckinsey
The Boston Consulting Group http://www.bcg.com/
Booz Allen Hamilton http://www.boozallen.com/
Strategy& http://www.strategyand.pwc.com/
A.T. Kearney http://www.atkearney.com/
Bain & Company http://www.bain.com/
Bain & Company Facebook https://www.facebook.com/bainandcompany
Arthur D. Little http://www.adlittle.com/
Oliver Wyman http://www.oliverwyman.com/
PwC http://www.pwc.com/
Deloitte http://www.deloitte.com/
KPMG http://www.kpmg.com/
Ernst & Young http://www.ey.com/
BDO Consulting http://www.bdoconsulting.com/
Grant Thornton http://www.grantthornton.com/
Capgemini http://www.capgemini.com/
SAP Services http://www.sap.com/
Oracle Consulting http://www.oracle.com/jp/products/consulting/overview/index.html
Gartner http://www.gartner.com/technology/home.jsp
Cisco Systems http://www.cisco.com/
Lockheed Martin Corporation http://www.lockheedmartin.com/
Abeam Consulting http://jp.abeam.com/
船井総合研究所 http://www.funaisoken.co.jp/
コーポレイト・ディレクション http://www.cdi-japan.co.jp/
デロイトトーマツコンサルティング http://www2.deloitte.com/jp/ja/pages/about-deloitte/articles/dtc/dtc.html
GCAサヴィアン http://www.gcasavvian.com/jp/
野村総合研究所 https://www.nri.com/jp/
三菱総合研究所 http://www.mri.co.jp/
日本総合研究所 https://www.jri.co.jp/
リクルートマネジメントソリューションズ http://www.recruit-ms.co.jp/
リンクアンドモチベーション http://www.lmi.ne.jp/
マーサー・ジャパン http://www.mercer.co.jp/
ヘイ・コンサルティンググループ http://www.haygroup.com/jp/
タワーズワトソン http://www.towerswatson.com/ja-JP
博報堂コンサルティング http://www.hakuhodo-consulting.co.jp/
グラムコ http://www.gramco.co.jp/
ビーコン・コミュニケーションズ http://www.beaconcom.jp/
ランドーアソシエイツ http://landor.co.jp/
インターブランド http://www.interbrand.com/ja
アビームコンサルティング http://jp.abeam.com/
フューチャーアーキテクト http://www.future.co.jp/
日立コンサルティング http://www.hitachiconsulting.co.jp/
シグマクシス https://www.sigmaxyz.com/
アクセンチュア http://www.accenture.com/

[ニュース記事・レポートなど]

三井麻紀・大塚博行「日本におけるPEファンドの活用」http://www.fsa.go.jp/singi/singi_kinyu/w_group/siryou/20111216/02.pdf
中道眞「GEの経営戦略と事業展開」http://repo.lib.ryukoku.ac.jp/jspui/bitstream/10519/2875/1/KJ00000707085.pdf
坂本和一「アメリカ巨大企業GE社(General Electric Co.)の組織変革」http://ritsumeikeizai.koj.jp/koj_pdfs/30201.pdf
下田範幸「Basics of U.S. Securities Laws(米国証券法の基礎知識)」http://www.squiresanders.com/files/Event/2c248726-fc0b-4282-8295-3c69877b95a3/

コンサル一〇〇年史

発行日　2015年1月30日　第1刷
　　　　2015年2月1日　第2刷

Author　並木裕太

Illustrator　3rdeye
Book Designer　木継則幸＋荒井幸子（インフォバーン）

Publication　株式会社ディスカヴァー・トゥエンティワン
〒102-0093 東京都千代田区平河町2-16-1 平河町森タワー11F
TEL:03-3237-8321（代表）
FAX:03-3237-8323
http://www.d21.co.jp

Publisher　干場弓子
Editor　干場弓子＋松石悠
編集協力：日比野恭三

Marketing Group
Staff　小田孝文　中澤泰宏　片平美恵子　吉澤道子　井筒浩　小関勝則　千葉潤子　飯田智樹　佐藤昌幸　谷口奈緒美　山中麻吏　西川なつか　古矢薫　伊藤利文　米山健一　原大士　郭迪　松原史与志　蛯原昇　中山大祐　林拓馬　安永智洋　鍋田匠伴　榊原僚　佐竹祐哉　塔下太朗　廣内悠理　安達情未　伊東佑真　梅本翔太　奥田千晶　田中姫菜　橋本莉奈
Assistant Staff　俵敬子　町田加奈子　丸山香織　小林里美　井澤徳子　橋詰悠子　藤井多穂子　藤井かおり　葛目美枝子　竹内恵子　熊谷芳美　清水有基栄　小松里絵　川井栄子　伊藤由美　伊藤香　阿部薫　松田惟吹　常徳すみ

Operation Group
Staff　松尾幸政　田中亜紀　中村郁子　福永友紀　山﨑あゆみ　杉田彰子

Productive Group
Staff　藤田浩芳　千葉正幸　原典宏　林秀樹　石塚理恵子　三谷祐一　石橋和佳　大山聡子　大竹朝子　堀部直人　井上慎平　木下智尋　伍佳妮　張俊崴

Proofreader　株式会社鷗来堂
DTP　アーティザンカンパニー株式会社
Drawer　岸和泉
Printing　大日本印刷株式会社

ISBN978-4-7993-1591-0

ディスカヴァー・レボリューションズ！

いま、日本は、世界は、大きな変化と変革のうねりのなかにいます。

政治、経済、社会、そして、その中に生きる私たちの生活、仕事、生き方、人間関係……、すべての面で、新しい価値基準が求められています。すでに静かに変わりつつあります。

漠とした不安と恐れとともに、どこかワクワクゾクゾクする変革のとき。「ディスカヴァー・レボリューションズ・シリーズ」は、この千載一遇の変化のときにこそ、自らを変革し、新しい時代を創っていこうとする方々とともにありたいと願って創刊されました。

それは、二十一世紀をひらく会社として、二十世紀の価値基準がまさに最後の栄華を誇っていた時代に、次なる二十一世紀の新しい価値基準の選択肢を提供する会社として設立された、わたしたちディスカヴァー・トゥエンティワンのミッションそのものでもあります。

多彩な変革の士の多様な視点が集まり、ひとりひとりの行動の起点となる場となることを目指します。

二〇一二年一二月
干場弓子

経営戦略全史

三谷宏治

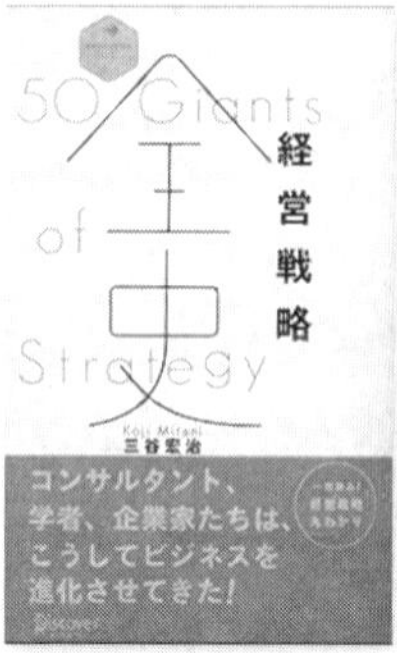

本体価格2800円
ISBN:978-4-7993-1313-8

テイラー、アンゾフから、ポーター、コトラー、ドラッカー、クリステンセン…。多くの日本の会社が採用する古典的経営戦略論から、二一世紀の経営環境激変の中で生まれた最新の戦略緒論まで、この百年間に登場した九〇余りの戦略コンセプトを、その背景と提案者の横顔とともに紹介する新感覚の経営戦略大全。経営学界の巨人たちの冒険活劇を読むかのごとく楽しみながら、経営戦略の本質が学べ、その実践へと導きます。使いやすい索引付き。発売当初より話題沸騰のベストセラー。「ハーバード・ビジネス・レビュー読者が選ぶベスト経営書2013」第1位・「ビジネス書大賞2014」大賞・二大ビジネス書アワード受賞!!

発行日 二〇一三年四月一五日／ページ数 四二二ページ／A五判並製
電子版は、ディスカヴァーサイト、アマゾン・キンドル、楽天Kobo他で

ディスカヴァー・レボリューションズ既刊紹介!!

ビジネスモデル全史

三谷宏治

本体価格2800円
ISBN:978-4-7993-1563-7

テーマは「ビジネスモデル革新の歴史」。一四世紀イタリア・メディチ家、一七世紀日本・三井越後屋にはじまり、二〇一〇年代のスタートアップまで、約七〇余りのビジネスモデルをその背景とともに紹介。一〇〇社超の企業と一〇〇名超の起業家・ビジネスリーダーたちが「新たなビジネスモデルをどう生み出したのか?」「なぜ競争優位を築けたのか?」、六〇点を超す豊富な図版とともに学ぶ。さらに、現代経営が直面する二つの問い「イノベーションとはどう起こすのか?」「持続的競争優位をどう保つのか?」について考察。新たな道を切り開くための指南書となる、経営書の新定番。

発行日 二〇一四年九月一五日/ページ数四四〇ページ/A五判並製
電子版は、ディスカヴァーサイト、アマゾン・キンドル、楽天Kobo他で

ディスカヴァー・レボリューションズ既刊紹介!!

もう終わっている会社
本気の会社改革のすすめ

古我知史

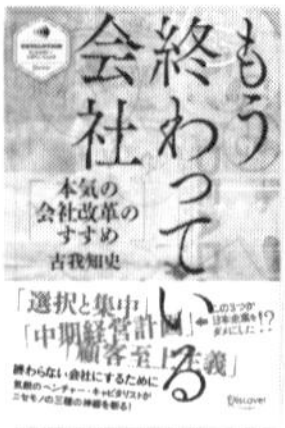

本体価格1500円
ISBN:978-4-7993-1255-1

「選択と集中」「中期経営計画」「顧客至上主義」、この3つが日本企業をダメにした!?

終わらない会社にするために、マッキンゼー出身の気鋭のベンチャー・キャピタリストが、ニセモノの三種の神器を斬り、ベンチャー・スピリッツを大企業に取り戻す、日本企業復活の秘策を熱く語る!

発売以来、話題沸騰! 首都圏、大阪の主要書店でビジネスジャンル1位続出。

発行日 二〇一二年十二月二五日／ページ数 二八〇ページ／四六判並製
電子版は、ディスカヴァーサイト、アマゾン・キンドル、楽天Kobo他で

やり過ぎる力
混迷の時代を切り開く真のリーダーシップ論

朝比奈一郎

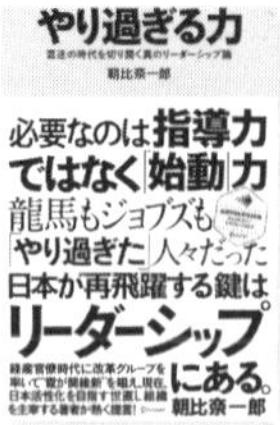

本体価格1500円
ISBN:978-4-7993-1257-5

日本の近代を切り開いた坂本龍馬ら維新の志士も、コンピュータの概念を変えたスティーブ・ジョブズも、「やり過ぎた」人々だった。

経産官僚時代に省庁横断的な改革グループを率いて「霞ヶ関維新」を唱え、現在、日本活性化を目指す世直し組織「青山社中」を主宰する著者が熱く提言!

事例を挙げて「やり過ぎる力」の重要性を論じ、さらに「やり過ぎる力」を身につけ、実践するためにするべきことを説く。各界より絶賛の声。

発行日 二〇一三年二月二八日／ページ数 二〇八ページ／四六判並製
電子版は、ディスカヴァーサイト、アマゾン・キンドル、楽天Kobo他で

ディスカヴァー・レボリューションズ既刊紹介!!

ノマド化する時代

グローバル化、ボーダレス化、フラット化の世界をいかにサバイブするか?

大石哲之(@tyk97)

本体価格1500円
ISBN:978-4-7993-1305-3

〈ノマド化する時代〉とは、主役が近代国家からグローバル企業・個人に移る新しい中世。組織や個人が世界中に離散する時代。それはまた、国境を自由に超えるグローバル企業を渡り歩く〈ハイパーノマド〉と、いわばグローバル版出稼ぎの〈下層ノマド〉の、超格差社会でもある。このような社会に、僕たちはすでにいやおうなしに巻き込まれている。そこで、いったいどうサバイブしていったらいいのか? 丹念な取材で多くの〈ノマド〉たちをレポートするとともに、この時代をノマドとして生きるヒントを説く。

発行日二〇一三年三月一五日/ページ数二六四ページ/四六判並製
電子版は、ディスカヴァーサイト、アマゾン・キンドル、楽天Kobo他で

僕らが元気で長く生きるのに本当はそんなにお金はかからない

投資型医療が日本を救う

武内和久/山本雄二

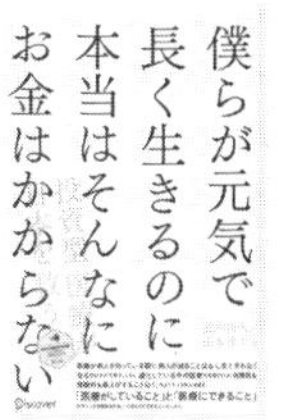

本体価格1600円
ISBN:978-4-7993-1335-0

本書はいわば、全日本国民に向けた「医療啓発本」である。本書を通じて読者は、深刻さを増すばかりの日本の社会状況——このままでは病人が減ることはなく支えきれなくなる日、健保と年金という社会保障費の負担に日本が沈没してしまう日がやがて来る——の中で、わたしたちのとるべき、本質的かつ具体的な医療改革の方向性とその豊かな可能性を知るだろう。すなわち、進化している今の医療を活用すれば、消費税も保険料も値上げもすることなく、今よりずっと病人が減るのだ。現在の病気待ち、治療中心の「トラブル・シューティング型医療」から、健康を効果的に維持・増進する「投資型医療」への転換である。東大医学部、ハーバードビジネススクールの双方で学んだ異色の医療従事者と厚労省からマッキンゼーへの出向を経験した異色の官僚による、現在の医療の課題とそれを救う七つの提言。

発行日二〇一三年六月二五日/ページ数三〇八ページ/四六判並製
電子版は、ディスカヴァーサイト、アマゾン・キンドル、楽天Kobo他で

ディスカヴァー・レボリューションズ既刊紹介!!

独裁力
ビジネスパーソンのための権力学入門
木谷哲夫

本体価格1500円
ISBN:978-4-7993-1477-7

権力は非常に魅力があり、権力欲にとりつかれ、それを追い求める人たちがいることは確か。したがって、組織で自分の意思を貫徹し、自分が望む何かを組織を通じてやり遂げたい人は、そういう権力亡者に勝つことが必要になる。権力亡者との闘争に打ち勝ち、権力を、乾いた視点で合目的的に活用し、何かを実現する「道具」として使いこなすために。組織を率いて正しい意思決定を行い、実行し、結果を出していくために。リーダーもフォロワーもすべてが知っておくべき「権力」の科学。前グーグル日本法人名誉会長 村上憲郎氏絶賛！

発行日二〇一四年四月二〇日／ページ数 二八〇ページ／四六判並製
電子版は、ディスカヴァーサイト、アマゾン・キンドル、楽天Kobo他で